Laeticia,
la vraie histoire

Laurence Pieau
François Vignolle

Laeticia, la vraie histoire

PLON
www.plon.fr

Ouvrage publié sous la direction
de Laurent Léger

12, avenue d'Italie
75013 Paris
Tel : 01 44 16 09 00
Fax : 01 44 16 09 01

Mise en pages : Graphic Hainaut

Dépôt légal : octobre 2018

ISBN : 978-2-259-26822-6

Prologue

Un tsunami. Une déflagration d'une rare violence. En deux mois, de la mort de Johnny le 5 décembre 2017 à la lettre incendiaire de Laura le 12 février, elle est passée de sainte à harpie. D'oie blanche à veuve noire. *Exit* l'épouse éplorée qui avançait courageusement, tenant ses deux filles par la main derrière le cercueil de Johnny à la Madeleine. Celle dont son père disait qu'elle ressemblait à Jackie Kennedy. Sans mantille noire mais une grosse croix en platine autour du cou – celle de Johnny – représentant une femme crucifiée, guitare électrique en bandoulière. Femme de rocker jusqu'au bout.

Quelques mots – ceux de Laura Smet – ont fissuré son image façonnée depuis vingt-deux ans auprès de Johnny. Ceux de Nathalie Baye et de Sylvie Vartan ont fini de déboulonner la statue.

En deux mois à peine, dans un exceptionnel revirement de situation, Laeticia Hallyday est devenue la femme la plus détestée de France... Une fois révélées, les dispositions testamentaires de Johnny ont mis au jour les inimitiés profondes régnant entre ses familles. Et sa veuve a endossé les habits d'une Lady Macbeth cynique et impitoyable... Qui est vraiment Laeticia Hallyday ?

Pour le savoir, il a fallu remonter à l'enfance, retrouver la fillette aux bouclettes blondes qui a grandi entre Marseillan et le Cap-d'Agde, la jeune fille dormant avec feu son arrière-grand-mère jusqu'à ses 14 ans, servant des glaces au Liberty's, le café-restaurant familial du Cap-d'Agde.

Il a fallu entendre pour la première fois sa mère si discrète, cette jolie fille de pharmaciens, tombée amoureuse d'André Boudou, *alias* «Dédou», fils de pêcheur, autodidacte et beau gosse, bien décidé à prendre sa revanche sociale. Il a fallu écouter les confidences de Dédou, le «premier homme» qui a fasciné Laeticia, «amoureux» aussi et d'une autre façon de Johnny. Dédou qui, une fois fortune faite, a gardé son accent biterrois, lui, le provincial, et sa façon de dire «Jauni» qui faisait tellement rire à Paris...

Nous sommes allés aussi confesser la grand-mère Elyette, gardienne de tant de secrets familiaux. Elle a suivi sa petite-fille, de Marseillan à Los Angeles, de Marnes-la-Coquette à Saint-Barthélemy, où Johnny a été inhumé. Saint-Barth où, le lendemain des funérailles, Laeticia a écarté sans ciller son père au profit du manager Sébastien Farran.

Nous avons entendu les «ringues» également, ceux qu'elle a écartés, souvent avec la bénédiction discrète de Johnny, ceux qui se félicitent aujourd'hui de ce retour de bâton survenu bien plus tôt qu'ils ne le pensaient.

Tenter d'esquisser un portrait de la «cinquième femme» de Johnny, comme l'a qualifiée l'avocate de David Hallyday, ne fut pas chose aisée tant les avis à son sujet sont tranchés, aiguisés comme des lames de couteau. Lors de notre enquête, les différents témoins – une soixantaine de personnes interrogées – nous ont toujours répondu sur le ton de la passion, moins sur celui de la raison.

On aime ou on déteste Laeticia Hallyday. On raille ou on loue cet amour-dévotion d'un autre temps qu'elle a ressenti pour Johnny. On est pour ou contre elle. On ne peut rester neutre voire indifférent, au risque de passer pour un félon.

Alors, essayons de rester justes, honnêtes, sans parti pris dans cette enquête qui ne plaira ni à l'un ni à l'autre clan. Et racontons. Révélons. Oui, il y a des moments où Johnny a vu Laura en secret tout comme il a rencontré des amis « évincés ». Ces moments où, pour avoir la paix, il a menti à Laeticia. Comme sur le prix du premier appartement acheté à sa fille aînée, qu'il a volontairement minimisé. Sur la maison de retraite qu'il a payée jusqu'au bout en cachette à sa cousine Desta, qui l'avait vu naître et qui avait dit tant de mal publiquement de Laeticia.

Johnny cloisonnait. Son épouse ne savait pas tout de lui. Ce qu'il faisait, qui il voyait, même si ça l'agaçait. Et ce, jusqu'à la fin. Certes, après l'avoir emmené en urgence au Cedars-Sinaï de Los Angeles, en décembre 2009, Laeticia est devenue plus forte. Son avis s'est mis à compter davantage. Johnny disait qu'elle lui avait « sauvé la vie ». Le professeur Stéphane Delajoux, qui venait d'opérer le rocker et qui se livre ici pour la première fois, n'est pas aussi tranché... Qu'importe. Après le Cedars-Sinaï, lorsque Johnny s'est intéressé à l'attitude des uns et des autres pendant ces jours où la France pensait déjà à ses obsèques, il a cru en sa femme et pas en son fils. Il a désavoué David. Au fil des années, Jojo est devenu affectivement dépendant. À Saint-Barth, il a été « en vrac » un jour où elle n'a pas donné de nouvelles après être allée à l'anniversaire de Lenny Kravitz, à Paris.

Il y a plusieurs Laeticia, s'accordent ceux qui la connaissent bien. Capable du pire comme du meilleur. Celle qui devient folle de rage quand elle découvre Laura sur une couv de *Match* avec son père. Ou celle qui se rend tous les jours au chevet de la fille aînée du rocker lors de son hospitalisation à Sainte-Anne, à Paris. Celle qui s'engage avec sincérité dans l'humanitaire, lève des fonds pour l'Unicef et de l'autre côté peut flamber quelques milliers d'euros dans un après-midi shopping sur Rodeo Drive. Ou enfin celle qui peut correspondre fidèlement, des années durant, avec un écrivain dont elle dévore les ouvrages sur le sens de la vie et dans le même temps se montrer addict à la presse people au point de tout lire, de scruter tout ce qui la concerne.

Laeticia porte en elle tous ces paradoxes. Attachante puis, la seconde d'après, glaçante. Elle désarçonne nombre de ses interlocuteurs.

Certains avanceront que sa dureté masque une forme d'autoprotection. Avait-elle d'autre choix si elle voulait rester dans la vie de Johnny ? Savait-elle lors de son premier dîner avec ce dernier chez Tony's Sushi, un restaurant japonais sans charme sur Miami Beach, qu'elle devrait sacrifier une partie de sa vie et de ses projets ? Oui, sûrement. Et, le sachant, elle a plongé dans cette histoire avec gaieté et passion.

Ce jour-là, Laeticia a tout mis de côté, même sa dignité. Pourquoi n'est-elle pas partie la nuit où, ivre, sur un bateau, il l'a jetée à l'eau avant que l'équipage ne la récupère transie de froid ? Pourquoi l'a-t-elle soutenu si fort lorsqu'il a été accusé de viol sur un yacht où elle n'était pas ? Pourquoi l'a-t-elle laissé l'humilier parfois, y compris en public, au point qu'elle a quitté des repas en pleurant avant de revenir à table comme si rien ne s'était passé ?

Comment la jeune femme qui n'avait même pas pu choisir sa robe de mariée est-elle devenue celle qui a opéré un grand ménage autour de son mari, celle qui, le jour de la mort de Johnny, à Marnes, a vu patienter trois heures durant David Hallyday dans le salon à quelques mètres de son père sans qu'il puisse le voir ? Celle qui s'est débarrassée sans faillir d'amis fidèles pour s'entourer d'autres, tellement plus hype et plus profitables à la carrière de son homme ?

Comment s'est-elle muée en « patronne », comme l'appelait Nathalie Baye lorsqu'elle la sollicitait pour combler les découverts de Laura ? Laeticia si dépensière a aussi trouvé les bonnes personnes pour assainir les comptes de Jojo. Même si le rocker affiche toujours des dettes colossales. Son avocat négocie aujourd'hui avec le fisc... 11 millions d'euros que Johnny doit encore. Une somme faramineuse.

Futile et profonde, sombre et solaire, douce et tranchante, Laeticia est aujourd'hui la veuve d'une légende à qui elle a donné vingt-deux ans de sa vie. Elle a vécu avec Johnny plus longtemps que Sylvie Vartan et Nathalie Baye réunies. Vingt-deux ans auprès d'un homme idolâtré qui a tout connu, les traversées du désert et la gloire, la solitude et la paternité. Un mari qui, à la fin de son existence, n'aspirait à rien d'autre – pardon pour les fans – qu'à regarder en paix des films américains ou des films d'horreur. Jusqu'au crépuscule de sa vie, Johnny a entretenu sa légende, et a enseigné à Laeticia comment fabriquer la sienne. Elle a tellement bien appris.

Parfois, quand elle racontait « sa vie d'avant lui », elle a enjolivé des choses, a réécrit certains passages. Elle n'a pas été mise de côté par ses parents, laissée à la charge de ses grands-mères et arrière-grands-mères comme elle le sous-entend parfois. Son père ne l'a pas battue avec une cravache comme elle l'a raconté à Johnny, un jour où elle s'est inventé une enfance malheureuse, elle aussi. Elle n'a pas été une adolescente quittant à 13 ans la France pour Miami afin de soigner un père si dévasté par un chagrin d'amour qu'il en avait perdu l'envie de vivre. Elle ne devint pas ce mannequin que s'arrachaient les photographes des magazines teens de la côte Est des États-Unis, comme elle l'a laissé dire. Laeticia a juste été modelée par Johnny.

Sa jeunesse, son anorexie, sa stérilité, les infidélités de Johnny qu'elle a surmontées lui ont tant appris.

Mme Hallyday a fini par exceller dans l'art du story-telling conté aux médias de sa voix si douce.

Laeticia et Johnny, c'est l'histoire d'un couple qui n'était pas programmé pour durer. L'histoire d'une jeune femme qui depuis sa rencontre avec l'idole sait qu'il y aura un «après». Une vie sans lui où les masques tomberont, où les courtisans déserteront, où rien ne lui sera pardonné, une fois qu'il s'en sera allé. Une existence où elle paiera le prix de tout ce ou ceux qu'il a laissés derrière lui. De tous ses non-dits, de ce que certains appelleront de la lâcheté.

De ce testament, de ces dispositions dont elle ne pouvait ignorer l'existence. Rien ou si peu ne sera reproché à Johnny. Tout lui échoira. Laeticia s'y est-elle suffisamment préparée? Elle n'avait probablement pas prévu cette fin terrible, ces dernières années où elle s'est muée en infirmière, ces derniers mois où elle a été, oui, écrivons-le, exemplaire. Elle ne ment pas quand elle dit qu'ils ont mené ce combat contre le cancer à deux. Partisans ou opposants de Laeticia se rassemblent tous sur ce point : elle lui a donné une famille, ce foyer qu'il appelait depuis toujours de ses vœux au point de se réfugier chez son ami Long Chris, les jours de blues, histoire de goûter un peu à ces soirées en famille et ces dîners dans la cuisine, devant la télé. Avec elle, grâce à elle, il a pu être ce patriarche si fier de Jade et Joy, ces enfants qu'il chérissait autant que ses aînés mais qu'il a eu le bonheur de voir grandir à ses côtés.

Louée, puis lynchée, Laeticia s'y attendait certes, mais pas avec une telle brutalité. Si elle remet un jour les pieds à Marnes-la-Coquette, dans cette maison hantée par tant de mauvais souvenirs, peut-être se souviendra-t-elle d'un jeune garçon de 12 ans à l'époque, convié à Marnes, à la table du grand Maurice Chevalier. Dans cette paisible commune des Hauts-de-Seine qui le verra mourir, le jeune Jean-Philippe Smet avait alors bu les paroles de son mentor : «Petit, dans ce métier, il n'y a qu'un seul secret : tu soignes ton entrée en scène et ta sortie. Entre les deux, tu chantes[1]. » Johnny a soigné les deux. Pas sûr, en revanche, que Laeticia y parvienne. Même si elle est aujourd'hui courtisée comme jamais, au point que les plus grands médias sont prêts à tout pour obtenir ses interviews. Pour reconquérir l'opinion, elle a, il est vrai, un long chemin à parcourir. La vraie Laeticia n'est pas celle qui s'affiche sur Instagram à coups de photos avec filtres et hashtags maîtrisés. Elle n'est pas non plus celle que décrivent sur les réseaux sociaux les « haters » aux avis radicaux. Ni sainte ni salope. Voici la vraie histoire de Laeticia Hallyday.

1. Gilles Lhote, *Johnny, le rock dans le sang*, Cherche-Midi, coll. « Documents », 2012.

1

La nuit où Johnny est mort

Elle a tout de suite compris. Le médecin avait à peine ouvert la porte du bureau de Marnes-la-Coquette qu'elle a senti son cœur s'ouvrir en deux. Ce 5 décembre 2017, à 22 h 30, Laeticia n'a même pas eu la force de pousser un cri. Le sol s'est ouvert sous ses pieds. Les six amis, présents à ses côtés ce soir-là, ont été comme figés sur place.

Johnny est parti. Ses jambes ne la portent plus. Il a fallu l'asseoir, l'empêcher de rentrer dans ce bureau de 20 mètres carrés transformé en chambre où se sont égrenés les derniers jours, les dernières semaines du rocker. L'insupportable attente avant la mort, ce moment définitif que tous sentaient venir sans jamais arriver à l'envisager vraiment.

Carl, le fidèle Carl, le garde du corps, l'a transportée semi-consciente sur l'un des canapés du salon. Lourde de chagrin, de sanglots, de regrets. Il a fallu deux bonnes heures pour que Laeticia reprenne – un peu – pied. Toute sa vie, elle le regrettera : elle n'était pas à ses côtés quand il s'en est allé, consignée dans le salon par le médecin. Il y avait vingt pas, vingt petits pas à peine qui la séparaient de lui...

« C'est pas possible, c'est pas possible. » Elle ne cesse de répéter cela, sur le plus grand des trois canapés en velours qui meublent la grande pièce. Elle est allongée, abandonnée dans les bras de son amie Hélène Darroze. Personne ne sait que lui dire. En même temps que la mort, le silence s'est abattu sur Marnes. Un silence absolu. Laeticia n'a pas quitté Johnny, elle l'a si peu quitté ces derniers mois, et elle n'était pas là, à ses côtés, quand il est tombé et qu'il a levé les yeux au ciel, « comme s'il y avait quelque chose qui l'attirait », diront ceux qui ont assisté aux derniers moments du rocker. Peut-être, qui sait, venait-il la rejoindre lorsqu'il a voulu se lever avant de succomber ? Peut-être a-t-il choisi au contraire ce moment-là pour partir, cet instant où elle était loin de lui ? Où il la savait entourée d'amis ? Elle veut se persuader de cela... Chaque soir, Laeticia avait pris l'habitude de veiller tard dans ce salon de 150 mètres carrés qui jouxte le bureau de Johnny avec ceux qui formaient la « dernière bande », une vingtaine d'intimes qui, à tour de rôle, se sont relayés autour d'elle.

Ce soir du 5 décembre, ils sont six : ses amis chefs, Hélène Darroze et Jean-François Piège, accompagné de son épouse Élodie. Les Piège ont apporté le dîner. C'est dans l'un de leurs restaurants, le Clover Grill à Paris, que Laeticia avait organisé les 75 ans de son homme le 15 juin précédent. Françoise Thibaut, la mère de Laeticia, se tient là aussi. Les relations entre la mère et la fille n'ont jamais paru simples mais l'épreuve les a rapprochées. Elyette Boudou, la grand-mère paternelle de Laeticia, surnommée « Mamie Rock » par Johnny, est aux fourneaux, aidée par Sylviane, la nounou de Jade et Joy. Tous le savent : entre la cuisine – l'endroit où tout se passe, celui des moments heureux – et le salon, leurs chuchotements et parfois même leurs rires ne gênent pas Johnny. Mieux, ils le rassurent. À côté de lui, il y a la vie...

Laeticia demande qu'on lui ouvre. Elle veut voir son homme. Maintenant. D'une petite voix entrecoupée de longs sanglots, Laeticia implore : « Je veux le voir ! Laissez-moi le voir ! » De l'autre côté de la porte, le médecin et les infirmières s'activent autour du corps. Chaque soir, aux environs de 21 heures, le docteur Delgado, un des médecins qui le suivent depuis son séjour à la clinique Bizet, a pris l'habitude de passer pour sa visite quotidienne. Il examine Johnny, discute avec les deux infirmières : celle de jour va partir et passer le relais à sa collègue de nuit. Il y a toujours quelqu'un pour aider Johnny le pudique, lui que même ses très proches n'ont jamais vu nu.

Ce soir du 5 décembre, le docteur Delgado est arrivé à 21 heures pile après sa journée de travail. Au moins et c'est une consolation pour Laeticia, Johnny n'est pas parti seul. Lui qui craignait tellement la nuit au point de toujours retarder le moment de se coucher. Lui qui avait si peur de la mort. Tellement peur, que ces dernières nuits, à Marnes, Carl lui tenait la main tous les soirs, chaque soir que Dieu fait, pour ne pas le laisser sombrer seul dans le sommeil. Où qu'il soit – et depuis toujours –, le rocker a toujours eu besoin d'une présence. Pas forcément pour parler : pour ne pas se sentir isolé. Abandonné.

Autour de lui, dans ce bureau, aux dernières heures de sa vie, il y a donc son fidèle garde du corps, qui le suit depuis quinze ans et qui appelle le chanteur «Monsieur». Il y a aussi Daniel Dos Reis, dit «Dada», longtemps son coach personnel, qui vient chaque jour depuis que Johnny a réintégré Marnes-la-Coquette, histoire de tenter de le faire se mouvoir un peu. Dada aimerait bien le masser pour le soulager, mais Johnny souffre trop.

Depuis septembre, en plus du poumon et du foie, le cancer a touché les os. Même avec la morphine, tout contact devient affreusement douloureux. Aux environs de 22 heures, ce 5 décembre, le malade demande à quitter son lit médicalisé pour gagner le fauteuil roulant qu'il ne quitte quasiment plus depuis qu'il est revenu à Marnes. Il peut se lever seul, tenir sur ses jambes sans béquilles. Il peut même pivoter, mais il faut l'aider à s'asseoir.

Carl et Dada se mettent à deux pour le hisser. Non pas qu'il soit lourd – il a perdu quinze kilos –, mais il convient de le manier avec précaution pour lui faire le moins de mal possible. « À peine assis, il a levé les yeux au ciel, a poussé un cri et puis... c'était fini », nous raconte un des témoins. Devant le corps inanimé, Carl et Dada paniquent : « Mais qu'est-ce qu'il lui arrive ? » Ils allongent Johnny sur son lit. Vingt minutes durant, le docteur Delgado tente de le réanimer, pratique un massage cardiaque. En vain. En l'absence du professeur Khayat – l'éminent cancérologue est en déplacement en Normandie –, le docteur Delgado appelle l'oncologue et radiothérapeute Alain Toledano, qui exerce lui aussi à la clinique Bizet. De Boulogne (Hauts-de-Seine) où il habite, ce dernier met vingt minutes à accourir à Marnes. C'est lui qui constate la mort.

« Dites-moi ce qu'il se passe. » Laeticia et les amis ont vu le docteur Toledano arriver... Quand Johnny est tombé, ils avaient entendu du bruit dans le bureau, mais le médecin a eu la présence d'esprit de passer une tête pour faire croire à Laeticia qu'il s'agissait d'une nouvelle détresse respiratoire – Johnny en a connu deux les semaines précédentes. « On est en train de s'en occuper, ça va bien se passer. » Cela ressemble à un bruit de chaises qu'on tire, comme un objet qui tombe, rien de très alarmant... « Laeticia a dit : il y a bien du remue-ménage là-bas[1] », se souvient Mamie Rock, qui n'oublie rien de cette nuit-là. Laeticia a attendu. Et à 22 h 30, l'air grave, Alain Toledano a ouvert la porte pour lui dire que tout était terminé.

« Où sont les filles ? Il faut éloigner les filles. » Jade et Joy étaient montées après le dîner dans leur salle de jeux toute rose, sous les toits, mais ne vont pas tarder à redescendre. Jusque-là, elles n'ont pas arrêté de faire des allers-retours

1. Entretien avec les auteurs, le 31 mai 2018.

entre le rez-de-chaussée et l'étage, occupées à venir saluer les invités dans le salon et surtout à embrasser leur père et à le bercer de «je t'aime». Françoise, la mère de Laeticia, ainsi que Sylviane, la nounou, préoccupées, se rendent à l'étage. Elles sont rassurées : Jade et Joy n'ont rien entendu. «Papa est fatigué, on doit le laisser tranquille, maman viendra vous embrasser.» Joy grommelle un peu, elle qui déteste qu'on lui donne des ordres. Jade la paisible, «une vieille âme», selon les mots de sa mère, ne dit rien. Ce soir, elles dormiront dans la chambre de leurs parents qui est aussi la leur : les filles y ont un grand lit, qui jouxte celui de Johnny et Laeticia. C'est comme ça : à Paris comme à Saint-Barth, petit paradis de sable blanc, les enfants ne font jamais chambre à part, mais dorment toujours près de leurs parents.

Marnes est figé. Le temps s'est arrêté à 22 h 30 dans cette nuit de décembre qui glace les os. Hélène Darroze serre Laeticia dans ses bras comme on le ferait avec un enfant... Dans l'immense salon sombre où a été installé un vélo elliptique, dont Johnny ne s'est jamais servi, les invités se sentent désarmés. Élodie Piège pleure dans un coin. Il est 1 h 30 quand Ségolène Dugué, la directrice générale du cabinet Cohen Amir-Aslani, les avocats en charge des intérêts de Johnny et Laeticia, franchit la porte d'entrée. Sébastien Farran, le manager de Johnny, et Laurence Favalelli, l'assistante de Laeticia, sont déjà arrivés. Les conseils appellent les pompes funèbres. Rien n'est encore prévu mais Ségolène Dugué s'en occupe. Laeticia l'étreint longuement et répète en boucle «C'est horrible, c'est horrible». Anne Marcassus, une amie, productrice des Enfoirés, et Marie Poniatowski, une autre proche, belle-sœur du chanteur Marc Lavoine, entrent ensemble dans cette maison où un calme absolu frappe les esprits. Les téléphones ne sonnent pas encore. Devant les grilles de la voie privée qui mène à la demeure, les derniers journalistes ont décroché à la tombée de la nuit.

Dans le bureau, les employés des pompes funèbres, sur place peu avant 3 heures du matin, entament leur travail. La police est alertée pour sécuriser Marnes, en prévision du recueillement populaire à venir. Le commissaire divisionnaire de Boulogne, qui supervise les opérations, connaît l'endroit. Il s'y est rendu pour des repérages quelques jours auparavant. Des gardes sont postés à la grille. À 4 heures du matin, ils laissent entrer le réalisateur Claude Lelouch. Il est 5 heures du matin quand Laeticia est enfin autorisée à voir son mari... Hélène Darroze l'accompagne. Laeticia restera une demi-heure auprès de Johnny.

La journée avait pourtant plutôt bien commencé. La veille, un médecin avait posé une sonde à Johnny pour qu'il puisse s'alimenter. Il est passé de nouveau vers midi. La sonde fonctionnait parfaitement. Il s'en est félicité : « D'ici une petite semaine, il va prendre trois ou quatre kilos, ça ira mieux. » Autour de Johnny, on veut y croire. Certes, il porte le « masque de la mort » mais l'homme a tellement ressuscité au cours de sa vie que tout le monde veut imaginer qu'il survivra encore... Et puis, il est tellement beau. Quatre jours avant, le coiffeur est passé lui faire sa teinture. Alain, son barbier, a taillé son bouc.

Depuis qu'il est rentré de la clinique Bizet, le rocker est condamné à ne plus quitter la Savannah, cette maison qu'il n'aime pas, qu'il a même mise en vente il y a plusieurs années, mais qui ne trouve pas preneur. La demeure de 900 mètres carrés, située en bordure du parc de Marnes-la-Coquette, est estimée à 7 millions d'euros mais, depuis des années, Johnny ne veut pas la lâcher à moins de 20 millions. Il a même refusé une belle offre à 17. Laeticia a régulièrement redécoré cette demeure à colombages, typique de cette ville bourgeoise (la plus riche de France d'ailleurs), où deux de leurs très proches ont été accueillis à la fin de leurs jours : l'arrière-grand-mère de Laeticia et la mère de Johnny. « Un jour, le mari de ma mère est venu avec elle et l'a littéralement laissée là, pour une semaine, a raconté Johnny. En fait il était malade et il est parti mourir loin de ma mère pour qu'elle ne souffre pas. Moi qui n'avais pas été élevé avec elle, qui n'avais jamais prononcé le mot maman, je me suis retrouvé à l'avoir à la maison tous les jours alors que j'avais 55 ans[1]. » Au soir de sa vie, Johnny a enfin réussi à appeler sa mère maman ; c'est même la fierté de Laeticia d'avoir réussi cela.

Pour chasser les souvenirs des deuils, elle a refait la déco en 2008. *Exit* le jaune et bleu provençal, la maison a été revisitée à l'heure californienne : murs en écaille d'argent, chauffeuses et canapés en velours sombre constellés de coussins cloutés « Johnny » et « Laeticia ». Le bureau de Johnny est orné de disques d'or aux murs et de guitares au sol. Autour de la table de travail, située dans le bow-window qui donne sur le jardin, des photos dans des cadres noirs : Johnny tout petit avec sa cousine Desta, Eddy Mitchell, Mort Shuman, Darry Cowl... Et puis David, son fils, radieux dans une combi blanche et rouge de pilote. Sur la table basse aussi, sont soigneusement disposés des mots d'amour de Jade et de Joy.

Les jours où il se sent mieux, Johnny invite les plus chanceux à écouter les maquettes de son prochain album. Lorsqu'il est revenu de Bizet, le samedi 18 novembre, son fauteuil roulant était trop imposant pour rentrer dans l'ascenseur. Alors, son bureau, situé pile sous la chambre de Mamie Rock, a été transformé en chambre. La sienne au début, puis, très vite, celle de toute la famille. Laeticia a d'abord installé un lit gonflable à gauche de l'entrée, réservant juste un passage entre le lit médicalisé et le lit gonflable pour les infirmières. Le jeudi précédant son retour de la clinique, tout était déjà prêt. Mais après la première nuit, on a fait livrer un grand lit, plus confortable, acheté chez But – un 1,60 par 2 mètres – pour que Jade et Joy puissent

1. Amanda Sthers, avec Johnny Hallyday, *Dans mes yeux*, Plon, 2013.

venir dormir avec eux. Carl, le garde du corps, dort aussi, pas très loin, alternant nuit dans le sofa du bureau ou dans un des canapés du salon.

C'est là que Johnny désormais passe toutes ses journées. La télé constamment allumée. Sur tout, sur rien : des soaps, le téléachat – il a toujours bien aimé –, la météo, les jeux télé... Beaucoup de longs métrages aussi : des films d'horreur (il est fan de *Massacre à la tronçonneuse*) et de vieux classiques en noir et blanc – le dernier qu'il ait vu est un film avec Alain Delon. Ses proches ont tout tenté pour éviter qu'il regarde les chaînes d'infos. Parfois, malgré tout, Johnny tombe sur un programme où il est question de son état de santé. Son visage se fronce. Il zappe, énervé. Comme une berceuse, le son de la télé l'accompagne lorsqu'il somnole, assommé de morphine. Mamie Rock lui concocte parfois ces cafés dont il raffole et dont elle seule a le secret : «Je lui préparais ses inhalations et il me disait : "Mamie, tu me fais un café?" Il n'y a que moi qui savais faire le café comme il voulait : je mettais une sucrette et deux doses, je remuais et il n'avait qu'à boire[1]. »

Drôle d'ambiance à Marnes. «C'est sûr, ça sentait le sapin[2]», lâche Yves Rénier qui n'a pas voulu y mettre un pied. Comme d'autres, qui n'avaient pas envie de voir Johnny diminué. Ou qui n'y étaient tout simplement pas admis.

Laeticia a appris à gérer les jours où Johnny va bien et ceux où le temps passe à l'orage. Quand Johnny est «en forme», des visiteurs réguliers sont autorisés à franchir la porte du bureau. Ces intimes désormais n'arrivent plus jamais à l'improviste, de peur de le surprendre à un moment indiscret. Dans la liste de ces personnes autorisées, on distingue un mélange de vieux potes revenus en grâce – le compositeur Pierre Billon, le producteur Jean-Claude

1. Entretien avec les auteurs, le 31 mai 2018.
2. Entretien avec les auteurs, le 19 avril 2018.

Camus, le coach Daniel Dos Reis évoqué plus haut – de fidèles jamais partis : l'homme d'affaires Jean-Claude Darmon, la productrice des Enfoirés Anne Marcassus et son mari Fabrice Le Ruyet, dit Billy, un pro de l'immobilier. Des jeunes musiciens aussi, ceux qui l'ont aidé ces dernières années à revenir à un rock authentique, épuré – Yarol Poupaud et sa compagne, le mannequin Caroline de Maigret, Maxim Nucci, dit Yodelice, avec lequel le rocker entretient un rapport quasi filial. Une photo de lui avec Johnny est d'ailleurs posée sur l'une des étagères du salon, au milieu des images de la famille Hallyday.

Les jours où Johnny souhaite parler, ils s'assoient là où ils peuvent, sur un bout de lit, un accoudoir du canapé et ils conversent de longues minutes. De leurs aventures passées, de son album à venir, de leurs femmes, des enfants, de leur prochain voyage à moto, qui débutera de Santa Fe même si tous pressentent qu'ils ne repartiront jamais... Il leur arrive aussi de regarder la télé ensemble, en silence. Ses avocats lui rendent visite également, règlent avec lui des affaires courantes, s'inquiètent de savoir s'il y aura une tournée cet été. Un virement de 100 000 euros est effectué sur le compte de Laeticia : rien de délirant, les avocats ont l'habitude de ces transferts d'argent dans le couple, c'est elle qui tient le mieux les cordons de la bourse. Personne ne s'est passé le mot mais tous, autour de lui, veulent lui montrer que la vie continue.

Il y a d'autres jours où Johnny ne veut voir personne. L'homme qui, depuis ses 17 ans, « ne supportait pas d'être seul[1] », selon le photographe des yé-yé Jean-Marie Périer, peste de ne pouvoir séjourner à Los Angeles dans sa maison de Pacific Palisades, en famille. Jade et Joy à l'école et lui à visionner des films, peinard... Le défilé de ceux qui viennent lui témoigner leur amour l'angoisse terriblement. Johnny se revoit quasi mort, plongé dans un coma artificiel comme en

1. Entretien avec les auteurs, le 19 avril 2018.

2009, au Cedars-Sinaï Hospital, quand les people se ruaient dans sa chambre et que la France lui préparait avant l'heure des obsèques nationales.

La ronde des adieux l'insupporte. Dans ces moments-là, Johnny se montre injuste avec son entourage. Alors, Laeticia doit gérer. Éconduire les uns et les autres avec un sourire, les emmener boire un thé dans la cuisine. « Reviens plutôt la semaine prochaine », souffle-t-elle. Fin novembre, un vent de panique a soufflé quand il a réussi à mettre la main sur un téléphone portable. Laeticia a eu beau ruser, elle n'est pas parvenue à le lui retirer. Entre soins, traitements, médicaments, il a pu naviguer sur les réseaux sociaux, qu'il suit depuis plusieurs années avec avidité. Sur Twitter ou Instagram, il lit les messages des fans et serait presque capable de commenter en direct sa vie quotidienne. Jade, comme sa petite sœur, suit des cours à domicile avec un précepteur de l'école Saint-Roch à Paris. Lorsqu'elle a repris ses leçons de tennis, Johnny a posté sa photo : « Si fier de ma Jade qui a repris ses cours. » « Un fil invisible », « inexplicable » le lie à cette petite fille « qui fut une enfant si facile[1] »... Mais laisser un téléphone à Johnny, c'est aussi lui accorder la possibilité de voir ce qui s'écrit sur lui. Pendant ces heures sombres de Marnes, le demi-sommeil de la plus grande star française est perturbé par les alertes qui tombent, les news qui annoncent, à mots à peine masqués, sa fin prochaine.

Un sale hiver, décidément. Le compte à rebours de sa fin de vie. Même si personne à Marnes ne parle de fin de vie. Jusqu'au bout, Johnny n'a pas imaginé qu'il allait mourir. Et si lui n'y croyait pas, sa bande non plus. Quelques jours plus tôt, lorsque les médecins ont annoncé à Laeticia, à la clinique Bizet, que la « guerre était finie », elle a conservé ce secret par-devers elle. « C'est le professeur Khayat qui a

1. Amanda Sthers, avec Johnny Hallyday, *Dans mes yeux*, *op. cit.*

parlé à David et Laura, explique Laeticia, qui leur a dit que c'était la fin et qu'il serait bien que leur père ne s'en rende pas totalement compte [...]. Il y a eu une réunion avec les médecins qui leur ont expliqué que leur père prenait mal ces visites. Ils n'ont pas voulu l'entendre ; ils se sont rebellés. Je l'ai compris et ne leur ai demandé qu'une seule chose, c'est de ne pas dire à leur père que la guerre était finie parce que je ne voulais pas qu'il le sache[1]. »

David et Laura se sont rebellés aussi car ils ne voulaient pas que leur père rentre à Marnes : Marnes-la-Coquette, c'est chez Johnny et Laeticia, c'est-à-dire l'autre famille de leur père. Ils craignaient de ne pas pouvoir le voir aussi souvent qu'ils le souhaitaient. Aller à Marnes, c'est devoir s'annoncer, accepter qu'on les reçoive. Ou non. Johnny a-t-il deviné les tensions qui sont apparues entre ses proches à la clinique ? A-t-il remarqué que, lorsque Sylvie Vartan est entrée dans sa chambre, escortée de David et de sa femme Alexandra Pastor, elle n'a pas répondu au bonjour de Laeticia ? Sylvie Vartan que le couple n'avait pas vue depuis huit ans... Eddy Mitchell, le parrain de Laura, son plus vieil ami, rencontré alors qu'il n'avait que quatorze ans et demi, a passé deux heures en tête à tête avec lui. Laeticia a préféré les laisser seuls. Elle se tenait à côté, dans le salon attenant à la chambre. Entre elle et Eddy, l'entente ne fut jamais au beau fixe, les souvenirs de la bande de la Trinité ne lui appartiennent pas... Johnny sait-il que les médecins ont déjà demandé à ses proches de ne pas quitter la France ? Lui dont l'œil bleu ne rate jamais rien, a-t-il vu son premier cercle s'isoler sur la terrasse attenante à sa chambre pour pleurer en silence, ce mercredi où le directeur de la clinique a annoncé qu'il n'y avait plus d'espoir ?

« Ramène-moi à Marnes. » Fuir la clinique Bizet devient une urgence. Une priorité. Johnny ne cesse de le demander. Il ne supporte pas les hôpitaux. À peine arrivé à Bizet

1. *Le Point*, le 12 avril 2018.

le dimanche, il voulait en ressortir le lundi ! Comme toujours, comme souvent, Laeticia s'exécute. Même si elle le sait, tout, là-bas, sera plus dur. La maison n'est pas adaptée.

De retour à Marnes, Laeticia a essayé d'instituer des rituels : il y a les « dîners du jeudi », par exemple, où « le clan des sept », sa dernière bande de bikers, avec laquelle il a effectué son ultime voyage à moto sur la Route 66, en septembre 2016, vient le retrouver. Le 30 novembre 2017, le restaurateur Claude Bouillon, son ami depuis quarante ans, Philippe Fatien, le roi de la nuit, Pierre Billon, Sébastien Farran, Maxim Nucci, Anne Marcassus et Billy ont découvert le film de leur virée aux US. Ce soir-là, Laeticia lui sort une chemise. Johnny met sa croix, ses bracelets, ses bagues et rejoint sa bande dans la salle de projection mitoyenne du salon.

Devant la grille qui barre l'accès du chemin privé à la résidence, les photographes immortalisent le ballet des amis qui vont et viennent. Ceux des dîners du jeudi et les autres. Le 25 novembre, Eddy Mitchell ressort de la Savannah le visage défait... Les télés campent, capturent les allées et venues des médecins, du kiné, des amis qui arrivent parfois à pied depuis la gare de Garches.

Maxim Nucci vient tous les jours. Il arrive à scooter, invariablement trempé par la pluie ou la neige. Le samedi précédant la mort de Johnny, Jean-Claude Camus est sorti de la Savannah sacrément secoué. Johnny avait fait remarquer au très élégant producteur que son pull présentait une tache, une particule pas plus grosse qu'une tête d'épingle. Fatigué, assommé de médicaments, il avait pourtant aperçu cette marque minuscule. « Cette parole ridicule, regrettera plus tard Camus, c'est sa dernière parole avec moi[1]. » Le « sursis » de Johnny, Camus y croyait sans en être

1. Entretien avec les auteurs, le 22 juin 2018.

convaincu. « Quand je l'ai quitté le 29 au soir, se souvient-il, je savais que j'avais peu de chances de le revoir. Il disait : "Encore quinze jours, il faut que je finisse cet album." Quant à Laeticia, elle me disait : "Mon Coco, on commence un nouveau traitement lundi, tu vas voir, on va le sortir de là." Elle n'a jamais intégré le fait que Johnny allait partir. »

Au grand désespoir des télés et radios, peu de fans se pressent devant la maison. Ils sont comme Johnny, ils sont comme la bande, ils ne veulent pas imaginer le pire...

Les télés présentes devant la grille ne filmeront pas les entrées de Laura et David. Pourtant, « les aînés » de Johnny passent régulièrement à la Savannah, planqués dans des voitures aux vitres teintées. Ensemble ou séparément. Laura y est venue trois ou quatre fois. Lors d'une de ses visites, elle s'est rendue au chevet de son père avec David. Ils ont même regardé un petit bout de film ensemble, tous les trois.

Il est arrivé aussi que Johnny ne veuille pas la recevoir. C'était un samedi, elle était venue à Marnes avec Nathalie Baye. Voir Nathalie Baye comme toutes ces personnes qu'il ne voyait pas fréquemment provoque une peur panique chez Johnny et le renvoie « à l'idée qu'il va mourir ». « Ce jour-là[1], se souvient Jean-Claude Camus, je suis arrivé à Marnes vers 20 heures. L'infirmière m'a dit : "Monsieur Camus, j'ai vécu quelque chose d'absolument épouvantable cet après-midi." Et elle m'a raconté que, la veille, Laura avait envoyé un texto à Johnny pour lui annoncer : "On vient te voir demain." Et Johnny, qui ne se voyait pas partir, lui avait répondu par texto : "Non, pas demain, la semaine prochaine." Il utilisait encore son téléphone, mais dans Paris, on racontait que c'était Laeticia qui se servait en réalité de son portable. Moi je connais bien le caractère de Johnny, il n'avait pas envie d'avoir de visites

1. Entretien avec les auteurs, le 22 juin 2018.

ce jour-là. Et quand il avait décidé quelque chose... Quand elles sont arrivées, il a piqué une crise dans la chambre et il a dit à Laeticia : “Je ne veux pas les voir, j’ai dit la semaine prochaine !” D’après ce que m’a confié l’infirmière, Laeticia lui a répondu : “Mais je ne peux pas faire ça.” Johnny a alors appelé l’infirmière pour dire : “Je ne veux pas les voir aujourd’hui, j’ai dit que ce serait la semaine prochaine.” Je comprends la position des enfants qui avaient envie de voir leur père, qui réalisaient que peut-être ils allaient le perdre, mais lui ne concevait pas les choses comme ça », confesse Jean-Claude Camus. Dans le silence de son appartement de la porte Maillot, en bordure du bois de Boulogne, le producteur pèse ses mots : « Ses enfants, il ne les avait pas beaucoup vus avant. D’après ce que je sais, il y en a un qui est venu quatre mois après son cancer, l’autre six mois. Johnny a été opéré trois fois de la hanche au mois de septembre 2017, on lui a fait une cimentoplastie[1]... il n’a pas eu de visites. Et là, d’un seul coup, il y en a beaucoup, beaucoup, des visites, ce n’était pas bon pour son moral. Je réalise la déception, poursuit Camus, mais dans la paranoïa qui était celle des uns et des autres, ils ont dû se dire : “C’est Laeticia qui nous barre la route.” » S’il reconnaît qu’il n’était pas sur place au moment des faits, Jean-Claude Camus ne doute pas que tout se soit passé comme on lui a relaté : « Ce n’est pas Laeticia qui m’a raconté tout ça, souligne-t-il, c’est l’infirmière. »

David, lui, n’a jamais accepté qu’il ne puisse rencontrer son père comme bon lui semble. Le jour de son retour à Marnes-la-Coquette, alors que Johnny a manifesté sa volonté de ne recevoir personne, David est venu quand

1. La cimentoplastie consiste à injecter du ciment acrylique dans une ou plusieurs vertèbres ou os fragilisés dans le but de consolider et de diminuer la douleur. Elle est aussi employée dans le traitement des métastases osseuses.

même. Et il ne l'a pas vu... Johnny n'a pas voulu qu'il rentre dans le bureau.

Il est arrivé aussi que Laeticia fasse barrage. Était-ce pour préserver son mari ou parce que, à l'instar des très proches, elle considérait qu'entre le père et le fils il était un peu tard pour surjouer le grand air de la proximité ?

Le jour de la mort de Johnny, lorsque David se présente à Marnes pour rendre visite à son père sur les coups de midi, Johnny se sent trop diminué pour le recevoir. Comment dire à un fils que son père ne souhaite pas de présence, en ce moment si particulier ? David s'est installé dans le canapé, il a décidé d'attendre... C'est l'infirmière qui est venue lui expliquer que Johnny, après ses soins, devait se reposer. Ce jour-là, le dernier de l'existence de son père, David est resté trois heures à attendre dans le salon. En vain.

Dans le bureau tout à côté, auprès de Johnny, il y avait Laeticia... Prend-elle conscience alors à quel point on va lui reprocher ces derniers rendez-vous manqués entre un père et ses deux aînés ?

« Je vais appeler les enfants si vous le souhaitez. » Le soir de la mort de Johnny, le médecin se penche sur Laeticia, recroquevillée sur le canapé. Dans un état second, elle acquiesce. À 23 h 30 précisément, le praticien appelle David au téléphone. Le fils unique de Johnny est à Paris, dans un restaurant. « Je finis de dîner et je préviens Laura, lui répond un David, la voix blanche. — Je peux l'appeler si vous le souhaitez, rétorque le médecin. — Non, je vais aller la voir, lui dire de vive voix. » Dans le salon, Laeticia retrouve peu à peu ses esprits. Cette nuit-là, les souvenirs des gens présents à Marnes s'embrouillent... Qui de Sébastien Farran ou de Laeticia a dit : « Il faut prévenir le Président ? » Autour d'eux, personne n'a le 06 du chef de l'État. Laeticia ne possède que celui de Brigitte. À 1 heure du matin, elle compose le numéro de la première dame.

Brigitte ne dort pas : «Avec votre permission, je passerai demain», lui répond l'épouse du Président. À peine a-t-elle raccroché que Sébastien Farran lui rappelle qu'il faut rédiger un communiqué. Ils n'avaient jusque-là que brièvement effleuré la question. À chaque occasion, Laeticia avait coupé court. Par superstition. «Chaque fois que le sujet était abordé, elle pleurait[1] », explique l'avocat Ardavan Amir-Aslani. Une dizaine de jours avant ce sinistre 5 décembre, lorsque les conseils du cabinet avaient pris Laeticia à part pour évoquer les dispositions qu'il lui faudrait adopter à la mort de Johnny, elle a sangloté. «Ne me le prenez pas, je veux qu'il passe Noël, j'ai tant de choses à vivre avec lui. — Ségolène sera là pour vous aider», lui avait répondu l'avocat. Et Ségolène est déjà là, à préparer les formalités. Pour le communiqué, Sébastien Farran a écrit quelques phrases... Laeticia saisit le papier, biffe, rature. Depuis toujours, elle écrit beaucoup et plutôt bien. «J'écris ces mots sans y croire. Et pourtant, c'est bien cela. Mon homme n'est plus.» À 2 h 20, elle entend Sébastien Farran réveiller Nicolas Pratviel, le titulaire de la rubrique musique de l'AFP : «C'est Sébastien Farran. Johnny est parti. Je vous envoie un mail avec le communiqué de Laeticia.» Nicolas Pratviel réveille sa chef de service Françoise Michel puis Jean-François Guyot, un autre journaliste musique. Ces dernières semaines, les journalistes de l'agence se sont entretenus régulièrement avec le manager de Johnny. C'est l'AFP que Farran a appelée six jours auparavant pour démentir la rumeur de la mort du chanteur, qui courait les rédactions à la suite d'une fausse alerte lancée par un cameraman de TF1. «Johnny va bien, il est chez lui et se repose», avait affirmé Farran. Les journalistes de l'AFP filent place de la Bourse pour diffuser les premiers des vingt-cinq papiers qu'ils ont préparés à l'avance et qu'ils

1. *Paris Match*, le 22 mars 2018.

ont prévu de publier dans les quarante-huit heures après le décès de la star.

Sébastien Farran a bien pris soin de préciser que Laeticia devait être citée comme source de l'information. Que ce soit clair : c'est elle qui communique, pas lui. Le premier « flash » de l'AFP tombe à 2 h 44 : FLASH Johnny Hallyday est mort (épouse à l'AFP). Une dépêche plus longue tombe à 2 h 53, neuf minutes après : URGENT Johnny Hallyday est mort (épouse à l'AFP). « Johnny Hallyday, la plus grande rock star que la France ait jamais connue, est mort dans la nuit de mardi à mercredi à 74 ans des suites d'un cancer du poumon, a annoncé à l'AFP son épouse Laeticia [...]. "Il nous quitte cette nuit comme il aura vécu tout au long de sa vie, avec courage et dignité" », écrit-elle dans un communiqué. » Les journalistes respectent ce que leur a demandé Farran : en six lignes, Laeticia est mentionnée deux fois. La dépêche annonce Johnny mort « dans la nuit de mardi à mercredi ». Pendant plusieurs jours, l'AFP situera la mort vers 2 heures du matin. « Jean-Philippe Léo Smet, né à Paris 9e arrondissement, le 15 juin 1943, fils de Léon Marcel Jules Smet et de Huguette Eugénie Perrette Clerc, décédés, époux de Laeticia Marie-Christine Boudou » s'est en réalité éteint à 22 h 10, comme l'atteste l'acte de décès dressé le lendemain 6 décembre à 8 h 08 sur la déclaration de Sébastien Farran à l'état civil de la mairie de Marnes-la-Coquette.

À 1 heure du matin, le professeur Khayat arrive. Ce médecin, qui suit Johnny depuis la rechute de son cancer, est revenu en urgence de province. C'est lui qui avait médicalisé Marnes, trouvé les médecins et infirmières à domicile.

Peu après, vers 2 heures, le père Alain de La Morandais arrive à Marnes, dans un Uber envoyé par Sébastien Farran, pour une dernière bénédiction. C'est Laeticia qui a pensé à lui. « Je la connaissais depuis un an à peine, se rappelle le religieux catholique. Je l'avais croisée chez Marc Lavoine, au baptême d'un de ses enfants. Je l'avais trouvée sympathique. Quand je suis arrivé, Johnny était déjà mort, Laeticia est tombée dans mes bras en pleurant[1]." Le père de La Morandais se recueille devant la dépouille en présence de Sébastien Farran. Avant de s'éclipser une heure après, il revient saluer sa veuve : « Elle m'a dit qu'il fallait s'occuper de l'enterrement. J'ai acquiescé, sachant très bien que, dans ces cas-là, on ne maîtrise absolument rien. En quittant la maison, j'ai passé deux coups de fil : un à une personne de l'Élysée pour demander qu'on prévienne le Président, et un autre à un ami chanteur, Grégory Turpin, pour lui dire de prévenir l'aumônier des artistes car Mamie Rock voulait que des veillées soient organisées. »

Laeticia et les amis présents sur place s'attendent d'une minute à l'autre à voir arriver David et Laura. Mais David est chez sa sœur et a préféré rester auprès d'elle. Autour de Laeticia, ils sont six, huit, bientôt douze personnes à l'entourer... Les six invités du soir que cette nuit lie à jamais sont tous restés. Au rez-de-chaussée, où les lumières sont allumées, ils passent et repassent telle une armée d'ombres. La dépêche est à peine tombée que les téléphones commencent à vibrer, les SMS sont brefs : « Oui il est mort, c'est vrai. » Des fidèles accourent, d'autres choisissent de respecter le deuil de la famille. Ils viendront plus tard, à Marnes, après s'être annoncés, ou au funérarium, où reposera Johnny.

Sur la terrasse devant la cuisine, on grille des cigarettes, on se prend dans les bras, on sanglote, on se rappelle la dernière fois où on l'a croisé : « Quand hier, il m'a dit "à demain", je te jure que j'y ai cru. » On évite de craquer près de Laeticia, que tous surveillent du coin de l'œil. L'agitation, les pas sur le gravier risquent de réveiller Jade ct Joy.

1. Entretien avec les auteurs, le 13 juin 2018.

Dans leur chambre au premier, les petites filles dorment toujours, pour la première fois depuis longtemps loin de Johnny. Comment leur annoncer la mort de leur père? Laeticia sait que, comme à leur habitude, elles vont débouler tôt le lendemain pour l'embrasser, savoir comment il a passé la nuit...

Au petit matin, après cette nuit sans sommeil, elle se résout à aller les réveiller. De quelle manière leur dire? Laeticia a répété quelques phrases dans sa tête... Elle s'est rappelé les livres qu'elle avait lus sur le sujet, les mots qu'elle avait eus pour Jade quand il avait fallu lui expliquer l'absence prolongée de son père en 2009, hospitalisé au Cedars-Sinaï Hospital.

Jamais elle n'a mis si longtemps à monter cet escalier... Les filles ne remettront plus un pied dans le bureau et ne reverront leur père qu'au funérarium, au moment de la fermeture du cercueil. Auprès du corps de Johnny veille désormais Carl. Fidèle à sa promesse : ne jamais laisser Monsieur seul. Jamais.

Il fait encore nuit quand Pierre Rambaldi, le mari de Marie Poniatowski, et Billy, l'époux d'Anne Marcassus, rejoignent leurs femmes à Marnes. Jean-Claude Darmon, qui avait accompagné Johnny pour sa dernière sortie publique, le 1er septembre, aux obsèques de Mireille Darc, précède Yarol Poupaud et Maxim Nucci, arrivé ce matin-là exceptionnellement en voiture. Muriel Robin et sa compagne Anne Le Nen, présentes au dernier dîner avec les Macron, arrivent dans leur Smart noire suivies de Jean-Claude Camus, de Jean Dujardin, son épouse Nathalie Péchalat, l'acteur Antoine Duléry et Line Renaud, 89 ans, tassée à l'avant de sa Peugeot blanche. La marraine de Johnny a mille ans. Que Johnny parte avant elle ne s'inscrivait pas dans l'ordre des choses, répète-t-elle. Jean-Claude Camus se reposait à son domicile de Bruxelles lorsque la chaîne CNews lui a appris la nouvelle de la mort du rocker vers 2 h 10 du matin. Il a pris la route immédiatement et est arrivé à 9 h 30 à Marnes : «J'ai attendu un petit peu dans le salon, après j'ai vu mon Johnny bien sûr et on est venu me dire : "Montez voir Laeticia[1]."»

Les people se manifestent avant David et Laura. Les deux premiers enfants de Johnny sont attendus vers 16 heures. Ils viennent avec leurs conjoints, Alexandra Pastor, la femme de David, et Raphaël, le compagnon de Laura. Nathalie Baye les accompagne. Les amis, présents à Marnes, sont priés de se faire discrets, les deux aînés de Johnny ont fait savoir qu'ils voulaient être seuls : « La villa a été évacuée pour leur venue, se souvient un proche. Ça les aurait énervés de voir d'autres personnes, donc on est tous montés aux étages. Laeticia est restée au premier dans sa chambre avec Jade et Joy, le temps que Laura et David se recueillent auprès de leur père.» Vont-ils monter saluer la veuve de Johnny ? Mamie Rock décide de s'en mêler. «Je leur ai dit : "Écoutez-moi petits, soyez gentils, montez. Laeticia est dans la chambre, anéantie. Allez dire à Laeticia que vous la remerciez d'avoir bien soigné votre père." J'ai dit à Laura : "Écoute Laura, si tu peux pas, tu t'en vas." Laura et David sont montés et ont dit à Laeticia : "On te remercie." Elle a été heureuse comme tout. C'est grâce à moi ! Sébastien Farran m'a dit : "Qu'est-ce que tu es allée dire ?" Je lui ai répondu : "J'ai dit ce que mon cœur m'avait dicté !" Après, il m'a dit : "Tu as bien fait[2]."»

Nathalie Baye accompagne sa fille lorsque Laura et David montent saluer la jeune veuve. Présent dans la chambre de Laeticia «depuis dix minutes à peine» lorsque David, Laura et Nathalie Baye sont annoncés, Jean-Claude Camus se réfugie dans la salle de bains attenante. Planqué tout à côté, soucieux de laisser la famille se retrouver, il assiste bien malgré lui à ce moment si triste : «Il n'y a pas eu d'éclats de voix, tout le monde était vraiment dans la

1. Entretien avec les auteurs, le 19 avril 2018.
2. Entretien avec les auteurs, le 22 juin 2018.

peine. Ils étaient dans les bras les uns des autres. À ce moment-là, je n'ai pas du tout suspecté qu'il allait y avoir des tensions[1]. »

À peine David et Laura sont-ils partis que la première dame est annoncée. À bord de la Peugeot sombre qui transporte Brigitte Macron, ont également pris place son directeur de cabinet Pierre-Olivier Costa, son chef de cabinet Tristan Bromet ainsi que Rodrigue Furcy, chef de cabinet adjoint du cabinet du président de la République. Laeticia et Brigitte ne partagent pas particulièrement des liens d'amitié mais, depuis qu'elle le sait malade, Brigitte Macron prend régulièrement des nouvelles de Johnny. Et lui passe parfois son mari, le Président.

La première dame monte jusqu'à la chambre de Laeticia. Pendant de longues minutes, les deux femmes s'étreignent. L'échange de femme à femme se prolonge pendant trois quarts d'heure avant qu'elles ne redescendent toutes les deux pour se recueillir devant la dépouille du rocker.

Après le temps des prières vient rapidement celui de l'organisation des obsèques. Du moins, l'esquisse des grandes lignes. Rien n'est prêt, envisagé, pas même le choix du cercueil. Brigitte Macron et Laeticia prennent place autour de la table où se tiennent Pierre-Olivier Costa, Tristan Bromet, Rodrigue Furcy, Sébastien Farran, Laurence Favalelli et Ségolène Dugué. « Il faut lui rendre un bel hommage », murmure Laeticia. « Laeticia a toujours su avec qui elle était mariée, c'est un homme qu'elle a toujours partagé avec ses fans, se rappelle une des personnes présentes sur place. Elle nous disait en gros : faites ce que vous voulez mais organisez-lui un bel hommage. Les moments plus personnels seront à Saint-Barth. »

1. Entretien avec les auteurs, le 22 juin 2018.

À 18 h 30, la nuit est déjà tombée lorsque la voiture de Brigitte Macron franchit de nouveau les grilles de Marnes-la-Coquette pour rejoindre l'Élysée. Laeticia va du bureau de Johnny aux chambres de ses filles tandis qu'au rez-de-chaussée les plus fidèles continuent de préparer «l'après». Les six de la veille sont restés là. Les amis qui les ont rejoints se reposeront tant bien que mal avec eux sur les canapés du salon tandis que Laeticia passera la nuit en haut, en compagnie d'Hélène Darroze.

«En haut» : un refuge pour Laeticia, l'endroit où elle se soustrait aux regards, celui où elle se laisse aller à sa peine, où elle parle à ses filles. Quatre jours durant, tous vivront en autarcie. Dans une bulle. Ne sortant que pour aller chercher des plats à emporter. Sans mesurer l'immense émotion qui s'est emparée de la France.

Le plus dur reste à venir. Ils le savent. Notamment lorsque, le jeudi matin, le corps du chanteur quitte définitivement la Savannah pour le funérarium du Mont-Valérien. «Le jeudi matin, peu avant 9 heures, Laeticia nous a demandé d'entrer dans le bureau et de dire un petit mot à Johnny avant qu'il s'en aille de chez lui», raconte une des personnes présentes. Dans le silence, Maxim Nucci, Yarol Poupaud, Caroline de Maigret, Hélène Darroze, Jean-François et Élodie Piège, le photographe Dimitri Coste, Sébastien Farran pénètrent tous ensemble dans cette pièce chargée de tant de mauvais souvenirs. Bientôt, eux aussi quitteront Marnes. Avec l'envie de ne plus jamais y revenir.

2

Les obsèques de l'immortel

Le regard de Laeticia caresse une dernière fois ce visage apaisé, délivré des douleurs et des traitements de choc. Dans le funérarium du Mont-Valérien à Nanterre, le dernier cercle se tient, mutique, devant le cercueil du chanteur. Autour de la dépouille, Laeticia, ses deux filles, son père, André Boudou, et Grégory, son frère.

Les autres amis se sont éclipsés. Ils n'ont pas voulu voler à Laeticia cet instant intime. Ultime. La mère de Jade et Joy glisse quelques mots à son homme. Une conversation secrète entre deux amants, entamée il y a vingt-deux ans lors de leur première rencontre à Miami.

Les employés du service des pompes funèbres, visages compassés, observent à distance ce moment hors du temps, irréel. Le recueillement se prolonge quelques minutes encore.

Les deux porteurs, costumes impeccables, s'avancent maintenant pour la mise en bière. Gestes cliniques, répétés des centaines de fois. Le cercueil est scellé. Un bruit sec interrompt ce silence pesant. Il est temps de partir. La France attend Johnny.

David n'est pas présent en cet instant si délicat. Ni Laura. Les deux aînés étaient passés dans la semaine. Chacun vit son deuil à sa manière.

Vers 9 h 30, sous un soleil polaire et un magnifique ciel bleu, le cercueil est placé dans une Mercedes grise, break, aux larges vitres transparentes.

Les pompes funèbres Jaboin, en charge de ce déplacement, ont dû déployer des trésors d'ingéniosité pour dénicher un tel véhicule. « Laeticia souhaitait que les gens puissent voir le cercueil, se souvient Bertrand Vincent, patron de Jaboin à Saint-Cloud. On a dû concevoir un prototype car en France nous n'avons pas ce type de corbillard[1]. » L'entreprise de pompes funèbres commande en express un modèle outre-Rhin. En moins d'une nuit, des ouvriers allemands disposent des vitres translucides. Un cercueil ivoire mais traditionnel, selon les volontés de Laeticia, y est installé. Un consensus s'est dégagé finalement sur le choix de cette couleur, le modèle noir n'étant pas disponible. Les journalistes y ont vu une référence au catafalque blanc d'Elvis Presley, le King, exhibé à Memphis, une des icônes de Johnny.

Les menuiseries ariégeoises ont envoyé *illico presto* deux modèles en érable. Deux exemplaires, de peur que l'un d'entre eux ne s'abîme lors du transport. Une simple éraflure, et la réputation de cette société serait ternie à jamais.

Le cortège de limousines, escorté par quinze motards de la police nationale, drapeau tricolore sur le guidon, quitte maintenant le funérarium du Mont-Valérien pour la porte Dauphine. Le long convoi, telle une délégation présidentielle, roule au pas. Sur le parcours, quelques riverains ont franchi le seuil de leur porte pour observer cette silencieuse procession. À peine arrivent-ils à distinguer Vincent Lindon ou Muriel Robin. On pourrait presque croire à une étape du Tour de France, la dernière, la plus grandiose, celle des Champs-Élysées.

1. Entretien avec les auteurs, le 27 avril 2018.

Dans l'une des berlines juste derrière le corbillard, Laeticia, veste sombre sur un col roulé, croix en platine autour du cou appartenant à Johnny (un Jimi Hendrix crucifié avec guitare en bandoulière qu'il ne quittait jamais), vernis à ongles noir, discret maquillage, cheveux blond platine relevés par un chignon, entourée de ses deux filles et de son garde du corps, profite d'un court répit. Le silence est pesant. Le cortège s'arrête à plusieurs reprises : il est parti un peu en avance et le président de la République est en retard. Douze kilomètres restent donc à parcourir dans une relative quiétude avant l'hommage, religieux, festif, démesuré.

Tout ce gigantesque barnum a été monté en moins de quatre-vingt-seize heures, dans la plus grande confidentialité. À la baguette, la garde rapprochée de Laeticia et le cabinet du couple présidentiel.

Emmanuel Macron, surpris par l'engouement généré autour de la mort de Johnny Hallyday, a questionné son entourage et sollicité ses conseillers sur ce qui s'était passé pour les obsèques de Piaf ou de Trenet. « Pas grand-chose », lui répondent ses interlocuteurs. Le Président – qui pense un instant à un grand concert place de la Concorde – leur demande « d'inventer quelque chose, de rendre un hommage national et populaire ». À partir de ce moment, Brigitte Macron, accompagnée de son directeur de cabinet et du chef adjoint de cabinet de son mari, se déplace à Marnes-la-Coquette pour esquisser avec Sébastien Farran les contours de cet hommage national. Tout le monde s'accorde pour que les obsèques deviennent une grande fête populaire. Toute idée de cérémonie dans un cercle restreint est évidemment impossible. Celle qui a épousé un monument français sait qu'elle ne peut prétendre à l'exclusivité d'une légende.

Il faut maintenant déterminer un parcours entre le funérarium du Mont-Valérien et l'église de la Madeleine, qui a pu être libérée pour l'occasion. Quelle autre avenue que les Champs-Élysées? tranche Emmanuel Macron, pour accompagner la descente du cercueil de Johnny.

Quatre femmes ont eu la lourde tâche d'établir la liste des invités autorisés à pénétrer dans l'église de la Madeleine. Anne-Sophie Aparis, l'attachée de presse de Johnny, Anne Marcassus, sa productrice, Laurence Favalelli, l'assistante de Laeticia, et Ségolène Dugué ont épluché leurs carnets d'adresses pour ébaucher une liste d'invités.

Dans le bureau de la première, transformé en «war room», les portables vibrent en continu. «Des gens m'appelaient en me disant : "Anne-So, est-ce qu'il y a une place pour moi. Je suis allé en vacances chez lui, il est venu en vacances chez moi. Je l'ai vu en slip[1]"», sourit Anne-Sophie Aparis.

Le vendredi soir, vers 18 h 30, «le commando» envoie 600 textos d'invitations. Six cents chanceux et quelques bannis. «C'étaient souvent des anciens amis de Johnny qu'il ne souhaitait plus voir. Pas forcément des célébrités[2]», précise Ségolène Dugué.

Malgré les suppliques des uns, le chantage des autres, le quatuor a soumis des dizaines de noms. L'Élysée a adressé également ses suggestions. Pas de *persona non grata*, jurent Ségolène Dugué et Anne-Sophie Aparis.

Comme un plan de table de mariage royal, il a fallu ensuite établir un protocole très strict : placer les personnalités dans l'église, ménager les susceptibilités en fonction des liens familiaux avec le défunt, de leur amitié, de leur pouvoir, de leur influence. Seule Laeticia maîtrise pleinement les ramifications complexes qui constituent les différentes tribus de Johnny.

Le jeudi, deux jours avant l'enterrement, une réunion se tient en urgence à l'Élysée. Autour de la table, une

1. Entretien avec les auteurs, le 4 mai 2018.
2. Entretien avec les auteurs, le 24 avril 2018.

trentaine de personnes chargées de l'organisation des obsèques : des proches de Laeticia, des conseillers du Président, mais aussi le préfet de police de Paris, Michel Delpuech, responsable de tout le dispositif sécurité. Les questions fusent. Comment organiser une telle parade en toute sécurité dans une capitale menacée encore par des attaques terroristes ? Comment ne pas bloquer la ville avec un tel afflux de personnes ? La nervosité gagne les participants.

Un des jeunes organisateurs interpelle alors le préfet de police. Mais combien y aura-t-il de personnes samedi, à votre avis ? Léger embarras. Michel Delpuech marque une pause et confie son ignorance sur le sujet : « C'est sans précédent. On n'a aucun moyen de mesure. »

Pour ne rien arranger, les médias deviennent de plus en plus insistants auprès de l'Élysée et de la préfecture de police à propos du déroulé de ces funérailles. Une hystérie contagieuse s'est propagée dans les rédactions.

Les chaînes de télé ont décidé de casser leur antenne pour des éditions spéciales dès 9 heures du matin. Duplex, invités en plateau et retransmission en direct de ce show pharaonique. France 2 a même basculé l'un de ses programmes majeurs, l'inamovible Téléthon, sur France 3 et France Info. Du jamais-vu.

Sur le parcours mortuaire, des grues, des caméras-moto, des drones, des cars-régie et un système de diffusion satellitaire. TF1, France 2, M6, BFM ont déployé ces énormes moyens techniques avec la promesse tenue de belles audiences[1].

Devant cette organisation similaire aux obsèques d'un chef d'État, quelques esprits grincheux se sont fait entendre, sur le thème : ce n'est ni Simone Veil ni Michel Rocard qu'on enterre mais un chanteur de variétés qui a connu

1. 14,4 millions de Français ont suivi les obsèques à la mi-journée.

quelques problèmes avec le fisc français. Face à ces réserves, l'hommage national, initialement prévu, s'est transformé en hommage populaire. Plus rock'n roll, moins protocolaire. La Madeleine sera le Panthéon de l'artiste.

Oublié aussi le survol de la patrouille de France au-dessus de la plus belle avenue, un temps évoqué. Cette manœuvre n'est effectuée que pour le décès de militaires ou de chefs d'État.

La forme de ses funérailles n'a pas suscité des débats seulement au sein de l'opinion publique, mais aussi à l'intérieur même de la famille Hallyday. Laura et David ont ainsi refusé tout contact au cours de la préparation, ne cautionnant pas l'esprit de cet hommage.

Au courant de leur refus de venir au funérarium lors de la fermeture du cercueil puis de se joindre au cortège, Jean-Claude Camus, le producteur historique, décide d'appeler Brigitte Macron. «Écoute, il y a quelque chose d'insensé qui se passe, dit-il à la première dame de France, David et Laura ne veulent pas venir. Est-ce que tu peux essayer d'intervenir[1] ?»

Le jeudi 7 décembre, à 18 h 30, Laura, David et leurs conjoints respectifs sont ainsi reçus par Brigitte Macron, son mari étant en déplacement au Qatar. Le contact a été établi par Sylvain Fort, l'une des plumes du Président. Brigitte Macron informe Laeticia de cette visite. «Il n'y a pas de problème. Il faut que tu voies toute la famille», assure la jeune veuve.

Devant la première dame de France, Laura et David évoquent avec calme et tendresse le souvenir de leur père et remercient le couple présidentiel d'avoir initié cet hommage populaire. À aucun moment les deux aînés du chanteur – qui ignorent alors que leur père sera inhumé à

1. Entretien avec les auteurs, le 22 juin 2018.

Saint-Barth – ne font part de leur désapprobation sur «l'esprit de cette fête».

Pourtant, les deux enfants auraient souhaité un hommage populaire et ensuite une cérémonie plus privée. Jusqu'au bout d'ailleurs, ils attendront cette cérémonie intime qu'on leur a plus ou moins laissé espérer. «Ils étaient OK pour l'hommage national, explique sous couvert d'anonymat l'une des proches de David, OK pour les bikers mais ils n'étaient pas d'accord avec tout ce “cirque” : cette arrivée à l'américaine des invités en limousine devant la Madeleine... Laura et David ne voulaient pas se mettre en scène.» Leur décision est donc prise. Ils ne s'associeront pas au convoi des amis et des VIP.

«Brigitte Macron m'a rappelé ensuite en disant : “Ce n'est pas négociable”, confirme Jean-Claude Camus. J'ai donc compris qu'il allait y avoir des tensions.» Il faut sauver les apparences, échafauder un second protocole pour l'autre moitié de la famille. Un garde du corps les escortera jusqu'à la Madeleine. Ils s'installeront devant le parvis pour accueillir Laeticia et «ses» invités. Une union de façade.

Dans le silence ouaté de sa berline, en route vers la Madeleine, Laeticia a mis entre parenthèses ces désaccords. Tout à sa peine, elle a rendez-vous dans quelques minutes avec l'histoire. Ce moment-là, elle l'appréhendait depuis des semaines, voire des mois. Elle avait tenté de le repousser mais savait qu'il serait inévitable face à la maladie qui gagnait du terrain, chaque jour un peu plus.

Déjà la clameur de la foule grandit. L'air devient un peu plus électrique, voire irrespirable. Voici que, à l'entrée des Champs-Élysées, une foule compacte d'anonymes, de blousons de cuir, de mères de famille, de tatoués, de cadres d'entreprises, de titis parisiens apparaît dans son champ visuel. Combien sont-ils à avoir bravé les difficultés de circulation, cet hiver rigoureux pour un dernier adieu? 100000, 200000, 400000? Au moins 500000, a estimé la préfecture de police de Paris, pourtant prudente sur ses comptages. Certainement 800 000 fans sont là. À ce niveau-là, les spécialistes de la préfecture estiment qu'il est quasiment impossible de donner une estimation précise.

Sur la plus belle avenue du monde, sur laquelle veille un portrait géant de Johnny monté à la hâte à 4 heures du matin, sept cents bikers, venus de Lille ou de Marseille, trônant sur leurs Harley-Davidson pétaradantes, accompagnent désormais le cortège funéraire. Une chevauchée fantastique pour l'un des leurs. Leur Walkyrie à eux.

Sur une scène dressée sur le parvis de la Madeleine, un autre spectacle se joue à ciel ouvert. Yarol Poupaud, Robin Le Mesurier, Matthieu Chedid, les guitaristes successifs de Johnny, Greg Zlap, harmoniciste, reprennent « Requiem pour un fou ». Sans chanteur, sans leur voix habituelle mais accompagnés de milliers d'autres. « *Je n'étais qu'un fou mais par amour / Elle a fait de moi / Un fou, un fou d'amour* », entonne la foule.

Ils ne le savent pas mais c'est la chanson de Johnny que Brigitte Macron préfère : dans son bureau, depuis la mort du chanteur, la première dame écoute et réécoute la version en duo avec Lara Fabian.

Quelle star pouvait rassembler autant de monde pour ses obsèques ? Personne, à part peut-être la Môme Piaf dont le convoi funèbre fut suivi le 15 octobre 1963 par près de 500 000 personnes à Paris.

Le peuple s'est massé sur les boulevards glacés de la capitale, tandis que le Tout-Paris s'est rué vers les deux portes en bronze monumentales de l'édifice religieux. On y découvre le Who's Who français, le Bottin du show-biz : un subtil mélange d'artistes, de politiques, de people, de chanteurs has been, de gloires naissantes, d'animateurs télé, de grands chefs cuisiniers. Toute la galaxie Johnny sur ces cinquante dernières années. Un concentré d'histoire sous la Ve République.

Pour rien au monde ces proches n'auraient manqué cette grande messe cathodique. Pour la mémoire de leur ami, certainement. Pour montrer qu'ils en faisaient partie, sûrement. Dès 8 heures du matin, avant l'arrivée des organisateurs, quelques personnes ont déjà investi l'église et choisi leur chaise. Comment les expulser d'un lieu religieux ? La réponse n'est pas aisée pour les organisateurs. La charité chrétienne ou le grand nombre de caméras les ont incités à ne rien entreprendre.

D'autres invités, fâchés d'être entrés en tout anonymat par une porte discrète derrière la Madeleine, reviennent par la porte principale, en passant devant la haie de photographes, regards embués, pose hiératique, photographiés pour la postérité. Certains s'offusquent contre la place qui leur a été assignée, trop éloignée des premiers rangs sur lesquels sont fixées les caméras.

Et d'autres encore ont finalement souhaité s'absenter de ce rendez-vous où il fallait être. Jacques Dutronc, l'une des Vieilles Canailles, a ainsi préféré sa retraite corse à l'événement mondain de la Madeleine. Quelques jours auparavant dans la presse, il avait livré un mot d'excuse : « S'il lui arrive quelque chose, je préfère pleurer dans mon coin. Je ne veux pas qu'on me voie. Il y a des professionnels pour cela et je n'en fais pas partie[1]. » Resté dix jours alité pour cause de chagrin, Jacques Dutronc ne croisera pas « les pleureuses », comme il les surnomme.

Tous n'ont pas adopté cette posture aussi radicale mais partagent ce point de vue, comme si ce défilé de stars et de demi-célébrités avait dénaturé la fête.

« Les vrais amis de Johnny étaient à l'extérieur de la Madeleine, se désole Jean-Marie Périer, photographe et ami du chanteur. Tous les gens qui avaient un rapport ou un intérêt avec lui étaient à l'intérieur. Comme moi

1. Entretien à *TV Mag*, le 2 décembre 2017.

d'ailleurs qui l'ai photographié pendant des années[1].» L'Aveyronnais ne se serait pas embarrassé d'autant de religiosité : «Il fallait faire défiler les motards avec le corbillard devant. Le faire monter sur la scène et faire chanter le public pendant trois plombes.»

Mais la mort de Johnny valait bien une messe et les honneurs de la République. Sur le perron de l'église, Emmanuel Macron a retracé ce destin français. Le Président n'est pas follement convaincu de la pertinence d'un discours. Dans un entretien accordé à *La Nouvelle Revue française*[2], il convient que les fans de Johnny n'en voulaient pas. «J'ai passé une nuit à l'écrire en sachant parfaitement qu'il ne servirait à rien [...]. La foule qui était là était dans l'émotion brute. C'est cette émotion que j'ai partagée avec la foule.» Le Président ne s'est pas trompé.

Quelques sifflets perturbent ses premiers mots. Emmanuel Macron sent qu'il ne capte pas ce public, que sa présence peut insupporter les fans du rocker. La situation est particulièrement inconfortable. Le chef de l'État décroche de son discours et décide d'improviser. Avec des mots simples. «Je sais que vous vous attendez à ce qu'il surgisse de quelque part [...]. Il entamerait la première chanson et vous commenceriez à chanter avec lui. Il ferait semblant d'oublier une chanson et vous la réclameriez. Dans un souffle, en n'osant pas vous l'exprimer trop fort, il vous dirait qu'il vous aime.» Les sifflets se sont évanouis, les applaudissements surgissent des Champs-Élysées puis s'engouffrent telle une immense vague sonore dans l'église. Les conseillers de l'Élysée, restés à l'intérieur de la Madeleine, sont soulagés : les sifflets n'ont pas duré.

Sur le parvis, Laeticia, David et Laura ont le droit à une chaleureuse accolade du Président et de son épouse.

1. Entretien avec les auteurs, le 20 avril 2018.
2. *La Nouvelle Revue française*, mai 2018.

« Le spectacle » qui se produisait jusqu'ici dehors se transporte maintenant à l'intérieur. Sous le regard de huit cents personnes, le cercueil porté par Yarol Poupaud, le directeur musical de Johnny, l'homme d'affaires Jean-Claude Darmon, le parolier Pierre Billon, son manager Sébastien Farran, le cinéaste Claude Lelouch, le chanteur Maxim Nucci et Philippe Fatien propriétaire de boîtes de nuit, marchant bas après une opération du col du fémur. « Tu rentres dans cette église, tu ne sais plus où tu es. Tu es juste en train de porter ton pote[1] », se souvient Pierre Billon, l'ami de toujours.

Sous les grandes orgues du XIXe siècle, il y a là, au premier rang, Laeticia et ses deux filles. De l'autre côté de la travée, comme si une frontière invisible s'était déjà installée : David, Laura, Sylvie Vartan et Nathalie Baye. Ceux-là n'ont pas suivi le convoi funéraire. « On a commencé à voir qu'il y avait un problème entre ces personnes, quand on a reçu le placement dans l'église[2], confie un conseiller de l'Élysée. On apprend que les deux familles veulent que le couloir central les sépare. Cela compliquait les choses. Il fallait que le Président soit d'un côté ou de l'autre. Car au milieu, il y avait... le cercueil ! »

Un épisode traduit ce schisme familial à l'arrivée de la famille Boudou dans l'église. De l'un des rangs, une phrase fuse, persifleuse : « Boudou Romanos ». La famille de Laeticia fait mine de ne rien entendre. Quelqu'un reprend : « Boudou escrocs ». Ambiance.

Les caméras n'ont pas capturé ces insultes. Elles se concentrent sur les trois présidents de la République et leurs conjointes, assis côte à côte, tout près du cercueil. En cette journée si particulière – ce 9 décembre est aussi la journée nationale de la laïcité –, Emmanuel et Brigitte

1. Entretien avec les auteurs, le 15 mai 2018.
2. Entretien avec les auteurs, le 30 mai 2018.

Macron ont finalement été installés avec les anciens chefs de l'État.

Quelques rangs derrière, Jean-Jacques Debout, qui fut le parolier de Johnny – le chanteur lui a « soufflé » Sylvie Vartan dont Debout était secrètement amoureux –, a arraché, lui, son carton d'invitation *in extremis*. Son amitié de soixante ans avec Jean-Philippe Smet n'a pas pesé beaucoup pour glaner le sésame. « C'est Sylvie qui s'est battue pour que je vienne[1], rappelle Jean-Jacques Debout. Je n'en voulais pas à Laeticia. J'avais compris qu'elle avait fait de Johnny sa chose, son homme. Elle ne souhaitait pas partager son passé. » Bernard Montiel a quant à lui été repêché *in extremis*, la veille au soir, par David et Laura, qu'il a connue toute petite. Quant à Yves Rénier, acteur et ami historique de Johnny, il n'a pas souhaité vivre un tel affront. Laeticia l'a rayé des listes de la cérémonie. Le commissaire Moulin n'a pas forcé les barrages. « Je ne voulais pas me faire sortir. Alors je suis resté chez moi. J'ai regardé la cérémonie sur mon canapé. Ça m'a rendu triste[2]. » Yves Rénier savait que cela finirait comme cela. Il en a pleuré pendant trois jours. L'acteur avait même annoncé la couleur à son ami chanteur : « Je lui disais : le jour où tu vas claquer, tu auras des funérailles nationales. Des chevaux noirs supporteront ton corbillard. Et douze coups de canons seront tirés des Invalides sur ton passage. » La blague de Rénier avait arraché un demi-sourire à l'artiste, guère plus. « Il ne riait pas trop car il était déjà malade. Et la mort le faisait flipper énormément. »

L'office religieux a maintenant débuté. Derrière l'autel, le prêtre des loubards, Guy Gilbert, a conservé son Perfecto qu'il a recouvert d'une étole pour marquer sa prêtrise. « Je n'avais jamais vu Johnny mais les jeunes que je connais depuis quarante ans et qui avaient été abandonnés comme

1. Entretien avec les auteurs, le 22 avril 2018.
2. Entretien avec les auteurs, le 19 avril 2018.

Johnny me bassinaient avec sa musique. C'était important que je sois là[1].» Le curé iconoclaste ne pouvait qu'aimer cette cérémonie religieuse, païenne et divine à la fois. «C'est un moment historique pour l'Église de France de pouvoir pactiser avec l'humanité des gens.» À ses côtés, monseigneur Benoist de Sinety, vicaire général du diocèse de Paris, a trouvé des mots simples et percutants : «Entre dans la lumière, Johnny Hallyday, une lumière, un feu qui ne s'éteint jamais», avant de rappeler à l'assistance «que, à la différence de beaucoup d'entre nous, Jean-Philippe Smet n'a peut-être pas reçu dans les premiers instants de son existence cet amour qui est dû pourtant à toute vie naissante».

Dans le carré des parlementaires, au dixième rang, côté droit, derrière Sylvie Vartan, avec son écharpe violette, Patrick Balkany, le maire de Levallois, vieil ami de Johnny, semble trouver le temps long : «Cela faisait trois heures d'affilée qu'on attendait dans cette église. Nous debout, Johnny couché. C'était épouvantable. On ne voyait pas ce qui se passait à l'extérieur. Il n'y avait pas d'écran, pas de wi-fi, rien[2].»

Entre deux discours, l'esprit de l'élu des Hauts-de-Seine s'évade. Il voit défiler ses belles années avec son Jojo. La période yé-yé quand Jean-Philippe venait le chercher au collège pour filer au Golf-Drouot. Les tournées où «Pat» passait dans la loge récupérer son pote pour des troisièmes mi-temps mémorables dans les boîtes de la région. Les vacances à Saint-Martin dans leur villa idyllique baptisée Pamplemousse qui, des années plus tard, sera saisie par la justice pour des soupçons de fraude fiscale, puis vendue à un riche industriel italien.

Johnny, Carlos, Stéphane Collaro, Yves Rénier y ont séjourné, entre autres, dans le faste et la fête. Une vie de

1. Entretien avec les auteurs, le 16 avril 2018.
2. Entretien avec les auteurs, le 26 avril 2018.

nabab sous les tropiques, loin du froid piquant de la Madeleine. «Tout ce protocole, cela n'aurait pas plu à Johnny», regrette encore Patrick Balkany. Il le lui avait rappelé, d'ailleurs, lors de l'enterrement de Carlos, le 22 janvier 2008. «On pleurait comme des veaux devant notre ami, se souvient Balkany, et Johnny m'avait dit : "Ça me fait chier d'être dans une église pendant des heures." Mais bon, il fallait rendre cet hommage à Johnny. On ne pouvait pas faire autrement.» À la fin de la cérémonie, son épouse Isabelle Balkany vient embrasser la jeune veuve. Entre sanglots et confidences, Laeticia lui glisse dans l'oreille : «Toi tu savais[1]...» La première adjointe de Levallois acquiesce d'un léger sourire.

L'église de la Madeleine s'est maintenant vidée. Le concert sur le parvis se poursuit encore pendant de longues minutes avec les grognards de Johnny. Alors que la nuit commence à envelopper la place de la Madeleine, les décibels s'évanouissent. Les gerbes de fleurs jonchent le sol de l'édifice religieux. Il est prévu qu'elles restent toutes autour de l'église. Un bouquet de roses blanches en forme de cœur attire le regard : «À toi Johnny. Pour toujours, Sylvie». Mais le convoi est déjà bien loin. Et Sylvie Vartan n'en fait pas partie.

Dans la villa la Savannah, à Marnes-la-Coquette, des intimes de Laeticia et de Johnny ont été conviés après les funérailles à une collation. Il y a là Marion Cotillard, Guillaume Canet, Muriel Robin, Hélène Darroze, Line Renaud, Marc Lavoine, Patrick Bruel, Jean Reno, parrain de Jade, Maxim Nucci, le chef Jean-François Piège et son épouse Élodie, ainsi que Marie Poniatowski et Caroline de Maigret.

Les mots sont comptés. La fatigue se lit sur les visages de chacun. La journée a suscité son lot d'émotion, d'adrénaline et de larmes. Dans la cuisine, Hélène Darroze a

1. Entretien avec les auteurs, le 19 avril 2018.

déposé sur une grande table en bois quelques canapés, des sandwichs, de l'eau pétillante et un peu d'alcool. Les plus exténués se sont assis sur des chaises rouges. Johnny prenait toujours celle située dos à la fenêtre, face à l'entrée. Laeticia se plaçait à sa droite et les enfants en face du patriarche. Un rite immuable comme dans toutes les familles françaises.

Une photo accrochée sur une étagère à gauche du réfrigérateur rappelle ces moments heureux. « Bonne année 2016 », est-il écrit. À côté de ces quelques mots, Laeticia, Johnny, Jade et Joy posent avec un Père Noël. Le fantôme du défunt rôde dans chaque espace, chaque recoin, chaque interstice de la maison.

La nuit est tombée sur Marnes. *Mezza voce*, on se félicite de l'esprit de cet hommage, on se remémore une ou deux anecdotes liées à Johnny. Tout le monde se retrouve dans la cuisine. Sur l'écran de télévision, des journalistes de BFM commentent « l'enterrement du siècle » d'un ton docte. Laeticia esquisse un léger sourire à la vue d'un homme en plateau qui se présente comme un ami de son mari. Puis d'un autre, lui aussi « copain » de Johnny. « Mais cela fait des années que je ne les ai pas vus », glisse-t-elle à l'un de ses voisins.

L'assemblée s'esclaffe devant ce bal « des imposteurs ». La maison se vide lentement. Laeticia adresse un « au revoir » affectueux aux invités vers 20 heures. Il faut tenter de trouver un semblant de sommeil. Il y a un avion à prendre demain matin pour rejoindre la dernière résidence de Johnny.

3

Retiens la nuit

Comme elle, ils sont tous groggy. Ivres des bruits de la foule, des musiques de la Madeleine, troublés par ces visages qu'ils ne connaissaient pas, ces regards inconnus qu'ils ont croisés, les témoins des mille vies de Johnny. Ivres de cette ferveur populaire dont même Laeticia n'avait pas mesuré l'ampleur dans le huis clos de Marnes.

Il est 8 h 30 ce dimanche 10 décembre quand Laeticia arrive avec ses filles à l'aéroport du Bourget. Sébastien Farran, Bertrand Vincent, le responsable des pompes funèbres, sont arrivés bien avant, vers 7 heures. La gendarmerie a rapidement vérifié que tous les papiers étaient en conformité. Puis les hommes du service funéraire ont placé le cercueil dans la soute.

À 10 h 10, en direct sur toutes les télés, l'avion s'est arraché du sol métropolitain. Destination Saint-Barth. Les chaînes d'infos, d'ordinaire si bavardes, se sont tues lorsque le Boeing 757 s'est évanoui dans les nuages. Johnny s'envole vers sa dernière demeure, loin de cette France qui l'a tant aimé.

Dans le ventre de l'avion de la compagnie GainJet, juste sous leurs pieds, sommeille « le patron ». « La tour Eiffel », dira plus tard Laeticia. Elle emmène son homme vers leur paradis à eux, leur petit caillou des Antilles. Après le deuil public, l'immense cérémonie des funérailles, Johnny lui revient un peu...

Auprès de la veuve du rocker se sont joints les membres de la dernière bande et quelques autres : trente-cinq personnes parmi lesquelles le restaurateur Claude Bouillon, Anne Marcassus et son époux Billy, Jean-François et Élodie Piège, Marie Poniatowski et son mari Pierre Rambaldi, Thierry et Rose-Hélène Chassagne, les patrons de Warner, le photographe Dimitri Coste, Jean-Claude Camus, Jean-Claude Darmon qui, il y a dix jours à peine, était de passage à Saint-Barth et ne pensait pas revenir de sitôt.

La liste des « invités » conviés à la cérémonie intime a été finalisée la veille au soir à Marnes par la même équipe que celle qui a supervisé les invitations de la Madeleine, celle qui depuis quatre jours s'active autour de Laeticia et la soulage de toutes les « contingences » matérielles. Au final encore, tout a été validé par la veuve de Johnny. « Rendez-vous demain au Bourget », avait-elle lancé sur le pas de la porte de la Savannah.

L'avion a certes été réservé par Jean-Claude Darmon mais ce dernier n'a rien financé. Le vol aller-retour pour Saint-Barth est payé moitié par Warner, la maison de disques de Johnny, et moitié par l'agence de photos Bestimage : la patronne de l'agence, Michèle Marchand, est une amie de longue date du couple Hallyday. Le plan de vol prévoit un atterrissage à Saint-Martin. De là, comme d'habitude, il faudra prendre de petits bimoteurs de la compagnie locale, St Barth Commuter, pour se rendre sur l'île où sera inhumé Johnny.

Laeticia est assise au premier rang, dans la partie gauche de l'appareil. À ses côtés, Jade et Joy, bien sûr. Les filles somnolent, leur doudou sur leurs genoux. Le sac à dos « JH » de Jade – comme Joy, elle porte les mêmes initiales que son père – est plein à craquer. Derrière elles, sur le côté gauche, Françoise Thibaut, la mère de Laeticia, et Mamie Rock. Tout près de Jade et Joy se tient Sylviane, dite Sylv. La fiancée de Norbert, le fils décédé de Mamie Rock, est devenue la nounou des enfants. Grégory, le discret frère de Laeticia, s'est installé pas très loin avec sa femme Maryline, l'ancienne gouvernante des filles. Il est tombé sous son charme lorsqu'il était venu soigner une grosse déprime chez sa sœur à Los Angeles. André Boudou, l'expansif beau-père de Johnny, s'est également installé dans la rangée « famille ». Il rejoint ces îles, ces paradis terrestres et fiscaux où il vit désormais. Hoda Roche, l'ex-compagne de Jean-Claude Darmon, est la seule qui se soit installée à l'avant sans appartenir à la famille *stricto sensu*. Mais elle fait partie – et depuis longtemps – du premier cercle. C'est même l'une des rares qui n'ait jamais traversé de période de disgrâce auprès de Laeticia.

La croix de Johnny toujours autour du cou, Laeticia s'enfonce dans les sièges en cuir beige clair bordés d'un élégant liseré noir. Elle tente de trouver un semblant de sommeil.

À l'hyperactivité des premiers jours a succédé l'attente. Plus rien à faire désormais que de se laisser porter jusqu'à Saint-Barth. Dix heures d'avion à revisiter ses souvenirs. Au-dessus de l'Atlantique, chacun gère comme il peut « l'après ». Maxim Nucci *alias* Yodelice est prostré. Barbe de quatre jours, le regard vissé sur le hublot, le musicien fixe obstinément le ciel et personne n'ose le déranger. Jean-Claude Darmon fait le « con » : il tente un poirier entre les sièges et provoque l'hilarité de ses voisins. Caroline de Maigret converse à l'arrière de l'appareil, là où on peut fumer. Mathieu Cesar, nouveau venu dans la bande, jeune photographe de « la hype » dont les stars et la mode s'arrachent les clichés noir et blanc – c'est une de ses images qui était exposée à côté du cercueil de Johnny à la Madeleine – prend des photos qui ne seront destinées qu'à eux. Certains boivent un peu d'alcool, trinquent à la santé du patron, qui est là, quelques mètres en dessous. Il n'est pas mort, il dort. Les copains de la « dernière bande » ont bien conscience que ce voyage les soudera à jamais. La solide Ségolène Dugué, qui dirige le cabinet d'avocats de Laeticia et Johnny, traverse en solo ce moment douloureux. Elle a beau connaître tous les passagers, ce monde n'est pas le sien. La juriste, qui était chargée de veiller sur « l'intégrité du corps » – depuis l'arrivée des pompes funèbres jusqu'aux formalités administratives permettant l'envol pour Saint-Barth –, réalise soudain qu'elle ne verra plus jamais son client. L'avion est un concentré de chagrin. Chacun entame sa « descente ».

Sur le portable de Laeticia se multiplient les SMS qu'elle découvrira bien après être arrivée dans les Caraïbes. Autant de messages d'affection. En concert avec Sardou, Pierre Billon n'a pu venir, Jean-Claude Sindres, un ex de Laura, devenu l'un des très proches du couple Hallyday aux US, est reparti à Los Angeles rejoindre son épouse. Luana Belmondo, la marraine de Jade, les rejoindra là-bas avec son époux Paul, depuis Antigua, à trois quarts d'heure de bateau, où les Belmondo possèdent une résidence. Les people qui se pressaient à la Madeleine sont restés à Paris. Ils n'étaient pas conviés à Saint-Barth.

Il reste des places vides dans le Boeing – ce type d'avion peut accueillir jusqu'à soixante-trois passagers. David et Laura ont fait savoir qu'ils voyageraient par leurs propres moyens. Alexandra Pastor, la richissime femme de David, a affrété son propre jet privé dans lequel a pris place Laura, accompagnée de son fiancé Raphaël. David a l'habitude de voyager à bord d'avions privés payés par son épouse. Il part ainsi chaque week-end ou presque disputer au bout du monde ces courses auto qu'il aime tant. « Il va casser des bolides à 300 000 euros pièce sur tous les circuits d'Europe, sourit un de ses amis. Alors, un vol de plus ou de moins. »

À cet instant-là, personne ne s'émeut de l'absence de Laura et David. Ni même Laeticia. « On n'a pas senti monter le malaise, dit l'une des personnes embarquées. Pourquoi n'étaient-ils pas là ? Ce n'était pas une question. »

« Je voulais vous remercier. » Après huit heures de vol, avant que la descente vers l'aéroport international Princess Juliana de Saint-Martin ne débute, Laeticia se faufile entre les rangées de l'avion. Elle vient dire à chacun combien leur présence lui réchauffe le cœur.

Et vers 13 heures enfin, lorsque les portes de l'avion s'ouvrent, l'air chaud s'engouffre, les odeurs douces et sucrées prennent Laeticia à la gorge. Le cercueil blanc de Johnny est chargé dans l'un des bimoteurs qui font la navette pour Saint-Barth. Il est convenu que seule Laeticia monte dans l'avion qui transporte la dépouille du rocker. Ce dernier voyage, elle l'accomplira seule avec lui. Elle y tient.

À quoi pense-t-elle pendant les huit minutes que dure ce vol au-dessus des eaux turquoise des Caraïbes ? Saint-Barth, c'est leur histoire, le seul endroit où aucune autre femme de Johnny n'a séjourné avec lui.

David et Laura ne sont jamais venus ici. Laeticia et Johnny ont découvert ce confetti des Caraïbes il y a pile vingt ans lors d'une escale à bord du *Only You*, le yacht que la star avait acheté pour s'offrir une année sabbatique sur les mers. En 2006, ils y ont construit la villa Jade, 500 mètres carrés façon demeure balinaise, une maison de bois et de verre, entourée de bungalows pour les invités qui viennent nombreux. Depuis 2008, c'est là qu'ils passent tous leurs étés. Les fêtes se sont succédé autour de « Johnny le magnifique » et la piscine à débordement qui semble se jeter dans les eaux de la baie de Marigot. Des agapes costumées au cours desquelles on a même tiré, les années fastes, des feux d'artifice.

C'est à Saint-Barth que Johnny s'est envolé contre l'avis des médecins à l'été 2017 – son dernier été – après une hospitalisation pour une cimentoplastie de la hanche à la Pitié-Salpêtrière. Sitôt arrivé, il avait posté sur Instagram une photo de lui pieds nus au bord de la piscine : « Bonjour Saint-Barth, le bonheur d'être là en famille. » « Même crevé après sa tournée des Vieilles Canailles, il m'envoyait une photo : "Enfin chez moi, je me repose[1]" », se souvient Pierre Billon. « Johnny n'aimait pas le soleil, la mer mais il aimait Saint-Barth », confirme l'un de ses amis.

Cette île où les cyclones enflamment le ciel et où la peur gagne le ventre lorsque les volets anticycloniques de la villa Jade se ferment automatiquement signant l'arrivée de l'enfer, cette île était leur île.

Les bungalows de la villa Jade ayant été endommagés par l'ouragan Irma, trois mois auparavant, une dizaine de petites villas avec voitures et chauffeurs privés ont été louées pour les invités. Au dernier moment, Hélène Darroze décide de rester avec Laeticia, elles dormiront ensemble à la villa Jade. La plupart des trente-cinq privilégiés connaissent Saint-Barth. Ils ont souvent rejoint Johnny là-bas, les musiciens ont travaillé sur son album et même enregistré dans le studio « Rockstar » du luxueux hôtel Eden Rock. Marie Poniatowski, la sœur de la décoratrice Sarah Lavoine, y a passé de nombreux étés. Jean-Claude Darmon s'y est fait construire en contrebas la villa Joy, du nom de la petite dernière des Hallyday dont il est le parrain. Une réplique de la villa Jade, « en plus petit[2] », avait coutume de souligner Johnny. David et Laura résident quant à eux à la villa Marie, où habita un temps Estelle Lefébure, la première femme de David.

1. Entretien avec les auteurs, le 15 mai 2018.
2. Gilles Lhote, *Johnny interdit*, Le Cherche-Midi, 2016.

Sur le tarmac de l'aéroport Saint-Jean-Gustave III, Laeticia et ses filles de nouveau réunies (Jade et Joy ont voyagé avec Sylv, Sébastien Farran et Anne Marcassus) se recueillent un court instant devant le cercueil. Il est chargé dans l'unique corbillard de l'île, une Mercedes Pilato de 1979, bleu océan. Laeticia et ses filles vont le suivre en voiture, même si 500 mètres à peine séparent l'aéroport du funérarium. La petite troupe s'ébranle ensuite vers les villas. Ségolène Dugué pose ses valises dans le même bungalow que Thierry et Rose-Hélène Chassagne, Laurence Favalelli et Anne-Sophie Aparis. Tout ce petit monde est attendu à la villa Jade pour se restaurer. David et Laura sont invités aussi mais ne viennent pas.

Personne ne s'en offusque. On les verra demain au funérarium. Malgré leur fatigue, Maxim Nucci Yodelice, Yarol Poupaud, Carl et Sébastien Farran ont encore envie de célébrer Johnny façon « Saint-Barth ». Ici, la musique escorte le défunt jusqu'au cimetière. Alors, les musiciens prennent leurs guitares et s'en vont improviser un bœuf devant la terrasse du funérarium où a été déposé le cercueil de Johnny.

Le vent tiède des îles souffle sur les couronnes géantes en forme de guitare et de cœurs disposées autour de la dépouille du rocker. Maxim Nucci Yodelice entame « De l'amour ». Chanter Johnny, le célébrer, c'est encore un peu le retenir. Alors Saint-Barth retient la nuit. Les quelques dizaines de personnes en shorts et tenues légères autour des musiciens ce soir-là tranchent avec la marée humaine de la Madeleine. On danse, on chante jusqu'à 2 heures du matin tandis que, à la villa Jade, mère et filles s'écroulent dans le même lit.

Il est 10 heures le lendemain, ce lundi 11 décembre. Tous retrouvent Laeticia au bord de la piscine. Leurs tenues blanches – la couleur du deuil aux Antilles – sont à peine froissées, le brunch qu'on leur a servi les a – un peu – requinqués.

Un cœur en corail blanc est arrivé tôt le matin à la villa. On ne sait pas par qui il a été déposé. Laeticia a décidé de le prendre avec elle. Peu après 15 heures, elle donne le départ du convoi, un cortège d'une dizaine de voitures qui s'ébranle vers le funérarium où les couronnes continuent de s'amonceler – Bloomy, le fleuriste de l'île, est débordé par les commandes.

Au dernier moment, Laeticia a renoncé à emmener ses filles assister à l'inhumation de leur père. Sylviane et Maryline resteront avec elles. Dimitri Coste et Mathieu Cesar dédaignent les voitures et enfourchent des motos.

Laura et David sont déjà au funérarium à l'arrivée de Laeticia. Elle les étreint puis les entraîne autour du cercueil de leur père, dans l'intimité de la chambre funéraire.

Là, vingt minutes durant, la veuve de Johnny tente de s'expliquer. C'est leur première vraie conversation depuis qu'ils sont montés dans la chambre à Marnes – avec leurs conjoints et Nathalie Baye, leur premier tête-à-tête depuis longtemps. Laeticia raconte les derniers jours, le refus de Johnny de les voir : pourquoi elle n'est pas sortie du bureau pour y laisser rentrer David qui, le jour de la mort de son père, a patienté trois heures en vain dans le salon en attendant de le voir, pourquoi elle n'a pas passé outre la volonté de Johnny lorsqu'il a refusé de voir Laura et Nathalie Baye, le samedi précédant sa mort, pourquoi est-ce le médecin qui a informé David de la triste nouvelle et pas elle...

David et Laura écoutent, ne bronchent pas. Ce moment, autour de la dépouille de leur père, n'est pas le plus propice pour purger leurs lourds contentieux. Sous un soleil généreux, soixante personnes attendent qu'ils sortent. L'instant se prête mal à cette conversation délicate.

Sans doute les deux aînés de Johnny ont-ils gardé dans les recoins de leur mémoire bien trop de chagrins et de moments cruels pour pouvoir entendre, et encore moins écouter la veuve de leur père. Ce sera en tout cas la dernière fois que ces trois-là auront l'occasion de s'expliquer de vive voix. Il n'y a pas eu de cris, pas de heurts. Aucune attaque frontale. Comme toujours dans cette famille. C'est ainsi depuis des années – vingt-deux ans exactement. David ne s'emporte jamais. «Ce n'est pas un *fighter*, il ne rentre jamais dans personne, il fuit, il ne veut pas d'embrouilles», raconte un de ses très proches amis. Laeticia non plus. C'est probablement d'ailleurs la seule chose qui les rapproche tous les deux. La plus entière, la plus directe des trois demeure Laura. Mais à cet instant, la communion et le chagrin l'emportent sur toute tentative de discussion. Le combat est remis à plus tard.

Pour l'heure vient la levée du corps, Sébastien Farran et Maxim Nucci regardent partir le cercueil dans le corbillard. Il a cette fois été porté non pas par eux mais par des pompiers. En sortant du funérarium, Hélène Darroze se prend les pieds dans sa djellaba blanche, chute violemment et s'ouvre le front. Elle saigne abondamment. On l'emmène aux urgences : «La punition de Johnny», ne peut s'empêcher de murmurer Laeticia, en levant les yeux au ciel – le rocker goûtait peu l'amitié entre sa femme et la célèbre chef, à ses yeux trop envahissante.

À 15 h 45, direction le cimetière de Lorient. Les routes qui y mènent ont été fermées, une compagnie de gendarmes a été dépêchée de Saint-Martin par la préfecture afin de protéger cette cérémonie que Laeticia a voulu «strictement privée». Le long de la route en bord de plage qui descend vers le cimetière, quelques habitants jettent des hibiscus. Le cortège est fermé par des bikers qui ont délaissé les blousons de cuir pour des tee-shirts blancs. Certains roulent cheveux au vent, ukulélé dans le dos. Les motards font vrombir leurs moteurs, comme un ronronnement furieux qui bercerait encore le rocker. Au milieu des Harley rutilantes, on trouve des quads et même des scooters.

Les télés filment ce défilé un peu foutraque si éloigné de la procession ordonnée de la Madeleine.

Arrivés en bordure du cimetière vers 16 h 30, les bikers, alignés comme au départ d'une course au Mans, coupent les moteurs. On n'entend plus que les cloches qui marquent le début de la cérémonie. Il est 16 h 45 dans ce cimetière marin de Lorient voisin d'un restaurant appelé Jojo Burger. C'est ici, à cent mètres à peine de la plage, que Johnny voulait être enterré. «Je lui avais raconté que je voulais que mes cendres soient jetées sur la plage de l'hôtel Manapany, se remémore son ami et biographe Gilles Lhote, ça le faisait marrer. Il m'a dit : moi je me ferai enterrer à Lorient parce qu'il y a un restau appelé Jojo Burger et plein de petites gonzesses qui vont se baigner. Comme ça, je pourrai mater leurs culs et je te raconte pas les afters qu'on fera le soir avec mes potes du cimetière[1] !»

David porte un bracelet religieux au poignet et Laura a accroché autour de son cou une croix en platine. Laeticia n'a pas ôté celle de Johnny. Robe longue blanche et poignets ornés de dentelle noire, elle écoute Maxim Nucci et Yarol Poupaud entamer «Be-Bop-A-Lula» et «Love Me Tender», les deux classiques d'Elvis préférés de Johnny. Une chorale est là aussi. Bruno Magras, le président de la communauté de Saint-Barth, et le prêtre prononcent deux discours, très brefs. Le premier a vendu à Johnny cette concession il y a plusieurs années.

Arrive à 17 h 30 le moment tant redouté, celui de la mise en terre. Main dans la main, Laura, Laeticia et David font corps. Ils jettent sur le cercueil les fleurs blanches à disposition. Le ciel s'assombrit brutalement. Jean-Claude Camus lève les yeux au ciel : un aigle noir passe silencieux, planant et replanant au-dessus d'eux. Certains le photographient. Camus postera plus tard l'image sur les réseaux sociaux. Tout le monde veut y voir le signe de Johnny qui a si

1. Entretien avec les auteurs, le 3 mai 2018.

souvent arboré des aigles, en tatouages, ou sur des guitares. Une dernière révérence.

Comme le chef de famille qu'il pourrait être désormais, David veille sur sa sœur Laura qui ramasse une poignée de sable. Mais c'est Laeticia qui, soudain, vacille au moment de la mise en terre. Elle s'écroule, pousse un long cri qui glace l'assistance. Ci-gît, sous ses pieds, vingt-deux ans de vie commune. David la prend dans ses bras dans une longue étreinte. Plus longue qu'à la Madeleine.

Ensemble, l'épouse de Johnny et ses deux enfants semblent unis dans la douleur. Devant la tombe, avant de se séparer, David et Laura lui disent toutes ces choses qu'on dit dans ces cas-là. Ils promettent de se revoir à Noël, de donner des nouvelles aux petites. Ils s'embrassent une dernière fois. La dernière fois.

Pour Johnny, c'est un long voyage qui s'achève. Pour Laeticia, Laura et David, c'est une interminable guerre qui commence.

Quelques heures auparavant, Sylvie Vartan avait envoyé un communiqué à l'AFP dans lequel elle se disait « triste » que le rocker soit inhumé « si loin de nous qui l'aimons tant ». « Johnny restera pour toujours dans mon cœur et je ne pourrais pas supporter de le voir mettre en terre, mais je suis confortée à l'idée de savoir que David [Hallyday] et Laura [Smet] seront à Saint-Barth », écrivait-elle. La première épouse de Johnny et mère de David est venue une fois sur l'île, en août 2009, pour fêter les anniversaires des petites. Elle et Johnny se sont fâchés quelques mois après : son mari, l'acteur et producteur Tony Scotti, avait acheté un avion avec Johnny. Un projet malheureux. Tony Scotti s'est retrouvé seul à payer les traites de l'avion, il a fini par le revendre.

Dans ce communiqué, Sylvie Vartan semble parler au nom des deux aînés du rocker. « Ça a beaucoup choqué Laeticia que les deux premiers enfants de Johnny ou Sylvie

Vartan, qui habite entre Los Angeles et Paris depuis belle lurette, lui disent que ce n'était pas bien d'enterrer Johnny là-bas, se rappelle Patrick Balkany. Dans l'église, à la Madeleine, Laeticia avait dit à ma femme Isabelle : "Toi, tu savais que Johnny voulait être enterré à Saint-Barth[1]." » La première adjointe de Levallois confirme l'anecdote. Elle se souvient d'une balade avec Johnny à Saint-Martin il y a une quinzaine d'années. Leur véhicule avait dû s'arrêter devant une procession. Des femmes et des hommes chantaient en la mémoire du défunt. Isabelle Balkany et son passager écoutaient ces incantations avec une pointe de curiosité. «Johnny m'a dit d'une voix sentencieuse : "Toi tu as toujours froid. Moi aussi. C'est ici qu'on va être enterrés[2]." »

Ce 11 décembre, peu concerné par le courroux de Sylvie Vartan, André Boudou salue David dans le cimetière : «Il faut qu'on parle tous les deux.» Bien élevé, David acquiesce. La rumeur se répandra qu'André Boudou a menacé l'unique fils de Johnny, ce qui est faux. «Il ne l'a jamais menacé, explique un proche. Il lui a dit comme ça, gentiment, faut qu'on se parle tous les deux et, comme David est un mec sympa, il a dit oui et il est parti sur autre chose.» En réalité, c'est avec Sébastien Farran qu'André Boudou va sérieusement s'accrocher, peu après la mise en terre. «À la fin des obsèques, révèle Mamie Rock, mon fils est allé demander à M. Warner, c'est-à-dire à M. Chassagne : "Est-ce que toutes les finances sont en règle?" Il lui a répondu : "Ne vous inquiétez pas monsieur Boudou, tout est en règle." Et c'est là que Sébastien Farran a crié sur mon fils : "C'est pas le moment de parler de ça!" Et mon fils, qui est vif comme la poudre, lui a dit : "Qui tu es toi? Espèce d'enculé!" Il lui a dit ça. Voilà. Mon fils

1. Entretien avec les auteurs, le 16 avril 2018.
2. Entretien avec les auteurs, le 8 juin 2018.

André n'agissait que pour le bien de sa fille mais malheureusement l'autre... je ne dis rien, j'ai rien à dire parce que si j'en disais, j'en dirais trop donc j'ai rien à dire[1]. » Les personnes encore présentes n'entendent pas bien ce qu'ils se disent mais, à l'évidence, ça chauffe. « On a bien compris que Boudou se mêlait de ce qui ne le regarde pas. »

Tout juste sortie des urgences, Hélène Darroze n'a, elle, rien capté du malaise. Arrivée au moment de la mise en terre, elle a quasiment tout raté de la cérémonie. Encore une punition de Johnny ?

Tout le monde prend un verre au Jojo Burger – puisque c'est ce que Johnny voulait – mais le cœur n'y est pas. Le clin d'œil ne déclenche aucun sourire. David n'y passe que dix minutes. Laeticia reste dehors, refuse de boire et file très vite dans un van dans lequel ont également pris place sa mère Françoise et Mamie Rock. Jade et Joy l'attendent à la villa. Plus tard, ce même jour à 19 h 40, elle enverra un SMS à Gilles Lhote : « Tu vois Trankilo [c'est comme ça que le surnommait Johnny], je ne l'ai pas trahi. » Arrivée là-bas, elle s'écroule dans un sofa. Les amis qui remontent du cimetière vers la villa Jade la trouvent assoupie sur l'immense canapé du salon.

Deux heures plus tard, il faut la réveiller pour l'emmener à l'Isola, le restau italien où tous ont rendez-vous. On dîne tôt, comme souvent à Saint-Barth. « Fatien avait invité tout le monde dans cet établissement qu'aimait bien Johnny[2] », se souvient Pierre Billon. Retenu sur scène en France avec Sardou, il a vécu l'événement à distance. « David et Laura ne sont pas allés boire un verre. Quelqu'un leur avait déjà balancé qu'ils n'étaient pas sur le testament », croit savoir Billon. De nouveau le silence, les non-dits, les explications qu'on se garde bien de provoquer.

1. Entretien avec les auteurs, le 15 mai 2018.
2. Entretien avec les auteurs, le 8 juin 2018.

Lors du dîner à l'Isola, Sébastien Farran et Thierry Chassagne, le patron de Warner, multiplient les apartés. Sur la terrasse de leur villa, jusque tard dans la nuit, ils continueront à évoquer longuement ce qui s'est passé avec André Boudou au cimetière. Tous deux sont d'accord sur une chose : ce Boudou ne va pas se mettre à tout régenter.

« Il m'a très mal parlé. » Le lendemain, très tôt, Farran se précipite à la villa Jade pour raconter son altercation de la veille à Laeticia. Laeticia a plus que jamais besoin de lui et il le sait. « Je vois tout de suite avec mon père », dit-elle. André Boudou arrive, comme convoqué. Des mois, des années qu'il n'a pas partagé de longues conversations avec sa fille. Mais il est loin le temps où elle soutenait son père quoi qu'il arrive. Elle n'est plus cette jeune fille docile dont beaucoup ont dit – à tort – qu'André Boudou l'avait jetée dans les bras de son idole. S'il y en a une qui doit gérer la carrière posthume de son mari, c'est bien elle. Laeticia se montre très ferme et André Boudou, très fâché. Ce moment, qui aurait pu sceller leurs retrouvailles, provoque une nouvelle fâcherie père-fille. D'autant que Boudou ne sera pas convié au pré-repas de Noël que prévoit d'organiser sa fille avec Farran, la compagne de ce dernier et ses enfants. Une nouvelle que Laeticia préfère faire annoncer par... sa grand-mère : « Laeticia m'a dit : "Dis à papa que je ne veux pas qu'il vienne", soupire Mamie Rock. J'ai vu tout de suite d'où ça venait : Sébastien Farran lui avait raconté l'histoire[1]. » André Boudou décide de rentrer sans attendre chez lui, à Saint-Martin. La dureté de Laeticia l'a surpris. Pendant quelques instants, elle a abandonné la posture de veuve éplorée pour celle de femme d'affaires inflexible. Sans ciller.

1. Entretien avec les auteurs, le 8 juin 2018.

Mamie Rock est ulcérée par cette excommunion. Elle prend le parti de son fils contre les «étrangers». C'est sûr, entre Laeticia et son père, la fâcherie va durer.

À neuf mille kilomètres de là, à Issy-les-Moulineaux, se tient le surlendemain un concert de l'album Tribute. L'événement, planifié depuis longtemps, n'a pas été annulé. La plupart des passagers de l'avion ont prévu d'y participer, les musiciens surtout sont attendus. Il ne faut pas tarder, rendre les villas, et filer à l'aéroport. Certains font un détour par le cimetière. Excepté la mère de Laeticia, sa grand-mère, Sébastien Farran, Hélène Darroze, Jean-Claude Darmon, Jean Reno et son épouse Zofia, tout le monde rentre en métropole. Cela fait déjà une semaine que chacun a mis sa vie entre parenthèses. Les adieux sont brefs. «Tout le monde était assommé. Dans l'avion du retour – c'était un vol de nuit –, on n'a fait que dormir.»

À la villa Jade, Laeticia s'attend à ce que Laura et David débarquent pour la saluer avant de partir. Qu'ils ne soient pas venus la veille au soir au restaurant a pu surprendre, mais pas forcément choquer. Peut-être n'avaient-ils pas envie, au soir de l'enterrement de leur père, de passer du temps avec ces gens qu'ils ne connaissent pas, ou si peu? Laeticia imagine ce scénario, en guettant les bruits de voiture devant la maison. Mais, dans l'après-midi, elle doit se rendre à l'évidence : David et Laura ont quitté l'île sans lui dire au revoir, à elle et aux filles. Elle ne décolère pas.

Comme d'habitude avec elle, rien n'est ouvertement exprimé. Mais Jean Reno, Hélène Darroze, Jean-Claude Darmon, tous ceux qui restent à ses côtés pendant les jours suivant l'inhumation se rendent bien compte que cet affront-là ne passe pas. Laeticia s'est enfermée dans la même routine : deux allers-retours journaliers au cimetière, sur la tombe qui déborde chaque jour un peu plus de fleurs, sous les objectifs des photographes. Les amis rentrés à Paris s'appellent et s'organisent pour ne pas la laisser seule pendant les fêtes qui arrivent. Un véritable «pont aérien» se met en place pour l'aider à affronter Noël. Son premier Noël sans Johnny.

Hormis les visites au cimetière, Laeticia ne sort pas de cette maison où tout lui rappelle son mari. Ses après-midi de décembre ont un goût de cendre. Elle passe beaucoup de temps sur la terrasse, là même où, le 25 août 2017, elle a posté sur Instagram leur dernière photo ensemble : «*I'm in love*», légendait-elle. Elle entend la voix de Johnny partout, le revoit regardant l'océan du rocking-chair sur lequel il avait l'habitude de se reposer, sur la terrasse. Sébastien Farran, sa compagne et ses enfants sont chargés d'emmener les petites se baigner. Un après-midi de fin décembre, Farran croise Estelle Lefébure et son fils Giuliano à la plage. L'ex-femme de David Hallyday connaît bien Jade et Joy, et suffisamment Saint-Barth, où elle a vécu, pour savoir qu'elle peut y être «shootée» à tout moment de la journée. Elle embrasse Jade et Joy, joue avec elles. Estelle ne peut pas ignorer que ces clichés paraîtront quelques jours plus tard dans la presse. C'est en tout cas ce que pense Laeticia. Lorsqu'elle apprend qu'Estelle a approché ses filles, elle entre dans une colère noire dont Farran fait les frais. Aux yeux de Laeticia, Estelle a déjà choisi son camp, celui de David. Laeticia la soupçonne d'avoir monté une opération de com.

La brouille entre les deux femmes se confirme quelques jours plus tard. L'ancien mannequin s'apprête à se rendre sur la tombe de Johnny quand elle se rend compte que Laeticia y est déjà. Des photographes en planque aperçoivent Estelle attendre patiemment que Laeticia sorte du cimetière pour y entrer.

Le Noël qui suit est le plus triste de sa vie. Il ressemble à un jour de Toussaint. Brigitte Macron lui envoie un SMS : «J'espère que vous allez bien», un truc gentil, comme elle sait le faire, raconte un proche de la première dame. Pour retrouver un semblant de vie normale, Laeticia décide de scolariser Jade et Joy, qui accueillent un précepteur depuis septembre. Mais parmi les élèves, à Saint-Barth, les petites sont l'objet de toute l'attention des enfants et de leurs parents. Elles le vivent très mal, au point que Laeticia doit les retirer de l'école.

Très vite, la décision s'impose donc : il lui faut retourner à Los Angeles. D'autant que sa «sœur de cœur», Hélène Darroze, et ses filles se sont envolées pour Paris le 5 janvier – rentrée scolaire oblige – et que Sébastien Farran va lui aussi devoir regagner la métropole. Une autre raison la pousse à quitter Saint-Barth. En tant que résidente américaine, elle aurait dû revenir à Los Angeles le 28 novembre sous peine d'être poursuivie par les services de l'immigration. À cause de la maladie de Johnny, elle a obtenu un sursis de l'administration américaine mais désormais elle ne peut plus repousser l'échéance.

Après avoir été surprotégée pendant un mois, Laeticia se retrouve donc seule avec sa mère Françoise, Jade, Joy et Mamie Rock. Sa grand-mère justement, son «roc», hésite, pour la première fois depuis dix ans, à rentrer avec elle aux États-Unis : «Mon petit-fils, le frère de Laeticia, m'a dit : "Mamie, ne reste pas là, on n'est pas tellement désirés."» La vieille dame de 83 ans envisage de rentrer en France. L'altercation entre Laeticia et son fils André l'a profondément contrariée. Au sein de sa propre famille, Mamie Rock est sommée de choisir, elle aussi : «J'ai dit à Laeticia : il ne me reste que ce fils, confie-t-elle, je ne peux pas me fâcher avec lui[1].»

Le retour à Los Angeles est programmé le 14 janvier. Sébastien Farran et Yodelice sont venus chercher Laeticia, Jade, Joy et Sylv à l'aéroport. Ils sont arrivés quelques jours

1. Entretien avec les auteurs, le 31 mai 2018.

auparavant et se sont occupés de rouvrir les portes de la belle maison de 650 mètres carrés de Pacific Palisades, débâcher les voitures et coordonner le ballet des jardiniers et des femmes de ménage.

Laeticia et Johnny ont supervisé la construction de cette maison blanc et gris ardoise, édifiée dans le plus pur style Hamptons sur Amalfi Drive. Un quartier prisé des stars : Dany Boon possède une maison juste à côté et l'actrice Kate Hudson, fille de Goldie Hawn, habite en face. Philippe Puron, l'architecte d'intérieur qui a travaillé sur les deux maisons du couple Hallyday, à LA et à Saint-Barth, décrit la villa américaine comme « un voyage dans le rock et le glamour[1] ». Vaste programme. Mais il est vrai que, dès l'entrée, un lustre géant à dix-neuf globes éblouit le visiteur, les canapés sont recouverts de plaids en fourrure, un mur entier est tapissé de photos jamais vues de Johnny en compagnie des stars des cinquante dernières années. Il y a des portraits de Michael Jackson, d'Elvis, une grande photo de Bardot ; les filles disposent de leur « playroom », Johnny et Laeticia y avaient leur salle de gym et leur salle de cinéma. Il y a davantage de salles de bains (dix) que de chambres (sept). Comme à Marnes-la-Coquette, la cuisine est ultra-équipée, digne d'un grand restaurant. Dans le bureau de Johnny, un grand agenda[2] posé en évidence sur un pupitre s'arrête au 9 septembre 2017, le moment où sa santé a commencé à vraiment décliner.

Même accompagnée par Farran et Maxim Nucci, le retour dans la maison se révèle douloureux alors que tout le monde s'apprête à fêter Noël en famille. Aux alentours, les demeures de ce quartier ultra-cossu de Los Angeles rivalisent dans la décoration et l'illumination. Laeticia avait

1. Gilles Lhote, *Johnny interdit*, *op. cit.*
2. Décrit dans *Le Point*, 12 avril 2018.

quitté cette maison le 29 mai 2017 avec Johnny. Jamais elle n'aurait imaginé y revenir un jour sans lui.

D'autant que la perspective de s'y installer définitivement ne la réjouit pas. C'est Johnny qui a toujours insisté pour y vivre et y scolariser les enfants. Il faut dire que les filles ont de bons résultats à l'école, Jade surtout : ses bulletins de notes rendaient ivre de joie Johnny, lui qui a arrêté l'école à 16 ans.

Laeticia a promis à son mari de faire sa vie là-bas, même si ses plus proches amis vivent en France. Sur place, sa petite bande est bien moins fournie qu'à Paris. Il y a Cristina, son amie californienne qui s'est rendue à plusieurs reprises à Paris les dernières semaines de la vie de Johnny, Dimitri Coste, l'actrice Nadia Farès, qui est mariée à un producteur américain, Hélène Sy, la femme d'Omar, le compositeur de musique Jean-Claude Sindres.

Pendant que les filles reprennent le chemin du lycée français, Laeticia travaille avec Maxim Nucci à la production de l'album post mortem à l'Apogee Studio et dans une villa privée de Sunset Boulevard. Bertrand Lamblot, le directeur artistique de Warner, et Rose-Hélène Chassagne, sa directrice, sont également là pour superviser les finitions de l'album. Ils emmènent parfois Laeticia déjeuner au Sugarfish, un restaurant de sushis de Santa Monica. Celle-ci essaie aussi de trier les «jouets» de Johnny. Elle commence par rendre la Lamborghini – elle est tombée de haut en apprenant que cette voiture, qu'il prétendait avoir achetée, était en réalité une location longue durée. En revanche, elle décide de garder toutes les motos.

Avec ses amis restés en France, elle alterne longs silences de plusieurs jours et SMS à rallonge. Mamie Rock, elle, a disparu du paysage. Après un court séjour chez son fils André à Saint-Martin, elle a bien rejoint Laeticia à Los Angeles. Mais quelques jours étaient à peine passés qu'elle a plié bagage. À ceux qui s'étonnent de la voir ainsi «lâcher» sa petite-fille dans un moment si compliqué,

Mamie Rock répond brièvement : «Je me suis sentie fatiguée. Je suis partie me faire soigner en France.»

La veuve de Johnny croule sous les demandes d'interviews – elle sait que le média qui décrochera ses premières confessions obtiendra le scoop de l'année. Elle répond à tous qu'elle veut avant tout faire son deuil. Aux journalistes qui la sollicitent, elle répète qu'elle souhaite prendre son temps. Elle regarde BFM, entend parler de sa vie sur les plateaux par des «spécialistes» qu'elle n'a jamais rencontrés et dont elle n'a jamais entendu parler.

Comme d'habitude, Laeticia lit avec grande attention tout ce qui s'écrit sur elle. Elle planifie avec Hélène Darroze un voyage à New York, là où elle a fêté ses 40 ans. Ses amis Jean-François et Élodie Piège lui ont promis de venir aux prochaines vacances de Pâques. Peut-être est-ce ainsi que, désormais, va se dérouler sa vie? Une vie d'exil, des jours semblables aux autres à attendre le retour des filles de l'école, des visites d'amis par intermittence au rythme des vacances scolaires en France.

Son esprit est assailli par tant d'interrogations. Sans Johnny à ses côtés, saura-t-elle reconnaître les courtisans qui se bousculent? Laeticia a beaucoup appris auprès de son mari. On dit que Johnny l'a bien «éduquée».

Mais pour défendre ses intérêts et ceux de ses filles, elle a besoin de se reposer sur les gens les plus expérimentés de son entourage, ceux à qui Johnny, avant de partir, a fait promettre de la protéger en prévision de «seaux de merde qu'elle allait prendre sur la gueule[1]». Par fidélité envers Johnny, ces amis répondront si besoin à l'appel, mais ils sont à Paris...

En France, l'opinion publique ne peut deviner que le temps tourne à l'orage.

---

1. *L'Express*, le 21 février 2018.

Dans les magazines, sur les radios, à la télé, on loue le courage de Laeticia, son abnégation, racontant comment elle a réussi là où toutes les autres femmes de Johnny avaient échoué, en donnant à Johnny une famille. On assure même qu'elle lui a sauvé la vie.

Laeticia Hallyday est, à cet instant précis, la veuve la plus courtisée de la Terre. Peut-être même la plus aimée. Comment deviner que, bientôt, elle sera la plus détestée ?

4

La guerre est déclarée

Dans son appartement haussmannien du Quartier latin, Laura fait les cent pas sous le regard de son chien, Chaplin. En dessous de chez elle, depuis quelques jours, les paparazzis ne se cachent même plus pour glaner un hypothétique cliché de l'inoubliable actrice des *Corps impatients*. Elle est énervée, fatiguée, par ces dernières semaines, par son voyage houleux à Saint-Barth et par tous ces articles posthumes sur son père.

Ce jour-là, Laura appelle Pierre-Olivier Sur, ancien bâtonnier de Paris. « On peut se voir ? » demande-t-elle. Le nom de cet avocat lui a été soufflé par un autre ténor du barreau. Hervé Temime, conseil historique de Nathalie Baye, a défendu sa fille dans une sordide affaire. Un homme de 35 ans, écroué depuis, avait hacké le compte Facebook de Laura, révélant le cancer de Johnny le 6 mars 2017. L'avocat avait fourni une aide précieuse dans cette douloureuse épreuve.

Temime le discret et Sur l'impétueux se connaissent bien. Ils traînent depuis des lustres leur robe noire dans les couloirs du tribunal de Paris ou du pôle financier, là où leurs clients, des politiques, des capitaines d'industrie, des artistes se débattent dans de longues et coûteuses procédures judiciaires. À eux deux, ils ont plaidé dans quelques-uns des plus gros dossiers financiers et sanitaires de ces trente dernières années. Sang contaminé, affaire Elf, Angolagate, affaire Bettencourt et tant d'autres. Une dream team digne de l'attaque du PSG, épaulée par un homme de l'ombre, un technicien. Emmanuel Ravanas, le benjamin du trio, excelle dans les contentieux de droits de succession, grâce à son précédent métier : notaire. Charge à lui d'examiner chaque alinéa, de scruter chaque virgule du testament que devrait bientôt recevoir Laura. Un travail ingrat mais que tous espèrent payant.

Sans hésiter, Pierre-Olivier Sur, verbe flamboyant, aux faux airs de Bernard-Henri Lévy, accepte le rendez-vous de Laura. Il plante son repas de Noël en famille et court la rejoindre dans un bistrot parisien. Assise en face de lui, la jeune femme de 35 ans s'inquiète du mutisme de Laeticia. Plus aucun contact, affirme-t-elle, depuis ce voyage tendu à Saint-Barthélemy. Et qu'en est-il de ce testament ? Laeticia ne l'a pas appelée à ce sujet.

Sur et Temime flairent le mauvais coup. En cette fin d'année 2017, ils disposent d'éléments peu rassurants pour la suite. Jean Veil, avocat à l'époque de David Hallyday, a interrogé le fichier central des dispositions de dernières volontés (FCDDV). Il découvre la trace de quatre testaments successifs, trois enregistrés en France et un en Suisse. Impossible lors de cette procédure d'obtenir des renseignements sur le contenu du testament. Le fichier n'indique que la date de son dépôt et le notaire qui le détient. Le dernier document a été remis en avril 2014.

Les deux avocats supputent que ce n'est pas le dernier. Les rumeurs bruissent que celui-ci a pu être réalisé à l'étranger, voire aux États-Unis. Fin janvier, la période de deuil est passée, les fêtes aussi. « Je suis étonné car je ne reçois ni mail ni appel téléphonique de la part du conseil de Laeticia[1] », s'inquiète Emmanuel Ravanas. Quelques jours avant, le 31 décembre, Laura adresse une demande

1. Entretien avec les auteurs, le 16 mai 2018.

de communication du testament par courrier recommandé à l'adresse de Marnes-la-Coquette. «Elle demande un nombre d'informations pour établir l'acte notarié, ajoute Emmanuel Ravanas. Les héritiers ont un délai de six mois maximal après le décès pour déposer une déclaration de succession auprès des autorités fiscales. Tout cela, ce sont des éléments qui prennent du temps. Il faut recenser les actifs, les passifs.»

La demande parvient au cabinet d'avocats de Laeticia. Ardavan Amir-Aslani, peu connu du grand public, s'est spécialisé dans le droit des affaires, les fusions-acquisitions et les montages financiers. Il défend également des États, l'Irak, le Pakistan, l'Indonésie. D'une rare élégance, d'une courtoisie tout orientale, cet homme qui a, à l'âge de 12 ans, quitté son pays, l'Iran, en 1979, lors de la chute du Shah, s'occupe d'assainir les finances de Johnny depuis 2011.

La veuve de la star y voit immédiatement la patte des conseils de Laura. «Le courrier est envoyé à Marnes alors que tout le monde sait que personne n'y vit», relève, perplexe, Ardavan Amir-Aslani. «Je sais tout de suite que le document n'est pas écrit par Laura. Le prénom Laeticia y est écrit -tia à la fin. Tous ses proches savent que cela s'écrit avec un "c". Là on comprend qu'on est partis pour une longue bataille.»

Le conseil de Laeticia révise ses plans. Il avait prévu une réunion d'information – assure-t-il – avec David et Laura pour ouvrir le fameux testament. On aurait lu ensemble les dispositions prises par Johnny Hallyday, on en aurait discuté et tenté de comprendre les raisons qui auraient dicté les décisions du rocker. Mais le ton martial du communiqué de Laura bouscule cet échéancier.

Par le truchement des notaires, Emmanuel Ravanas reçoit finalement le document. Sa lecture confirme ses craintes. L'avocat attend quelques jours pour avertir

Laura : « C'était tellement violent qu'on a voulu la protéger. » En ce début de mois de février, cette dernière tombe des nues en prenant connaissance de ce courrier notarial. C'est un choc. Une humiliation, presque. La voilà qui se retrouve rayée du testament. Il ne lui reviendra pas un seul bien immobilier, pas un euro. Rien. Normalement, Laeticia aurait dû recevoir un quart du patrimoine, David, Laura, Jade, Joy recevant un quart chacun des trois quarts restants (incluant dans ce quart les éventuelles donations reçues de leur père de son vivant). Comment est-ce possible puisqu'il est interdit en France de déshériter (exhéréder en droit) ses enfants ?

La loi française l'empêche, mais pas la loi californienne. Le couple Hallyday s'est basé sur la législation de cet État, qui permet de léguer sa fortune à qui bon lui semble. À un cousin, à un ami. Même à son chien.

Johnny Hallyday, le natif de Paris, est déclaré résident permanent de Los Angeles depuis 2014. Ses deux filles sont scolarisées depuis 2016 aux États-Unis. Le chanteur vit la moitié de l'année en Californie. Il possède la green card et paye ses impôts là-bas. Pour verrouiller sa situation fiscale, il a également rempli une déclaration de non-résident en France.

Autant d'arguments qui ont poussé le « taulier » à léguer l'ensemble de sa fortune à sa seule femme Laeticia, excluant *de facto* ses deux plus grands enfants. Le compositeur français Maurice Jarre, auteur des musiques de films de *Lawrence d'Arabie* et *Docteur Jivago*, décédé le 29 mars 2009, s'était servi du même outil juridique[1] pour oublier « intentionnellement et volontairement » de sa succession ses deux héritiers naturels, à savoir son fils Jean-Michel et sa fille Stéphanie. Habitant aux États-Unis depuis 1953, il avait pu offrir l'intégralité de sa fortune à son épouse malgré des

1. Arrêt du 27 septembre 2017 de la Cour de cassation.

recours intentés par ses enfants. Un mauvais exemple, selon Emmanuel Ravanas, l'avocat de Laura : ce dernier explique que Maurice Jarre avait coupé tout lien avec la France pendant cinquante-six ans, contrairement à Johnny Hallyday.

Dans sa résidence secondaire de Marnes-la-Coquette, le septuagénaire a donc écrit au Bic noir ces quelques lignes sur une feuille A4 visant à protéger Jade et Joy des aléas de la vie. Le document précise que, en cas de décès anticipé de leur mère, les deux petites filles hériteront entièrement et à parts égales du patrimoine et des droits sur l'œuvre de leur père. Comment l'homme au crépuscule de sa vie a-t-il pu parvenir à un choix aussi radical ?

Au fil des années, plusieurs événements auraient incité Johnny à privilégier Laeticia, Jade et Joy. Et, en premier lieu, la situation de ses deux « grands », bien installés dans la vie. Après douze ans de vie commune avec le mannequin Estelle Lefébure et la naissance de deux filles, David, musicien reconnu, s'est remarié en 2005 avec Alexandra Pastor, riche femme d'affaires. Sa ravissante épouse lui a apporté une très coquette dot. À la mort de son père, celle-ci a hérité une partie de la fortune de son arrière-grand-père, Jean-Baptiste Pastor, magnat de l'immobilier monégasque. Le groupe Pastor compterait 500 000 mètres carrés du parc immobilier de Monaco, soit 15 % de sa surface. À 38 000 euros le mètre carré sur le Rocher, la fortune d'Alexandra Pastor pèserait à elle seule quelque 5 milliards d'euros. Colossal. De surcroît, la milliardaire, adepte de la philosophie bouddhiste et styliste reconnue, a également créé une marque de vêtements très glam-rock : Teen Religion, très courtisée par les adolescentes.

David Hallyday peut également compter sur son patrimoine personnel immobilier, sur la moitié d'une luxueuse villa du 16e arrondissement de Paris, située villa Montmorency, avec 600 mètres carrés de terrain, qui appartenait à Johnny et à Sylvie[1]. Une propriété estimée aujourd'hui entre 15 et 20 millions d'euros, selon les agences immobilières. Cette aisance financière permet à David de porter un regard distancié sur ces histoires d'héritage.

On ne peut dire la même chose de sa demi-sœur. Au-delà de cette blessure narcissique, Laura vit douloureusement le fait d'être dépossédée de cette manne d'argent, utile pour envisager sereinement l'avenir. Si la fille de Nathalie Baye a tourné dans une vingtaine de longs métrages – dont certains très remarqués –, sa situation financière fluctue au gré de ses cachets d'actrice. La situation est la même pour Nathalie Baye. Actrice en vogue lorsque Johnny l'a rencontrée, l'inoubliable «Nini» de *La Balance* a par la suite vécu quelques passages à vide. Fille d'artistes peintres, en proie à des difficultés financières, partie de chez ses parents à l'âge de dix-sept ans et demi parce qu'elle ne «voulait pas peser[2]», Nathalie Baye connaît bien les aléas de ce métier. Les mois avec et les mois sans. Elle tient parfaitement son budget.

Un temps installée à Felletin, village de la Creuse – c'est là-bas qu'elle a élevé Laura –, Nathalie Baye a toujours veillé à ce que sa fille unique ne soit pas une enfant de star, dépensant sans compter. Mais, pour Laura, Johnny est toujours là. Et sa mère ne se prive pas de solliciter son ancien compagnon, lui qui aime couvrir de présents ceux qu'il chérit. Par le passé, Laura avait ainsi bénéficié d'un «petit» bas de laine dans l'immobilier, reçu autour de ses 18 ans. Johnny est alors financièrement dans une période faste – c'est assez rare pour être souligné – lorsque lui vient l'envie d'offrir un cadeau «qui dure» à Laura, un «toit sur la tête», comme en rêvent tous les parents. «J'ai un paquet de pognon dont je ne sais pas quoi faire, confiait-il à des amis

1. *Le Point*, le 16 février 2018.
2. *Le Parisien*, le 16 février 2003.

auxquels il fit promettre de ne rien en dire à Laeticia. J'ai envie d'acheter un appart à Laura. »

Trois jours plus tard, Johnny n'a pas tenu le secret : Laeticia apprend le projet de son mari. « Mais qu'est-ce que c'est cette connerie ? dit-elle en substance. Tu vas acheter un appartement à une gamine de 18 ans ! » La jeune épouse finit par dire oui à un studio, « mais il ne doit pas coûter plus de 150 000 euros », aurait-elle dicté à son mari. Informée par Johnny, Laura, folle de joie, se met en quête d'un appartement dans son quartier préféré, Saint-Germain-des-Prés. Elle déniche un adorable trois pièces rue du Cherche-Midi, dans le 6e arrondissement. Problème : le bien immobilier est vendu, en fait, 500 000 euros. Mais Johnny ne veut pas dire non à sa fille, même si, confie-t-il, « Laeticia va me faire chier avec ça, les Boudou sont aux aguets sur tout ». Alors, il choisit le mensonge. « On a trouvé un bel appartement à Laura à 150 000 euros », annonce fièrement Johnny à Laeticia, qui opine : « Voilà, ça c'est bien. »

Laeticia ne découvrira la vérité que des années plus tard, lors de l'ouverture du testament. Johnny a tout simplement bidonné l'acte de vente avec la complicité d'un ancien ministre qui lui a communiqué l'adresse d'un notaire peu sourcilleux. « Fou de sa fille », très heureux de lui avoir versé, pour la première fois, une somme aussi importante, Johnny n'arrêtera pas là ses cadeaux envers Laura. Il lui cède une somme de 442 000 euros en décembre 2003, puis 450 000 euros en février 2007 en vue d'acquérir un nouvel appartement à Paris. Ce dernier fut depuis revendu pour acheter un joli bien immobilier de 106,78 mètres carrés, rue Bonaparte, dans le 6e arrondissement, non loin de la prestigieuse place Saint-Sulpice. « Laura et son père ont fait des visites d'appartement sans que Laeticia soit au courant[1] », affirme maître Hervé Temime. Pour couvrir une

1. Entretien avec les auteurs, le 29 mai 2018.

partie de son emprunt immobilier, Laura recevait chaque mois, depuis 2004, une coquette somme de 5 000 euros. « Laura Smet a reçu 1,5 million d'euros du vivant de son père », précise son avocat. Soit quelque 5 % de la valeur du patrimoine de Johnny.

Las, ce robinet d'argent a été brutalement coupé en février 2018, au lendemain de la lettre envoyée par Laura à l'AFP. Mesure de rétorsion de Laeticia ? Ses avocats jurent que non, affirmant que tous les comptes de l'idole ont été gelés suivant le décès, comme la loi l'exige. Mais cet arrêt imprévu a crispé un peu plus la jeune actrice ; elle en ressent une profonde injustice.

Johnny a probablement considéré que David et Laura avaient déjà reçu leur dû de son vivant. Il l'avait confié à son ami Patrick Balkany, quatre ans plus tôt, dans un restaurant thaï très couru à Neuilly-sur-Seine. Assis à sa table fétiche au milieu de la salle, ornée d'un bouddha et de bouquets d'orchidées, son vieil ami lui avait conseillé de sérieusement réfléchir à sa succession. «Johnny savait que j'avais fait donation à mes enfants pour une autre raison que lui, raconte le maire de Levallois. Je m'étais séparé de ma femme pour une autre, beaucoup plus jeune. Quand je suis revenu, Isabelle [Balkany] m'a dit : "Si tu es parti une fois, tu peux repartir une deuxième fois. Si tu me refais le coup, je veux qu'on fasse avant une donation aux enfants." Ce que l'on a fait en 1997[1]. » Devant son assiette thaïe relevée au curry, Johnny acquiesce. Son âge, sa maladie donnent encore plus d'acuité aux propos de son invité du jour. «Johnny m'a dit qu'il voulait protéger Laeticia et ses filles [Jade et Joy]. Il considérait que les autres avaient fait leur vie. Les petites, il fallait les élever quand il serait mort », poursuit Balkany.

1. Entretien avec les auteurs, le 26 avril 2018.

Un autre événement extérieur l'a conduit à accélérer ces démarches. Le 8 mars 2014, le vol MH 370 de la Malaysia Airlines reliant Kuala Lumpur à Pékin s'évanouit mystérieusement au-dessus de l'océan Indien. Les deux cent trente-neuf personnes à bord ne seront jamais retrouvées, suscitant des hypothèses plus ou moins farfelues sur la disparition de l'avion. À ce même moment, Johnny est en pleine tournée. L'avion qui doit le mener à Brest touche brutalement le tarmac de l'aéroport. Peur bleue dans l'habitacle.

Johnny et Laeticia prennent conscience, par ces deux épisodes, de la fragilité de la vie. Que ce soit pour se rendre à Los Angeles, Saint-Barth ou Paris, les époux Hallyday voyagent régulièrement en avion. Qu'adviendrait-il de leurs filles, si tous les deux quittaient ce monde précipitamment ? De concert, ils décident de rédiger des « testaments croisés » afin de se confier « l'un à l'autre, leur entier patrimoine en cas de décès ». Mais aussi d'organiser la protection de leurs deux filles.

Cette volonté de privilégier sa dernière épouse ainsi que Jade et Joy se précise à la lecture des six testaments consécutifs.

Un testament des plus classiques, « livré à la fin des années 2000 », reconnaissait des droits équitables à chaque membre de la famille. Laeticia recevait selon ce document un tiers de son patrimoine personnel et artistique tandis que les deux autres tiers étaient répartis entre les enfants.

Une large inflexion se produit en 2011. De son chalet Suisse à Gstaad – vendu depuis –, Johnny modifie ses dispositions testamentaires. Le nouveau testament indique à David et Laura qu'ils doivent accepter que leur part d'héritage soit diminuée des montants déjà reçus. Ce qu'impose finalement la loi. Selon la presse[1], la rupture avec les testaments

1. *Le Parisien*, le 30 mars 2018.

précédents se situe du « côté de l'héritage artistique qui revient exclusivement à Laeticia, Jade et Joy ».

Mais la vraie fracture intervient trois ans plus tard. Dans son salon de Marnes-la-Coquette, Johnny efface d'un trait de sa succession en avril 2014 – un mois donc après la disparition de l'avion de la Malaysia Airlines – les noms de Laura et David. Tout son patrimoine sera dévolu à Laeticia et aux deux petites. Le fameux testament de Marnes-la-Coquette, que l'on pense être le dernier de l'artiste, rompt les derniers liens fragiles de cette famille recomposée.

Cette fois-ci, ceux qui posaient unis sous les flashes à la Madeleine et se recueillaient ensemble dans l'intimité du cimetière de Saint-Barth ne communiquent plus que par lettre recommandée ou dans les médias. La guerre est déclarée. Une guerre violente, passionnelle, comme dans beaucoup de familles françaises à l'heure de l'héritage. À l'exception près que ce conflit familial va se jouer devant soixante millions de Français.

Pour l'heure, chacun fourbit ses armes. En toute discrétion. Le linge sale se lave encore en famille. Plus pour très longtemps. Les avocats ont maintenant pris la main. Ils ne la céderont plus. Dans une nouvelle lettre tout aussi incendiaire, les premiers enfants de Johnny exigent « d'écouter sous quarante-huit heures l'intégralité de l'album enregistré par Johnny Hallyday avant sa mort pour avoir un droit de regard sur son contenu ». Ils pensent que sa sortie est imminente. Mais ils ne connaissent pas le contenu de cette œuvre posthume, s'interrogent sur le caractère achevé de ce travail et sur la validation des titres par le chanteur avant son décès.

Sur les conseils de son avocat, Laeticia réplique sèchement. L'heure n'est plus aux politesses ni aux attaques à fleurets mouchetés. Mais à l'usage de la grosse artillerie. « C'est avec beaucoup de surprise que j'accuse réception de votre lettre [...]. Cette requête [...] prend le ton d'une mise en demeure. Je n'entends pas accéder à cette injonction qui n'est pas fondée. » La situation s'est enlisée. Chacun rend coup pour coup. Toute volonté de concertation ou de médiation semble peine perdue. Les spécialistes de communication de crise le savent bien. Pour sortir d'une telle impasse, l'une des dernières solutions passe non seulement par la médiatisation, mais aussi et surtout par la judiciarisation de l'affaire. Cela confère souvent à la roulette russe. Quitte ou double. Laura a fait son choix.

Qui eut l'idée d'écrire cette lettre qui fit pleurer la France entière ? Qui choisit ses mots tant décryptés par la suite ? Laura ou ses avocats ? Pierre-Olivier Sur[1] jure aujourd'hui que l'initiative vient uniquement de la fille de Nathalie Baye et qu'il n'a retouché qu'un ou deux mots, pas plus. « On n'a jamais fait travailler de boîte de com pour Laura, insiste l'avocat, c'était un cri du cœur de sa part. Nous avons juste corrigé quelques fautes d'orthographe. » De son côté, l'entourage de Laeticia est convaincu que ce projet a germé dans les esprits de Sur et de Temime. « Ils n'avaient pas le droit pour eux alors ils ont retourné l'opinion publique », imagine Ardavan Amir-Aslani, l'avocat de l'épouse de Johnny. Peu importe, finalement.

Ainsi, le dimanche 11 février, Laura, échaudée par la tournure des événements, envoie quelques idées directrices à ses deux conseils. « Vous vous rendez compte, je n'ai même pas un tee-shirt de mon père », leur dit-elle.

Laura esquisse une ébauche, rature, biffe des formules, en rajoute d'autres. À moins que cela ne soit ses avocats. Les téléphones chauffent toute la journée. Après quelques navettes, la version finale est transmise du bureau de Pierre-Olivier Sur, boulevard Malesherbes, à l'AFP. Ciselée, tranchante, avec des mots qui vont directement au cœur. Celle d'une fille à son père défunt : «J'ai appris, il y a

1. Entretien avec les auteurs, le 12 avril 2018.

quelques jours, que tu aurais rédigé un testament nous déshéritant totalement David et moi. J'aurais préféré que tout cela reste en famille, malheureusement, dans notre famille c'est comme ça», ajoute-t-elle. Laura convoque ses souvenirs : «Il y a encore quelques semaines, tu me disais à table : "Alors quand est-ce que vous faites un enfant?" Mais que vais-je pouvoir lui transmettre de toi, toi que j'aime tant? Tant de questions sans réponse. Toutes ces fois où on a dû se cacher pour se voir et s'appeler.» Après avoir évoqué le fait qu'on l'ait empêchée de voir son père, Laura annonce la couleur : «Je t'entends papa, et moi, j'ai choisi de me battre.»

Dans la soirée, ses avocats envoient une deuxième salve. Toute aussi dévastatrice. «Laura Smet a découvert avec stupéfaction et douleur le testament de son père Johnny Hallyday [...]. S'il en était ainsi, son père ne lui aurait rien laissé : ni bien matériel, ni prérogative sur son œuvre artistique, ni souvenir – pas une guitare, pas une moto et pas même la pochette signée de la chanson "Laura" qui lui est dédiée.»

Cette dernière phrase provoque une secousse sismique considérable au sein de l'opinion, tant cette chanson, composée et écrite par Jean-Jacques Goldman en 1986, appartient au patrimoine national, à la mémoire collective. Abasourdis, choqués, les fans du chanteur découvrent que celle qu'ils ont suivie pas à pas, du berceau au plateau (de cinéma), a été oubliée, tenue à l'écart des volontés testamentaires de son père. Dans ce communiqué, Laura ne cache plus ses intentions : porter cet héritage devant la justice. «Ce testament prévoit aussi qu'en cas de prédécès de son épouse, l'ensemble des biens et des droits de Jean-Philippe Smet seraient exclusivement transmis à ses deux filles Jade et Joy à parts égales, résume Laura dans le texte, mais ces dispositions extravagantes contreviennent manifestement aux exigences du droit français. Aussi Laura Smet a-t-elle confié à maître Emmanuel Ravanas, au bâtonnier

Pierre-Olivier Sur et à maître Hervé Temime la mission de défendre ses intérêts et de mener toutes les actions de droit permettant la sauvegarde de l'œuvre de son père. »

Bref, désormais plus aucun doute ne subsiste. La suite de cette querelle familiale se passera devant les tribunaux. À coups de recommandés, d'injonctions, d'anathèmes. Tout cela dans un grand déballage médiatique mêlant saga familiale, vieilles jalousies, haines recuites et bataille des ex du chanteur autour du magot.

Entre les lignes, on devine la stratégie des avocats des deux camps adverses dans ce dossier de droit international extrêmement complexe : convaincre la justice du lieu principal de résidence de la star. Et pour se faire une religion, il faut consulter l'aride règlement européen sur les droits de succession du 4 juillet 2012, applicable pour les successions ouvertes à partir du 17 août 2015. Le seul juge de paix sur cette épineuse question. « L'article 21 de ce règlement dit que la loi qui régit la succession, c'est la loi de la résidence habituelle du défunt au jour de son décès[1] », décrypte Nathalie Couzigou-Suhas, notaire, spécialiste de ce type de contentieux.

Pour la défense de Laura et David, Johnny ne peut être considéré en aucun cas comme un résident américain. Malgré son domicile californien, sa green card, ses filles scolarisées à Los Angeles, il a reçu ses derniers soins dans une clinique parisienne, il est décédé à Marnes-la-Coquette, il a reçu un hommage populaire en présence de trois présidents français à la Madeleine. Jade et Joy ont été adoptées sous le droit français. Ses disques se sont essentiellement vendus en France. En somme, il incarne la France autant que le camembert et le mont Saint-Michel. Pour valider ce raisonnement, le trio d'avocats s'appuie sur l'alinéa 2 du

1. Entretien dans *Gala*, 6 février 2010.

fameux article 21 qui dispose de manière exceptionnelle que « si le défunt entretenait des liens manifestement privilégiés avec un pays autre que celui de sa résidence habituelle », alors la législation de ce dernier pays s'appliquerait.

Pour donner encore plus de force à la charge judiciaire menée par Laura, David Hallyday est présenté dans le texte comme « codemandeur ». L'initiative peut paraître incongrue car David entretient des liens distendus avec sa sœur. Paradoxalement, Laura et David ne se connaissent pas si bien. Ils ont grandi loin l'un de l'autre. Lui, le discret musicien élevé à Los Angeles par Sylvie, elle, l'enfant terrible du cinéma français, éduquée entre Paris et la Creuse par Nathalie. Avec leurs fréquentations différentes. Leurs univers si opposés. Et puis, leur affection est née sur quelques accords de musique. Ensemble, ils interprètent en 2010 « On se fait peur », une chanson de l'avant-dernier album de David. « La vie ne nous a pas donné l'occasion de nous connaître beaucoup [...]. Ça a été très important pour mon équilibre de te retrouver[1] [...] », se réjouit Laura dans une interview. Par affection, par bonté d'âme, David, le « bien marié », s'est au final associé au combat mené par sa demi-sœur, même s'il lui semblait moins crucial que pour elle.

Voilà en tout cas le clan en ordre de bataille, prêt à attendre la réaction du camp adverse après cette violente charge. Étonnamment, le jour de la publication du courrier de Laura, le calme règne dans le bureau d'Ardavan Amir-Aslani, le conseil de Laeticia. Personne n'a pris la mesure de la force de cette estocade. Un journaliste de l'AFP appelle Ségolène Dugué, la directrice du cabinet. Il lui fait part de la lettre de Laura qui sera rendue publique dans quelques minutes. « On se dit alors que c'est un communiqué tout à fait ridicule, qui sonne faux, indique Ségolène Dugué. On voyait que c'était un avocat qui l'avait écrit.

1. Entretien dans *Gala*, 6 février 2010.

Cela ne pouvait pas prendre[1]. » À l'autre bout du téléphone, le journaliste ne partage pas cet avis : « Vous devez réagir ! »

Au moment où la garde rapprochée de Laeticia devine enfin l'onde de choc que va susciter ce communiqué, il est déjà trop tard. « C'est un tsunami que l'on se prend sur la tête. C'est pas Laura 1-Laeticia 0. C'est Laura 100, Laeticia moins 2 000 », se remémore Ségolène Dugué. Les mots de la fille aînée de Johnny sont en effet repris en boucle par tous les médias. Les breaking news inondent les chaînes d'infos. « On lèche, on lâche, on lynche », disait Alain Juppé à propos du comportement des médias à l'égard des comètes en politique et de leurs trajectoires brisées. Tel semble être le destin de Laeticia devant ce déluge d'insultes. Sur les réseaux sociaux, les internautes se déchaînent. Ils conspuent, injurient, calomnient la dernière épouse de Johnny. La veuve éplorée de la Madeleine s'est muée en cynique marâtre, cachée à Los Angeles, protégeant jalousement sa cassette, tel Harpagon.

Car, pour la majorité des Français, Johnny ne peut avoir signé en pleine conscience « ce testament infâme ». Les regards accusateurs se tournent vers son épouse. Et si l'on revivait l'affaire Liliane Bettencourt, dans une version moins policée, plus rock'n roll ? Chacun doit désormais choisir « sa famille ». Pour ou contre Laeticia. Cela confine presque au choix politique. Les deux camps adverses lâchent la cavalerie des tiers de confiance, comme on les baptise dans le milieu de la com. Des fantassins, balancés en rase campagne pour défendre les intérêts de leur protégée. Avec plus ou moins de succès.

La Jeanne d'Arc du show-biz est ainsi immolée en place publique par quelques personnalités. Dominique Besnehard, parrain de Laura, allume la mèche dans un message posté le 12 février 2018 sur Facebook : « Je viens

1. Entretien avec les auteurs, le 24 avril 2018.

d'apprendre les dispositions du testament de Johnny : c'est incroyable que ses enfants David et Laura soient déshérités en faveur de Laeticia... Ça sent l'usurpation d'héritage. C'est trop gros. » Le plus célèbre des agents retire quelques heures plus tard sa diatribe. La crainte de poursuites pour des faits de diffamation, peut-être. Les ex-compagnes de Johnny ne manquent pas de se rebiffer contre Laeticia et s'engagent même dans une guerre commune. Dans une interview, Sylvie Vartan dégaine la première, s'interrogeant sur un éventuel abus de faiblesse commis sur son premier mari : « Je ne peux imaginer que Johnny ait fait cela[1]. » Quinze jours plus tard, *via* un communiqué dévoilé par *Le Figaro*, Nathalie Baye cible de nouveau Laeticia. Sans prendre de gants. « Johnny aimait ses enfants, les aînés David et Laura ainsi que Jade et Joy. Malheureusement, les aînés étaient les bêtes noires de leur belle-mère[2] », pilonne l'actrice césarisée à quatre reprises.

Laeticia n'a pas vu venir ces uppercuts. Son entourage est sonné, compté, mais pas encore K-O. Dans son vaste bureau de la rue Montaigne, Ardavan Amir-Aslani, grand spécialiste de l'histoire de la Perse et de l'Iran, décrypte la stratégie du camp adverse : « Ils n'ont pas de billes sur le plan juridique, donc l'idée, c'est de faire plier Laeticia sous la vindicte populaire. Ils appellent à la barre le peuple pour juger Laeticia qui devrait céder en donnant ce que Johnny ne voulait pas donner[3]. »

Peut-être. Mais les conseils de Laeticia doivent admettre que le coup a été magistralement joué. En quelques heures, Laeticia est passée du statut de sainte à celui de salope.

1. *Le Parisien*, le 25 février 2018.
2. *Le Figaro*, le 5 mars 2018.
3. Entretien avec les auteurs, le 24 avril 2018.

5

Le dernier testament

La foudre partie de Paris a frappé en Californie la demeure aux murs blancs, aux haies fraîchement taillées, dans le très cosy quartier du Pacific Palisades, juché sur les hauteurs de Los Angeles. Prostrée sur un large canapé brun, en pleurs depuis les obsèques de son mari, Laeticia n'a pas réagi publiquement à cette violente attaque. « C'est honteux ! C'est honteux ! répète la jeune veuve à ses invités, ils ne m'ont jamais appelée. Ils ne se sont jamais adressés à moi. »

Présents dans la villa, une poignée d'amis lui somme de répondre par une réplique proportionnée à l'accusation portée par Laura. Un peu plus graduée en tout cas que le communiqué qu'elle a envoyé après la lettre de sa belle-fille. Ces quelques lignes où elle exprime son « écœurement de l'irruption médiatique autour de la succession de son époux » et sa volonté de « ne pas vouloir polémiquer par voie de presse » et « de faire respecter le travail et la mémoire de son mari [...] ».

« Ce n'est pas assez », disent ses proches. Laeticia, mutique, comme absente, ne leur répond pas. Au bout de cinq minutes, d'un frêle filet de voix, elle lâche tout de même : « Johnny me manque tellement », avant de changer de sujet. Fermez le ban. La jeune veuve vit son deuil à l'écart des polémiques, dans sa bulle. Tant pis. Ses amis se chargent de répondre à sa place aux commentaires acerbes de « l'autre clan ».

Le 15 février, Jean-Claude Sindres, l'ancien compagnon de Laura, publie ainsi sur Instagram les images de son mariage deux ans plus tôt dans la maison de Johnny, la demeure leur ayant été prêtée pour l'occasion. On y voit la star française prononcer quelques mots en guise de bienvenue aux nouveaux mariés : « Je suis très heureux pour vous aujourd'hui. Vous êtes un couple magnifique. Je vous souhaite autant de bonheur que moi j'en ai depuis vingt ans avec ma femme. » Ce jour-là, Johnny semble heureux dans son jardin, veste noire, rose rouge pailletée à la boutonnière. De l'autre côté de la tablée, Laeticia, radieuse, applaudit avec les convives et envoie un baiser complice à son mari.

La petite carte postale d'un couple amoureux envoyée de Californie ne manque pas de faire réagir Laura. Peu après la mise en ligne de la vidéo, celle-ci fait savoir à son ex qu'elle n'apprécie pas cette initiative et lui demande de retirer son « Insta ». En vain. Jean-Claude Sindres ne cédera pas.

Hélène Darroze, la célèbre chef étoilée, prend le relais quatre jours plus tard au micro de Marc-Olivier Fogiel sur RTL[1]. La jurée de Top Chef a hébergé « son amie » à New York. Elle décrit « une femme en deuil depuis deux mois » qui n'a jamais souhaité éloigner son mari de ses enfants : « Sur les derniers jours de sa vie, Johnny, qui était très pudique et qui souffrait, ne voulait plus voir personne. Il voulait sa femme juste auprès de lui. » Une manière de dire que Johnny est le seul à avoir interdit d'accès ses enfants à Marnes-la-Coquette – Laeticia n'aurait rien eu à voir avec cette décision.

1. Entretien sur RTL, le 19 février 2018.

Les plaidoiries de « ces chevau-légers » de la jeune veuve ne portent pas outre-Atlantique tant l'opinion publique a été bouleversée par le message de Laura. Les témoignages pour défendre Laeticia se multiplient mais n'entrent pas dans une stratégie de communication cohérente. Trop disséminés, pas assez clairs.

À Los Angeles, en ce mois de février, Laeticia dîne avec Patrick Bruel. Le chanteur occupe une résidence dans le même quartier. Voisin et ami, il fréquente le couple Hallyday depuis des années. Patrick et Johnny se sont mutuellement aidés quand l'un ou l'autre connaissait des baisses de régime dans sa carrière.

L'interprète de « Place des grands hommes » a multiplié les duos avec le « taulier » et l'a accompagné en 1998 lors de son premier concert au Stade de France. Tous les deux se sont fait la courte échelle pour se hisser au Zénith des charts. Même si l'ego de ces deux grands fauves supportait mal d'être titillé. « Johnny disait souvent, je ne l'inviterai plus au spectacle, sourit Patrick Balkany[1], chaque fois, il me fait le même coup, il pousse, il pousse la voix. Moi j'ai deux heures et demie de spectacle et lui il vient faire juste une chanson. Il le fait exprès et ce n'est pas correct. Moi quand j'invite des mecs c'est pas pour qu'ils me montrent qu'ils savent monter plus haut que moi. Mais Johnny le réinvitait car Bruel représentait du monde. » On peut avoir le sens de l'amitié, on n'en garde pas moins celui des affaires.

Ce soir-là, à Los Angeles, l'acteur-chanteur trouve Laeticia très affectée. Ce déchaînement de haine à l'égard de son amie, ces propos calomnieux l'insupportent. « Qu'est-ce que tu te prends ! Les gens ne s'occupent pas bien de toi. J'en connais qui le feront bien », lui dit-il en substance. Bruel lui propose d'ouvrir son carnet d'adresses. Et de la mettre en contact avec Mathieu Laine, conseiller et fondateur du

1. Entretien avec les auteurs, le 26 avril 2018.

cabinet d'études et de conseil d'Altermind. Il se dit que cet avocat souffle à l'oreille des politiques, des patrons de Carrefour, de LVMH, de Kering, de la FNAC. Il aurait même convaincu Emmanuel Macron de ne pas abandonner sa réforme fiscale. Leur proximité intellectuelle serait née sur les bancs de Sciences Po où Emmanuel Macron et Mathieu Laine ont usé leur pantalon. Les deux hommes communiquent par l'application cryptée Telegram. « On échange sur un rythme quasi quotidien. Cela dit, c'est lui le patron et je le fais de manière amicale. Je me sens très à l'aise avec ce qu'il fait tout en ayant une liberté de ton », indique cet influent touche-à-tout[1].

« Il surjoue sa relation avec le Président, précise l'entourage de l'Élysée, la vérité c'est qu'il n'a aucun ascendant sur Emmanuel Macron et qu'il l'a rarement vu. » Quelle que soit son influence ici ou là, Mathieu Laine a persuadé Laeticia de son utilité après lui avoir parlé pendant une heure et demie au téléphone le 7 mars. Et il prendra toute son importance bientôt.

D'autres spin doctors s'activent à Paris pour gagner la confiance de Laeticia et de Sébastien Farran. Les trois grandes agences de conseil en communication ont perçu immédiatement l'importance de cette affaire, l'incroyable storytelling qui en découlait : la sanctification de Johnny puis la crucifixion de Laeticia. Anne Méaux, la toute-puissante patronne d'Image 7, Stéphane Fouks, le vice-président d'Havas, tous les deux parfaitement introduits dans le monde politique, se mettent sur les rangs.

Finalement c'est DGM Conseil, le troisième gros, qui va remporter l'appel d'offres. Michel Calzaroni, son patron, défend les grands groupes français depuis les années 80. Parmi ses clients, anciens ou actuels : Claude Bébéar, Jean-René Fourtou, Vincent Bolloré. Défendre une veuve

1. Entretien avec les auteurs, le 6 juin 2018.

semble loin du type de prestations que ce routard de la com fournit à la crème du CAC 40. Mais pas si loin que ça, finalement : «Johnny» représente à ses yeux une vraie entreprise, une activité économique, des dizaines d'emplois, une discographie, des projets en devenir et une marque incomparable.

En ce début du mois de mars, avenue de l'Opéra, dans ses bureaux, Sébastien Farran écoute donc trois «Calzaroni boys» dérouler leur stratégie. Pas de note, pas de PowerPoint, pas de présentation personnalisée. Le manager doit prendre sa décision dans la journée. Les experts en com martèlent leur credo. Il faut revenir au droit, s'éloigner de la passion, cette maîtresse vénéneuse, remettre un peu de rationalité dans ce dossier de succession. Pour cela il faut dire et redire quelles étaient les dernières volontés de Johnny. Expliquer qu'on ne peut aller contre celles-ci.

Farran est séduit par le discours. Marché conclu. DGM reçoit 12000 euros pour sa future prestation, des miettes par rapport aux sommes habituellement versées par sa clientèle. Mais la société sait qu'elle tirera ses dividendes ailleurs par un fantastique coup de projecteur. Quel autre sujet que «Johnny» suscite autant d'intérêt de ferveur chez les ouvriers, les grands patrons, les politiques, les rédactions mis à part l'équipe de France? Tout ce qui le touche prend des proportions démesurées.

Cinq «talents» de DGM s'occupent désormais presque à temps plein de «retourner» l'opinion publique. Ils ciblent des médias, déjeunent avec des journalistes, capables de donner le *la* à leurs homologues. À leurs yeux, la petite boîte de communication qui a travaillé pour Ardavan Amir-Aslani avant leur arrivée a privilégié certains organes de presse, suscitant des rancœurs chez ceux qui ont été oubliés. Un mauvais calcul, pensent-ils. Inlassablement, l'équipe de Laeticia va dérouler son argumentaire. Johnny est bien un résident américain. Il a souhaité protéger ses deux petites des turpitudes de la vie. Qui pourrait s'en offusquer ? Les articles suivants se révèlent de fait plus nuancés et mesurés. Laeticia n'a pas été réhabilitée – le sera-t-elle un jour ? – mais au moins son entourage émet son point de vue, arrondit les angles.

Tout cela prendra du temps. Laeticia et Sébastien Farran n'en ont pourtant pas beaucoup.

Car l'audience en référé sur l'héritage de Johnny se profile déjà. Dans une procédure d'urgence, David et Laura ont exigé le gel du patrimoine de Johnny. En l'occurrence l'interdiction de vendre la résidence de Marnes-la-Coquette, évaluée entre 15 et 18 millions d'euros, celle de Saint-Barth estimée à 15 millions d'euros (détenue pour moitié par Laeticia), la maison de Pacific Palisades à Los Angeles (12 millions) et une maison de rapport (1 million) située à Santa Monica. Le tout est chiffré pour un peu plus de 30 millions d'euros, même si les protagonistes de l'affaire s'étripent sur la valeur exacte de ces biens. Aucun emprunt ne pèse sur ces acquisitions immobilières, selon l'avocat de Laeticia.

À cela, il faut ajouter environ 800 000 euros de droits d'interprète. Une somme coquette mais bien en deçà des estimations des avocats de David et Laura. Étrangement, ceux-ci n'ont pas demandé le gel des droits d'interprète aux deux maisons de disques successives de Johnny : Universal et Warner. Dans leur stratégie d'asphyxier financièrement Laeticia, les avocats ont oublié de fermer ce robinet de cash. Une boulette ?

De facto, cette dernière recevra les droits de ce catalogue ces prochaines semaines sauf si, pour une raison ou une autre – attente de la fin du contentieux, demande du fisc –, les deux maisons de disques interrompaient ces versements.

Les deux enfants aînés ont également exigé dans leur action judiciaire d'écouter l'album posthume de leur père. Les titres de quelques chansons ont déjà fuité : « Made in rock'n roll », « Mon pays c'est l'amour », « Back in LA », « J'en parlerai au diable », « Je ne suis qu'un homme »,

«Tomber encore». Des titres enregistrés au studio d'Apogee à Santa Monica du 15 au 19 mars 2017 et au studio Handsome du 22 au 28 août 2017. Des amis du chanteur ont pu apprécier en primeur la saveur de ce dernier album. «J'ai tout entendu, se souvient Pierre Billon, ce n'est pas un disque d'adieu. Ce n'est pas le cri d'un mec qui va retourner dans les étoiles mais celui qui se prépare à faire une tournée avec ces nouveaux textes[1]. »

David et Laura s'impatientent. Ils pensent que ce disque va sortir de manière imminente. Ils flairent une grosse opération de marketing dans la foulée des obsèques. D'où cette requête devant la justice de communiquer la maquette. «Laura demande à pouvoir l'écouter et on lui dit : "Circulez !", s'offusque Emmanuel Ravanas, l'un de ses avocats, quelle autre solution avez-vous que d'essayer de faire valoir vos droits devant la juridiction française[2] ? »

Seulement, une semaine avant l'audience en référé, le 7 mars, un coup de théâtre vient chambouler la stratégie des avocats de Laura et David. RTL dévoile que le testament de Marnes-la-Coquette n'est pas le dernier. Il s'agit d'un testament américain, un trust plus précisément, signé par la main de Johnny en juillet 2014. Un trust ? Un concept inconnu pour la majorité des Français, dont le nom renvoie plutôt pour le public au groupe phare de hard rock des années 80, mené par le chanteur Bernie Bonvoisin et «Nono» Krief, futur guitariste de Johnny. Et pas du tout à un type de structure financière.

En tout cas, ce document n'a rien à voir avec les auteurs d'«Antisocial». «Le trust est né au Moyen Âge, décrypte Nathalie Couzigou-Suhas, auteur avec Laurence de Percin de *L'Héritage pour les Nuls*. Quand les lords anglais partaient en croisade avec la crainte de ne pas revenir, ils transféraient leurs biens à quelqu'un de confiance (*trustee*) pour

1. Entretien avec les auteurs, le 15 mai 2018.
2. Entretien avec les auteurs, le 16 mai 2018.

qu'ils ne soient pas appréhendés par le lord d'à côté. Cette personne gérait leur patrimoine dans l'intérêt d'un bénéficiaire désigné[1]. » Comme l'indique *Les Échos*[2], la structure suscite un « démembrement de propriété » : le « propriétaire » des biens est le trustee. Sans son accord, le bénéficiaire n'en a aucune jouissance.

En toute discrétion, Johnny Hallyday s'était rendu le 11 juillet 2014 chez Andy Gonzalez, notaire du comté de Los Angeles qui va authentifier le document comme un trust. Le cabinet d'affaires Kramer Levin Naftalis & Frankel, à Paris, a constitué avec le bureau en Californie un testament pleinement en faveur de Laeticia. « Je ne peux pas vous en parler. Ce document est protégé par le sceau de la confidentialité[3] », coupe Renaud Dubois, le patron de Kramer Levin Europe quand on tente d'en savoir plus.

Baptisé « JPS » (Jean-Philippe Smet) Foreign Assets Trust, ce trust écrit en anglais énonce clairement les dernières volontés de l'artiste. Il installe Laeticia Hallyday comme seule bénéficiaire du patrimoine immobilier de Johnny, de ses biens financiers mais aussi musicaux. JPS Trust englobe aussi une société de droit américain, créée en 2014. Born Rocker Music Inc, détenue à 50-50 % par Johnny et Laeticia, gère les albums et les tournées de l'artiste. *Stricto sensu*, le chanteur n'est plus le salarié de sa maison de disques, mais Born Rocker met l'artiste Johnny à disposition de Warner pour réaliser trois albums. D'abord secrétaire, Laeticia en deviendra présidente à la mort de son mari[4].

Les avocats de David et Laura s'étonnent d'une « forme d'opacité » dans le montage de cette succession. « Je lis les

1. Entretien avec les auteurs, le 23 mai 2018.

2. Article du 12 avril 2018 : « Héritage, le cas Hallyday ».

3. Contacté le 3 juin 2018, Renaud Dubois n'a pas souhaité faire de commentaire.

4 Lors de notre enquête, nous n'avons retrouvé aucune société enregistrée sous cette dénomination dans l'État de Californie. Ni dans l'État du Nevada ni dans celui du Delaware.

dispositions du trust et évidemment on ne me fournit pas le nom du trustee[1] », s'étonne Emmanuel Ravanas, l'un des avocats de Laura Hallyday.

À cette époque, le trustee (gestionnaire) n'est autre que Johnny, peu réputé pour ses qualités de comptable. Le rocker en 2014 se porte bien et garde ainsi la main sur son patrimoine. Les choses sérieuses interviendront après sa mort.

La Bank of America prend le relais en tant que trustee le 6 avril 2018. Comme l'a révélé *Libération*[2], ce trust intègre deux parties centrales. Le premier baptisé « Credit Trust » est « destiné à solder les frais de succession au décès du chanteur, c'est-à-dire les droits d'héritage, frais d'administration, obsèques mais aussi « taxes qui peuvent être imposées ou prélevées par les États-Unis [...] ou par tout État étranger ».

Le second, nommé « Marital Trust », a été conçu pour préserver un niveau de vie suffisant pour Laeticia par le biais de « versements échelonnés au moins une fois par mois ». Mieux, les statuts précisent que son standing doit « rester conforme » à celui dont elle a bénéficié avec Johnny lors de leur vie commune. Comment la jeune veuve va-t-elle pouvoir maintenir un tel train de vie alors que l'œuvre originale de son mari s'interrompra avec l'album posthume ? Qui subviendra aux besoins de ses deux filles ? Devra-t-elle puiser dans ce bas de laine constitué par ce patrimoine immobilier ?

Une disposition dans ce document de vingt-quatre pages – que nous avons pu consulter – indique que, en cas de décès de Laeticia, cet héritage reviendra à Jade et Joy pour assurer leur éducation, leur scolarité et leur éveil artistique. Laura et David n'ont pas été oubliés dans ce testament américain, si l'on peut dire. Leur père n'a pris « aucune

1. Entretien avec les auteurs, le 16 mai 2018.
2. Article du 28 mars 2018.

disposition» à leur égard «à qui il a fait des donations par le passé». Les germes de la discorde se trouvent dans ces quelques mots.

Le rocker avait tout envisagé. Les statuts mentionnent que si la légalité du montage est contestée, la personne assignée pourra «payer ses frais de défense» avec les actifs du trust. Bien vu. Car les conseils de Laura et David ont porté l'affaire devant la justice, ce qu'avaient certainement anticipé les promoteurs de ce trust.

Ce document, fruit de tous les fantasmes, s'invite le jeudi 15 mars, dans la petite salle d'audience du tribunal civil de Nanterre. Dans ce bâtiment flambant neuf qui défie le palais de justice de Nanterre, cette vaste architecture de béton façon Le Corbusier, des centaines de journalistes tentent de trouver une place. La présidente de cette audience, Anne Beauvois, et ses deux assesseuses «jouent à guichets fermés».

D'habitude, à cet endroit peu coutumier d'une telle affluence, on plaide les litiges pris dans l'urgence, ceux qui attendent du juge une solution au moins provisoire. Héritages, droit de la presse... Des affaires courantes, obscures, arides, rarement médiatisées. Mais ce référé-là prend des allures de grand procès de l'année. Avec son cérémonial, son défilé de robes noires de ténors du barreau aux voix de stentor, de photographes qui jouent des coudes et mitraillent à tout-va. Isabelle Wekstein, avocate de la SPEDIDAM, la société de perception et de distribution des droits des artistes-interprètes, assignée par David et Laura, doit emprunter des passages secrets dans le tribunal pour éviter la presse. «C'était de la folie pure chez les journalistes, raconte-t-elle. Moi qui avais un rôle mineur lors de cette audience, j'ai dû être accompagnée par deux policiers[1].» Les «stars» de l'affaire, Laura, David et Laeticia,

1. Entretien avec les auteurs, le 25 mai 2018.

ont décliné ce rendez-vous judiciaire. Par choix pour les deux premiers. Par obligation pour la dernière, l'administration américaine exigeant qu'elle demeure aux USA si elle entend conserver son statut de résidente.

Mèche blonde, yeux bleus, Carine Piccio, le conseil de David, fend la foule de photographes. Membre du cabinet Aston, l'avocate assiste bon nombre d'artistes, de sportifs. Une coriace, peu encline aux politesses envers la partie adverse. L'avocate défend généralement les intérêts de la famille Pastor, dont Alexandra, l'épouse de David. Elle sait ce dossier extrêmement délicat. La famille monégasque craint que cette affaire ne se transforme en une histoire crapoteuse où l'on ressort « des cadavres des armoires ». Rien de bon pour leur image. D'autant que la dynastie a subi déjà une terrible affaire de sang : l'assassinat le 6 mai 2014, d'Hélène Pastor, la tante d'Alexandra, lors d'une fusillade. La justice devra dire s'il a été commandité par son beau-fils. Les Pastor n'ont donc rien à gagner d'un sordide déballage des relations haineuses des uns avec les autres. Le clan Pastor a proposé les services de cette avocate à David. Une façon de garder un œil sur ce dossier épineux ?

Jean Veil[1], l'avocat expérimenté de David, à l'aise dans les gros dossiers médiatiques, a lui été écarté par un mail laconique et une brève rencontre avec le fils Hallyday et son nouveau conseil. Dans le tribunal, Carine Piccio, verbe haut, cogne sur son adversaire. Elle plante son regard dans celui d'Ardavan Amir-Aslani en nommant Laeticia Hallyday, « Laeticia Boudou », la cinquième épouse de Johnny[2]. Quelques murmures d'étonnement pour ne pas dire d'effroi montent de la salle et se dissipent dans la seconde.

L'intéressée souffrira pendant des semaines de cette phrase couperet, de « cette insulte à son mariage », de cette robe de

1. Contacté le 14 mars 2018, Jean Veil a juste indiqué qu'il ne défendait plus les intérêts de David Hallyday.

2. Johnny a été marié à Sylvie Vartan, Élisabeth Étienne et Adeline Blondieau par deux fois.

mariée qu'on lui retire. «Mon mari aurait pu tuer pour ça[1] », dira plus tard Laeticia dans la presse. En privé, Carine Piccio dira qu'elle n'avait pas préparé cette formule. Que ces mots tranchants ont occulté le cœur de l'audience.

Les débats finalement tournent court. Les conseils de David et Laura sollicitent le renvoi de l'affaire, arguant qu'ils n'ont connu l'existence du dernier testament que très tardivement, de surcroît retranscrit en anglais et sans les annexes. Ardavan Amir-Aslani manifeste sa désapprobation face à ce renvoi. Il veut «plaider aujourd'hui pour mettre fin à ce scandale qui fragilise [sa] cliente qui n'est "pas une gangster"». Mais l'affaire est finalement programmée au 30 mars 2018.

La nouvelle audience ressemble à un copier-coller de la précédente, avec ses bataillons de photographes, son casting d'avocats prestigieux, ses personnalités encore absentes, et toujours le même débat : déterminer le lieu de résidence de Johnny.

Les partitions des uns et des autres sont respectées, les saillies des avocats contrôlées jusqu'à cette intrusion dans la sphère privée de Laura. Ardavan Amir-Aslani, l'avocat de Laeticia, affirme en effet que «chaque fois qu'elle a été arrêtée, placée en garde à vue, Laeticia a été là pour Laura». Voilà Hervé Temime, l'un des avocats de Laura, qui sort de ses gonds, gronde. C'en est trop. Il ne peut accepter cette incursion dans la vie intime de sa cliente. «Placée en garde à vue? C'est proprement honteux d'aller sur ce terrain-là...», fulmine le pénaliste. Tous les acteurs de ce procès dansent sur un volcan. Ils savent qu'ils ne sont jamais loin de la «faute de carre», du détail croustillant qui nourrira les gazettes et les écartera un peu plus d'un règlement rapide.

1. Entretien au *Point* du 12 avril 2018.

À l'issue de l'audience, ce deuxième round a laissé un sentiment mitigé à l'égard de Laeticia. Pourquoi un document aussi important que ce trust a-t-il été remis tardivement ? Que dissimule la veuve de Johnny ? écrivent des journalistes.

L'entourage de Laura est bien conscient que la situation ne lui est pas favorable pour autant. Quelle position faut-il adopter ? Faut-il attendre que le droit lui donne raison ou sortir du bois ?

D'un côté, DGM, sa société de conseil, prône la poursuite d'un travail « pédagogique » auprès de journalistes influenceurs. La prise de parole de Laeticia ne doit intervenir qu'après le jugement. En attendant, quelques bons papiers dans *Le Figaro*, *Paris Match*, *Vanity Fair* pourraient occuper le terrain de manière efficace. De l'autre, Mathieu Laine veut presser le pas. Il s'associe à cette volonté d'expliciter au grand public le concept un peu nébuleux du trust. Il souhaite même révéler l'existence du trust miroir de Laeticia, LST (Laeticia Smet Trust), le pendant de celui de Johnny.

Le très libéral patron d'Altermind souhaite prendre l'avantage. Il annonce à Sébastien Farran et à l'équipe de DGM qu'il s'envolera dès le 26 mars avec un journaliste pour préparer une interview-vérité de Laeticia. L'initiative ne plaît pas à tout le monde. DGM considère qu'il s'agit là d'un « acte suicidaire ». Les magistrats n'aiment jamais que des éléments extérieurs interviennent sur la place publique avant de rendre leur décision. Ségolène Dugué et Ardavan Amir-Aslani menacent leur cliente d'arrêter leur collaboration. « C'est trop tôt pour communiquer », disent-ils.

Laeticia décide finalement de sortir du silence. Mathieu Laine a assuré qu'il lui procurera une belle couverture et une interview-fleuve. Il lui propose un support écrit sérieux et plus institutionnel qu'un magazine people. Justement, l'auteur du *Dictionnaire amoureux de la liberté* signe des éditoriaux remarqués dans *Le Point*. Mieux, il entretient des liens privilégiés avec Sébastien Le Fol, directeur adjoint de la rédaction de l'hebdomadaire. Laine fut son témoin de mariage. Tout cela facilite les négociations pour préparer l'interview de l'année. Laeticia hésite, tergiverse. Qui écouter ? Ses filles sont trop jeunes pour lui donner un avis utile. Ses proches à Los Angeles ne maîtrisent pas forcément l'art de la communication. La douleur n'est pas toujours bonne conseillère. Les mots de Patrick Bruel l'ont convaincue. Toutes ces attaques qu'elle a encaissées sans broncher, toutes ces rumeurs qui l'ont rongée. Combien de fois va-t-elle encore tendre la joue ? Laeticia dit finalement oui à Mathieu Laine. Celui-ci accepte en refusant d'être payé, « de manière amicale et ponctuelle ».

Le 27 mars, Étienne Gernelle, le directeur de la rédaction du *Point*, s'envole direction Los Angeles. « Je suis parti en catastrophe car le journaliste qui devait faire l'interview n'avait pas reçu son visa[1] », se souvient Étienne Gernelle. Peu familier de la vie de Laeticia, il dévore dans l'avion l'autobiographie de Johnny écrite par Amanda Sthers[2]. Logé au mythique Beverly Hills Hotel, il rencontre le soir même Sébastien Farran et partage avec lui quelques verres de vodka. Les deux hommes évoquent l'interview à venir tandis que leur discussion s'échappe vers d'autres sujets : l'actualité, le journalisme...

Le lendemain matin, Étienne Gernelle se rend chez Laeticia. Il passe par le garage de la résidence pour éviter les paparazzis. Mathieu Laine s'est déjà entretenu avec Laeticia pendant une demi-heure.

Laeticia, habillée d'un chemisier noir à motifs blancs, installe son intervieweur dans le bureau de Johnny. Elle s'est préparée pour ce « grand oral ». Une légère appréhension se

1. Entretien avec les auteurs, le 10 juillet 2018.
2. Amanda Sthers, avec Johnny Hallyday, *Dans mes yeux*, *op. cit.*

lit sur son visage. Mathieu Laine, Sébastien Farran, le manager de Johnny et le photographe Dimitri Coste, un intime, ne sont pas loin. On est presque entre amis. L'entretien débute tout naturellement comme une simple conversation. Les mots se bousculent. Les larmes succèdent aux rires étouffés. « Elle s'est mise à parler tout de suite », raconte Gernelle. Elle savait ce qu'elle avait à dire. Ce trop-plein d'émotion cadenassé, enfoui au plus profond d'elle depuis la mort de Johnny, se libère comme un geyser dans un flot de paroles.

Pendant deux heures et vingt-sept minutes, Laeticia égrène les grands moments de sa vie et de son mari : le sentiment d'abandon qui a toujours habité Johnny, leur histoire d'amour et cette absence qui la dévore : « C'est très dur de vivre sans mon mari. Il me manque terriblement et je le pleure tous les jours. [...] Je voudrais surtout pouvoir faire mon travail de deuil tranquillement. Ce sont des montagnes de courage à franchir tous les jours. J'ai besoin de paix pour y parvenir, car je dois reconstruire une vie sans lui. Pour mes filles. » Le visage se rembrunit dès qu'il s'agit d'évoquer David et Laura : « Ils ont promis à mes filles de les protéger, d'être là pour elles, de les appeler à Noël, de venir nous voir en février à Los Angeles, de passer du temps avec nous. Rien de tout cela ne s'est produit, et on a fini, mes filles et moi, assignées par mes beaux-enfants ! » Durant cet entretien-fleuve, une petite phrase anodine vient s'immiscer dans l'une des réponses. Il s'agit en fait d'une bombe à retardement. Lors de la relecture, Laeticia ni ceux qui l'entouraient n'ont décelé que cet hommage cocardier allait donner du grain à moudre aux avocats de David et Laura : « J'ai épousé la France, la tour Eiffel [...]. Chaque Français a un lien avec lui à travers une chanson, un souvenir. »

Plus tard, après la publication de l'article, Emmanuel Ravanas, ne manquera pas de dire : « Moi, ma meilleure pièce pour plaider, c'est l'interview de Laeticia. Je ne peux pas caractériser des liens plus étroits avec la France. »

Personne ne l'avait réellement pressenti ainsi. Étienne Gernelle ressort de l'entretien avec un double sentiment : «J'avais rencontré quelqu'un de très structuré, réfléchi, qui s'exprimait bien, et en même temps quelqu'un de très fleur bleue. Elle disait : "Amour" toutes les deux phrases. Elle avait envie de dire qu'elle ne ressentait pas de haine pour David et Laura.»

La publication de l'interview a ouvert plusieurs brèches au sein de ceux qui défendent Laeticia. Comme souvent, tout ce qui touche Johnny est radioactif. Les conseillers de Laeticia ont ainsi pris de la distance avec Mathieu Laine. Pour Ardavan Amir-Aslani, le patron d'Altermind a joué perso la carte du *Point*, délaissant un partenaire historique : *Paris Match.* L'idole des jeunes et le magazine des stars ont tissé une relation de confiance depuis 1962, date de la première «couv» de Johnny, âgé de 19 ans. L'hebdo n'a jamais rien manqué des joies et des épreuves, des mariages et des séparations de l'artiste. Une vie restituée chaque semaine par la pellicule des photographes. Des liens particuliers unissent également la famille Farran au journal : Jean Farran, le grand-père de Sébastien, le manager de Johnny, fut grand reporter puis rédacteur en chef de *Match* de 1950 à 1966, puis directeur de 1970 à 1976. Autant dire que la direction du journal n'a guère goûté «le passage à l'ennemi» de Laeticia. Rue Anatole-France, à Levallois-Perret, les murs ont tremblé dans un séisme à la hauteur de ce ratage.

L'interview a été reprise par tous les médias. *Le Point* a triplé ses ventes au numéro avec 133 100 exemplaires pour son édition du 12 avril. Il a surtout signé un joli coup éditorial, en partie grâce à Mathieu Laine, son *missus dominicus* auprès de Laeticia. Est-ce une victoire à la Pyrrhus? Les quatorze pages d'entretien ont marqué la fracture entre Laeticia – ou plutôt ses conseils – et Mathieu Laine. Ardavan Amir-Aslani reproche à ce dernier de réclamer

50 000 euros à l'épouse de Johnny pour avoir mis en musique sa prise de parole. L'avocat a même menacé d'arrêter toute collaboration avec sa cliente si elle continuait à n'en faire qu'à sa tête. Dans l'entourage de Mathieu Laine, on rejette ces accusations, « ce tas de mensonges », expliquant que la proposition de paiement émanait de Laeticia et de Sébastien Farran.

Pour ajouter encore un peu plus de confusion, le manager de Johnny s'est retrouvé en garde à vue juste avant la publication du scoop. La PJ parisienne souhaitait l'entendre après la plainte en 2016 de son ancien poulain JoeyStarr pour des faits de vol, d'abus de confiance et d'escroquerie à son encontre. Une vieille histoire qui tombe au plus mauvais moment. Le manager s'est toujours insurgé contre ces accusations « totalement infondées ». En tout cas, on aurait pu rêver de conditions plus sereines à la veille de la décision sur le référé en justice.

Ce vendredi 13 avril, Anne Beauvois, la présidente, rend à première vue un jugement de Salomon. Elle impose que le patrimoine soit gelé pour éviter à Laura et David « du risque du transfert de tous les biens du défunt au profit du JPS Trust [...] qui peut intervenir à tout moment [...] les privant quasiment de toute chance de recouvrer la part successorale à laquelle ils pourraient prétendre ». Maître Temime boit du petit-lait, même si la sortie de route n'est pas loin : « Le gel des avoirs c'est une grosse victoire. On a dû aller vite. On aurait pu avoir un vice de forme notamment sur l'assignation à Marnes[1]. » Son collègue Pierre-Olivier Sur estime que l'avocat de la partie adverse a commis « une erreur majeure[2] » quand il a accepté de se rendre à cette convocation, laissant « le piège se refermer sur lui ». Ardavan Amir-Aslani voit le verre à moitié plein

1. Entretien avec les auteurs, le 29 mai 2018.
2. Entretien avec les auteurs, le 6 juillet 2018.

– « Nous nous réjouissons par ailleurs que la justice n'ait pas gelé les actifs américains » –, selon qui le gel des actifs immobiliers français n'aura pas d'incidence, « Laeticia Hallyday n'ayant ni la volonté de céder ces biens, ni le pouvoir de céder ces biens ».

Mais ni Laura ni David ne débouchent le champagne. Ils n'ont pas obtenu le droit de regard sur le 51e album studio de leur père. « Rien ne vient établir le risque certain d'une atteinte portée à l'interprétation de l'artiste qui justifierait un contrôle des demandeurs avant la sortie publique de l'album », écrit Anne Beauvois dans les conclusions du référé. Une lettre d'accord du 22 novembre 2017, signée par Warner et Jean-Philippe Smet, prouve que les dix chansons du troisième album prévu dans leur contrat sont validées par les deux parties. Johnny a d'ailleurs sollicité une avance de 1 million d'euros, selon nos informations, acceptée exceptionnellement par Warner, avant l'achèvement de l'enregistrement. L'artiste devait toucher 25 % de royalties sur cet opus.

En fait, la grande bataille de l'héritage ne s'est pas jouée devant le tribunal de grande instance de Nanterre. Les débats ont mobilisé les avocats et les communicants, régalé les journaux, rassasié les lecteurs qui n'avaient vu pareille confrontation familiale depuis l'affaire Liliane Bettencourt. Mais ces coups de menton, ces incantations des gardes rapprochées des deux clans dissimulent, pour l'heure, un constat implacable. Tout le monde a intérêt à négocier rapidement. D'abord, parce que cette escalade verbale risque d'abîmer durablement l'image de Johnny et d'entamer le succès des prochains projets qui pourraient se construire autour de son œuvre.

Chacun a conscience, ensuite, que le meilleur ennemi de Laeticia n'est ni Laura ni David, mais le fisc français. Les limiers de Bercy n'ont rien manqué de cette procédure judiciaire et de la présentation de ce trust qui lui échappe.

Par le biais d'une disposition du code général des impôts[1], les autorités fiscales peuvent considérer que la constitution du trust s'apparente à de l'évasion fiscale. Dans ce cas, les sanctions s'élèveraient à des centaines de milliers d'euros. Une sombre perspective pour l'avocat de Laeticia qui doit déjà, selon nos recoupements, rembourser à l'État 11 millions d'euros de dette que Johnny a contractée lors de contentieux fiscaux passés[2].

La diminution du patrimoine de Johnny en peau de chagrin due à une possible intervention des impôts et une interminable procédure judiciaire, coûteuse et stérile, incitent d'ores et déjà les deux clans à se mettre autour d'une table. Laeticia n'a finalement pas d'autre choix, même si elle devait obtenir la majorité des biens de Johnny, que ce dernier soit considéré résident français ou américain.

Six mois après la mort de son époux, son image s'est brouillée auprès des fans du rocker, dont certains l'ont sifflée à la Madeleine lors de la célébration du 75e anniversaire de Johnny. Certains fans ont même revendiqué de ne pas acheter les livres souvenirs dédiés à Johnny pour que l'argent des ventes ne revienne pas à « la blonde ».

Son interview, les interventions publiques de ses proches n'ont pu lui retirer cette étiquette d'une Lady Macbeth, intrigante, cynique, prédatrice, qui pousse l'imposture jusqu'à capter l'héritage d'une des plus grandes icônes de la chanson française. Qu'est devenue la mère de famille qui avait mis de l'ordre dans la vie personnelle et professionnelle de son mari, et lui avait probablement fait gagner dix ans de vie ? Que reste-t-il de la jeune femme idéaliste aux boucles d'or, impatiente de conquérir l'Amérique ? Où est la petite fille du Cap-d'Agde, insouciante, idéaliste, dont les rêves se résumaient à fonder une famille ?

---

1. L'article 4B du code général des impôts stipule que les personnes dont le domicile fiscal est situé hors de France sont passibles de l'impôt sur le revenu en raison de leur seul revenu de source française.

2. Voir chapitre 10.

Tout cela se serait-il effacé d'un coup à la mort du vieux lion ? Pour tenter de comprendre cette personnalité plus complexe qu'il n'y paraît, il faut revenir aux sources. Là où tout a commencé.

6

«Johnny, c'est pas du tout son truc»

«C'est une fille, madame. Vous pouvez la prendre dans vos bras.» Ce 18 mars 1975, à 2 heures du matin, à la clinique Champeau de Béziers, le gynécologue s'attendrit sur un nourrisson de trois kilos deux cents.

Comment s'appelle-t-elle? «Laeticia[1]», répond la mère dans un soupir de soulagement. Les parents avaient bien pensé à Daphnée. Mais la suggestion fut rayée par Elyette Boudou : «Je leur ai dit : ça ne me plaît pas du tout[2].» Ce sera donc «Laeticia», en hommage à un personnage du même prénom apparaissant dans le film *Les Aventuriers* dont Alain Delon, Lino Ventura et Serge Reggiani furent les têtes d'affiche.

Françoise, la mère du bébé, jolie blonde de 23 ans, fille de pharmaciens à Vias, tout près d'Agde, observe les premiers gestes de sa fille. «L'accouchement s'est bien passé. Étonnamment, il s'est déroulé rapidement, se souvient-elle avec pudeur. Laeticia était très belle. Elle n'était pas flétrie comme peuvent l'être certains bébés[3].» À ses côtés, son époux, André Boudou, 23 ans, surnommé «Dédou» par ses proches, gueule d'acteur, charisme indéniable, se fige

1. Laeticia, Marie, Christine Boudou.
2. Entretien avec les auteurs, le 13 juin 2018.
3. Entretien avec les auteurs, le 30 mai 2018.

devant ce petit ange. Lui qui pourtant ne tient jamais en place habituellement reste silencieux devant « ce cadeau du ciel ».

Au Cap-d'Agde, la nouvelle de cette naissance s'est répandue comme une traînée de poudre. Qui ne connaît pas, ici, le couple Boudou fraîchement marié ? On traverse le trottoir pour saluer Françoise et André, déjà « des notables » respectés et respectables.

André, roi de la nuit, a construit avec quelques autres entrepreneurs la notoriété de cette ville balnéaire, créée *ex nihilo* à partir de 1970, pas encore la capitale du naturisme et du libertinage.

Figure locale à l'accent chantant, Dédou apparaît comme un touche-à-tout ambitieux, toujours avide de nouveaux défis dans ses activités professionnelles comme dans le sport. Plus jeune, dans les années 70, il a ainsi joué à trois reprises comme demi de mêlée dans la mythique équipe de rugby de Béziers. Il s'est distingué également comme footballeur au FC Sète.

Boudou ose tout, en fait. Dans les années 80, il effectue six courses Paris-Dakar comme pilote. Et décroche une honorable 13e place sur sa Honda[1]. Trois ans plus tard, il se paie même le luxe de remporter une victoire. « C'était un fonceur. Un sportif émérite et un travailleur infatigable. Un petit Tapie en somme[2] », résume Didier Denestebe, journaliste et proche d'André Boudou.

Le garçon de Marseillan, autodidacte, ne s'est jamais fixé de limites. Dès 17 ans, pourtant bon élève, il quitte l'école pour travailler dans une boîte de nuit à Marseillan : le Psychédélic – le Crabe pour les initiés. Lorsqu'on lui a

1. *L'Express*, 29 mars 2018.
2. Entretien avec les auteurs, le 31 mai 2018.

proposé de tenir cet établissement à l'âge de 19 ans, ses parents l'ont émancipé[1].

Sa mère, Elyette, l'a épaulé financièrement dans cette première expérience professionnelle. Chez les Boudou, des gens de peu, on se serre les coudes, on courbe l'échine et on ne se plaint pas. Henri le père, pêcheur, propriétaire d'un parc à huîtres, a inculqué à son fils aîné le goût du labeur, raconte son fils. «Il m'a élevé à la dure et il a eu raison. J'ai vite compris que, pour moi, il n'y aurait pas d'héritage[2]», poursuit André Boudou.

Boulimique de travail, le jeune homme ne boit pas, ne fume pas. En revanche, il plaît énormément aux filles qui se pâment devant «ce Paul Newman» de l'Hérault, hâbleur et grand séducteur.

Françoise, jolie blonde, aux toilettes impeccables, élue en 1971 Miss Éphèbe – du nom d'un établissement de nuit du Cap-d'Agde –, tombe dans ses bras. Le couple glamour n'a pas encore atteint la trentaine mais déjà il fourmille de projets. André a trouvé un filon dans cette nouvelle ville qui s'agrandit de jour en jour et dont les prochains touristes devront se loger. Il investit dans des lotissements et résidences : les jardins de la Tamarissière, le Plein Sud, les Maldives.

Le couple intègre la petite caste des «beautiful people» de la station. Dédou tient le Liberty's, la boîte branchée du coin, ce qui lui confère beaucoup de respect et de crainte de ses nombreux clients. Invité par Sud Radio chaque été, les vedettes viennent de Paris pour s'encanailler dans ce nouvel Eldorado de la fête. À des heures avancées de la nuit, on y croise les chanteurs Claude François, Philippe Clay, Carlos ou encore Moustache un verre de champagne à la main, l'homme politique et patron de presse

1. La majorité est alors fixée à 21 ans.
2. Entretien avec les auteurs, le 13 juillet 2018.

Jean-Michel Baylet, le futur conseiller de François Mitterrand Jacques Attali, et même Johnny.

Tout sourit à Dédou quand Laeticia arrive au monde. L'argent commence à couler à flots. Sa notoriété dépasse désormais l'Hérault. Au-delà de cette vie nocturne, la petite famille Boudou vit le plus normalement possible.

Tous les matins, Françoise, accompagnée de son yorkshire Pepsi, dépose Laeticia et Grégory, son cadet de onze mois, devant la porte de l'école Jules-Verne, un bâtiment ombragé par des palmiers et quelques pins. « Laeticia et Grégory ont grandi comme des jumeaux. Ils s'aimaient énormément, se chamaillaient parfois comme tous les gosses[1] », relate André Boudou.

Ses amies d'enfance n'auraient manqué pour rien au monde son anniversaire dans la maison familiale située au cœur de la marina. Les tables se garnissaient de gâteaux à la crème, le salon se remplissait de ballons multicolores et de serpentins. Avec ses boucles et ses joues en sucre d'orge, la petite Laeticia ressemble à s'y méprendre à Shirley Temple, précoce actrice américaine du siècle dernier. « C'était une fille réservée, timide, pas méchante pour un sou[2] », se souvient Sylvie, ancienne élève de Jules-Verne.

Laeticia et Grégory passent leurs week-ends généralement à Marseillan, dans la famille paternelle, tandis que leurs parents sont occupés à faire tourner leur établissement nocturne au Cap.

Dans une belle bâtisse à étage, il y a Elyette, « mamiette », la grand-mère, jamais avare d'un bon mot, Henri[3], le grand-père, un homme de commerce agréable mais que le métier a rendu taciturne : compositeur, il réserve en général ses conversations à son piano électrique.

1. Entretien avec les auteurs, le 13 juin 2018.
2. Entretien avec les auteurs, le 5 mai 2018.
3. Henri Boudou est décédé le 21 avril 2010.

Norbert Boudou[1], dit «Nono», le frère d'André, moins charismatique et moins acharné dans le travail que son aîné, vit dans l'ombre de ce dernier.

Et puis il y a Odette, l'arrière-grand-mère, surnommée «Mamet», «une sainte», selon sa fille, la matriarche de la tribu Boudou. Odette la confidente, la seconde mère de Laeticia, celle qu'on écoute, forte de l'expérience de sa vie, celle qu'on vient chercher quand l'existence vous malmène. «Laeticia avait un amour fusionnel avec ma mère, elle a dormi jusqu'à 14 ans avec elle, dans son lit», se souvient Elyette. C'est dire.

Les jeunes années s'égrènent sous ce soleil méditerranéen avec l'insouciance et la légèreté de cette jeunesse qui n'a que le lendemain pour horizon. Laeticia a maintenant 14 ans. Parfois le week-end ou lors des vacances, elle sert des glaces aux clients au Liberty's, quai Jean-Miquel, vaquant de table en table. Un client célèbre vient s'asseoir de temps en temps en terrasse. Il s'appelle David Hamilton[2]. Le photographe reconnu mondialement débusque sur les plages du Sud de jeunes mannequins qu'il immortalisera dans une ambiance évaporée.

Au fil des années, Laeticia et Grégory ont appris à vivre avec les absences de leur père, un jour propriétaire de boîte de nuit, un autre promoteur immobilier ou pilote sur des rallyes. «Je n'étais peut-être pas le père idéal à cette époque. J'étais quelqu'un d'hyperactif», reconnaît André Boudou.

La première rupture scolaire de Laeticia intervient au collège. Ses parents l'ont inscrite en pension au collège privé de Fénelon à Béziers. L'institution, connue dans la ville pour sa discipline et son exigence, ne sied pas à

1. Norbert Boudou est décédé le 25 octobre 2006, d'un cancer de la gorge.
2. Le 25 novembre 2016, David Hamilton s'est donné la mort à son domicile après avoir été accusé par plusieurs femmes d'actes de pédophilie.

l'adolescente. «J'étais perdue, j'ai fini par fuguer, pieds nus, une nuit[1] », racontera Laeticia plus tard.

Dans la famille Boudou, on s'interroge sur le fait de la retirer ou non de Fénelon. L'arrière-grand-mère, comme souvent, prend les devants. «Elle étouffait, cette petite. Alors ma mère a dit : on ne va pas la rendre malade», évoque Elyette. Odette se déplace à Béziers pour reprendre sa petite-fille. La jeune collégienne ne veut plus y retourner. Elle végète un moment à la maison. Le temps de l'insouciance s'en est allé tandis que les disputes entre ses parents se multiplient. Le couple est au bord du divorce.

En 1987, André Boudou décide de prendre le large. Tant pis pour les Paris-Dakar. «Ce n'était plus pour moi. Beaucoup de motards que je connaissais s'étaient tués ou avaient été gravement blessés[2] », se souvient-il. Il faut savoir partir avant que la chance tourne et que la mort se rappelle à votre souvenir.

Pilote d'hélicoptère également, André Boudou donne un coup de main à l'un de ses amis, propriétaire de plusieurs aéronefs à Miami. Désormais libre comme le vent, il tombe follement amoureux d'une Américaine, Christine, vice-présidente chez Cartier à Miami. Lui qui ne parle pas un mot d'anglais apprend la langue de Faulkner grâce à la méthode Berlitz. L'Héraultais garde toujours un œil sur ses affaires au Cap-d'Agde. En 1990, à l'âge de 38 ans, il a réalisé un joli coup en s'offrant l'Amnesia, la première boîte de nuit à ciel ouvert en France. Quatre mille personnes se pressent dans ce forum prétendument grec, aux murs ivoire, rempli de palmiers. David Guetta, DJ Snake, Bob Sinclar, Martin Solveig, la fine fleur de l'électro, s'invitent aux platines pour une programmation XXL. Ces soirées inoubliables apportent une notoriété internationale à André Boudou.

1. Entretien dans *Elle*, 11 septembre 2009.
2. Entretien avec les auteurs, le 13 juillet 2018.

Heureux en affaires, malheureux en amour. L'histoire passionnelle entre Christine et son french lover se délite. Le chagrin d'amour dévore André, qui souffre d'une dépression. Ses enfants s'inquiètent de son état de santé, sa mère aussi. «Je n'avais jamais vu mon fils comme cela[1] », se rappelle Elyette Boudou. Lors d'une interview[2] en 2009, Laeticia explique d'ailleurs que durant un séjour à Miami elle a découvert son père «amaigri, malade, s'enfermant dans le noir, suicidaire parce que sa compagne l'avait quitté. Mon frère est rentré en France. Moi je suis restée pour le soigner. J'avais 13 ans». Laeticia lui fait son ménage, les repas, tente de «lui redonner le goût de vivre», quitte à s'exposer elle-même à un état dépressif. «Quand il s'en est sorti, je ne savais plus quoi faire, moi. J'ai souhaité disparaître et je ne mangeais plus.»

À écouter André Boudou, il semble que la version de sa fille soit un peu réécrite. Sa séparation d'avec Christine date de juin 1992. «Ma fille n'est pas venue me soutenir à 13 ans mais plutôt à 18 ans. Elle exagère encore une fois. C'est vrai que j'avais un chagrin d'amour, j'étais un peu malheureux mais je n'ai jamais été prostré dans une chambre noire. Et ma déception amoureuse n'a duré que deux mois. Tout cela participe au mythe qu'elle veut créer avec son mari[3] », corrige André Boudou.

Françoise confirme la version de son ancien mari, précisant que sa fille a été scolarisée au collège René-Cassin puis au lycée de Loubatières à Agde.

Après ces années de séparation, la fille et le père vont finir par se rejoindre à Miami. À l'occasion de vacances en Floride, Letti décide de rester chez André. Le billet retour est jeté à la poubelle. Au Cap-d'Agde, Françoise reçoit un coup de fil de son ex-conjoint. Sa main se crispe

1. Entretien avec les auteurs, le 31 mai 2018.
2. Entretien dans *Elle*, 11 décembre 2009.
3. Entretien avec les auteurs, le 13 juillet 2018.

sur le combiné de téléphone au son des premiers mots. « Il m'a dit : j'ai besoin d'elle, je la garde à Miami. Ça m'a fait quelque chose », souligne Françoise. Laeticia a quitté le cocon familial, la tribu Boudou et tous ses repères locaux. Loin de l'univers clos et ouaté du Cap et de ses habitudes, elle découvre une ville où tout lui semble possible.

Un petit air de liberté flotte sur la capitale de la Floride. Laeticia se fond dans cette population métissée où l'on parle espagnol et italien.

Elle s'est installée chez son père, à Fisher Island[1], l'île des milliardaires où résident sur 78 hectares les plus gros revenus du pays, des hommes d'affaires, des athlètes professionnels, des avocats, des top models. Laeticia profite de cette vie fastueuse dont la seule préoccupation se résume à courir les magasins. La jeune femme sillonne la ville dans une vieille Jeep offerte par son père.

Car tout sourit de nouveau à Dédou. En août 1992, deux mois à peine après sa rupture, le souvenir de Christine s'est définitivement dissipé. André a rencontré « l'amour de sa vie », la jolie Adine, originaire de Béziers, une copine d'enfance de Laeticia, qu'il n'a jamais quittée depuis. Laeticia accueille assez froidement l'arrivée de cette femme aussi jeune qu'elle dans « le couple » qu'elle forme avec son père.

C'est l'époque où Dédou, toujours aussi culotté et décomplexé, tente un gros coup. Il ouvre le 17 février 1994 la plus grande boîte de nuit des États-Unis. Il l'installe sur Miami Beach : l'Amnesia à Miami. Le concept, similaire à celui du Cap-d'Agde, plaît énormément aux Américains. Des stars en pagaille envahissent ce complexe de 4 000 mètres carrés à ciel ouvert ambiancé par des DJ de renommé internationale. L'Amnesia, devenue « *The place to be* », affiche un chiffre d'affaires de 600 000 euros par mois. « J'étais dans

1. *Bloomberg*, 10 avril 2018 : « *This is America's richest zip code.* »

un autre monde. J'étais tous les jours avec Sylvester Stallone ou Bob De Niro. Je les ai tous vus. C'était Hollywood», se souvient André Boudou[1]. Dédou donne le change à ces richissimes invités. Il roule en Rolls-Royce, s'entoure de gardes du corps et survole la baie de Miami en hélicoptère – qu'il pilote parfois lui-même –, en compagnie de célébrités.

La success story du petit gars de Marseillan suscite l'intérêt de la presse des deux côtés de l'Atlantique. «Le milliardaire de Fisher Island», titre *Le Nouvel Observateur* au printemps 1995. Tout s'accélère pour «André le Magnifique». Un troisième Amnesia, petit frère du Cap-d'Agde et de Miami, sort de terre à Bonifacio en Corse. L'établissement[2] est géré par la famille Lantieri, dont plusieurs membres sont soupçonnés d'entretenir des liens avec le milieu. Les rumeurs sur les mauvaises fréquentations d'André Boudou et les interrogations de Bercy sur de l'évasion fiscale n'ont pas encore surgi.

Dans la ville de *Scarface*, Laeticia adopte un rythme plus mesuré. Elle goûte peu la vie de night-clubbeuse. Elle ne veille jamais tard et préfère son groupe d'amis. Elle n'a connu à cette époque que deux petits copains[3]. «C'était une fille toujours polie qui fréquentait une bande de jeunes Français venus de Los Angeles, c'était un bébé», se souvient la mère d'un de ses amis. Laeticia n'a pas abandonné son grand rêve, son Graal : le mannequinat. Mais la jeune femme ne correspond pas forcément aux canons des années 90 : Claudia Schiffer, Cindy Crawford, Kate Moss et Naomi Campbell.

Elle n'aime pas son menton qu'elle trouve trop saillant, et n'a pas encore retouché sa dentition. Comme beaucoup de jeunes filles de son âge complexées, elle ne supporte pas

1. Entretien avec les auteurs, le 13 juillet 2018.
2. L'Amnesia de Bonifaccio sera plastiqué le 15 avril 2000.
3. Entretien dans *Gala*, 14 décembre 1995.

ces jolies imperfections. « Elle se voyait grosse, se rappelle sa mère, Françoise Thibaut. Elle me disait : tu as vu les jambes que j'ai[1] ? »

À 20 ans, du haut de son mètre soixante-douze, Laeticia dessine patiemment sur son visage de fausses taches de rousseur, passe un temps fou chaque jour à dompter ses boucles pour se faire des anglaises. Son visage rond, qui contraste avec sa maigreur, lui donne le doux surnom de « Baby Face ». Elle a pu tourner quelques spots de pub pour des chaînes de télé américaine et brésilienne, mais sa carrière de mannequin reste à construire. Mais à quels engagements Laeticia faisait-elle référence lorsque, en novembre 1995, dans *VSD*, elle affirmait : « Quand j'ai rencontré Johnny, je devais partir trois mois au Japon pour quelques contrats » ? À l'Amnesia, les employés ont pris l'habitude de la voir débouler entre ses castings, son book de photos sous un bras, pour siroter un café ou un thé au bureau.

À l'angle de la boîte de nuit, au 2228, Park Avenue, la vitrine de la célèbre agence Michele Pommier Models aimante les jeunes candidates qui veulent toutes passer du côté des sunlights. La légende raconte que la fille du Cap-d'Agde y aurait décroché un contrat. Mais à Miami, on ne se souvient pas d'une quelconque collaboration. « Je suis désolée de vous dire que je n'ai jamais représenté Laeticia Hallyday, explique Michele Pommier[2], la patronne de l'agence. J'ai travaillé avec Laetitia Casta. Peut-être a-t-elle collaboré avec nous sur un temps très court. Mais cela ne me dit rien. »

Celle qui a assuré les intérêts de Christy Turlington et Charlize Theron, se souvient en revanche « d'André » puisqu'elle avait participé à l'inauguration de l'Amnesia lors d'un impressionnant défilé de mode. « Laeticia ne s'est

1. Entretien avec les auteurs, le 31 mai 2018.
2. Michele Pommier nous a répondu par mail le 28 juin 2018.

pas enrichie avec cela en tous les cas à l'époque, euphémise André Boudou. Mais je connaissais Michele Pommier. J'étais devenu un personnage à Miami étant le patron de la plus grande boîte de nuit. J'étais le meilleur ami de tout le monde. C'est très américain tout cela.»

Pour se donner toutes les chances, Laeticia entrecoupe ses années en Floride par quelques allers-retours en France, et plus précisément à Paris. Rencontrer du monde peut accélérer une carrière. Elle croise ainsi, lors de sorties, quelques animateurs télé mais aussi un chanteur dans le creux de la vague après ses grands succès des années 80 : Jean-Luc Lahaye.

Elle se fait ainsi héberger quelques jours en 1995 dans la maison du chanteur, à Montmartre. Elle rencontre Hélène, sa compagne de l'époque, une étudiante en droit. Les deux copines sont devenues inséparables. «Laeticia s'est toujours montrée extrêmement polie, toujours impeccable. Elle avait le goût du rangement, de l'ordre[1]», se remémore l'auteur de «Papa chanteur».

L'invitée de Miami s'échappe parfois de Paris sur la moto de David, l'homme à tout faire de Jean-Luc Lahaye. Laeticia ne demeure pas insensible au charme de ce motard. Lui, en revanche, semble imperméable à ce joli minois et à ce sourire engageant. «Laeticia me disait : "On est allé au restaurant, on est allé au cinéma, et il ne s'est rien passé!"» sourit Jean-Luc Lahaye. Elle n'y pouvait rien : il fera son coming out quelques années plus tard. Ce qui est étonnant, c'est que Laeticia lui a envoyé une lettre d'amitié il y a quelque temps encore.

Laeticia n'a pas trouvé son grand amour ni même l'amant d'une nuit. À écouter Jean-Luc Lahaye, on sent poindre quelques regrets dans sa voix : «Si je n'avais pas

1. Entretien avec les auteurs, le 25 mai 2018.

été avec Hélène, c'est une fille que j'aurais aimé séduire. C'est le complément parfait d'un homme. »

Lorsque, des années plus tard, à l'occasion d'une soirée caritative dans un restaurant des Champs-Élysées, Jean-Luc Lahaye croisera Johnny en compagnie de Laeticia, il n'osera pas se rappeler au bon souvenir de la jeune Mme Hallyday. « Je ne voulais pas qu'il y ait la moindre ambiguïté comme il n'y avait pas lieu d'en avoir », confesse-t-il. Mais Jean-Luc Lahaye a gardé chez lui quelque chose de Laeticia : « À l'époque, elle m'avait donné des idées de décoration, chez moi, à Montmartre. Je crois que l'aménagement que j'ai sur ma terrasse aujourd'hui a directement été influencé par ses conseils[1]. »

Laeticia s'en est retournée aux États-Unis. Le prince charmant porte peut-être un nom américain. En ce mois de mars 1995, elle a fêté ses 20 ans à Miami avec ses amis comme une « Catherinette », célibataire. Rien ne se passe dans sa vie.

C'est l'époque où André Boudou fait travailler le DJ Jean-Roch. Le jeune Toulonnais de 29 ans n'a pas encore gravi les marches de la notoriété. Il a toutefois démontré son indéniable talent à Saint-Tropez, à l'Hystéria et au Papagayo. Boudou l'a accueilli à l'Amnesia de Miami où il a signé pour la saison 1993-1994. Dédou apprécie sa force de travail et son talent. Le 25 mars, Jean-Roch l'informe que Johnny est en ville. Il arrive de Santa Fe où il vient de tourner un clip issu de son album mitigé, *Rough Town*, entièrement chanté en anglais. Johnny a connu de meilleures heures. Il vient de rompre avec Léa, un jeune mannequin blond que tous ses amis encensaient.

Johnny a appris que Jean-Roch travaillait à Miami. Le rocker s'est procuré le numéro de son hôtel – il n'y a pas de portable à l'époque – par l'intermédiaire d'un ami

1. Entretien avec les auteurs, le 25 mai 2018.

commun. «Je bosse dans un club, il faut que tu viennes, qu'on se voie», s'enthousiasme Jean-Roch qui l'invite à dîner. Johnny décline. Il a un «rencard avec une fille» mais il le rejoindra après, dans la soirée. Jean-Roch, qui sait André Boudou fan du rocker, demande à Johnny s'il peut lui présenter quelques Français, dont son boss. «Aucun problème», répond Johnny qui rappelle deux heures plus tard : «Finalement, on va dîner. Je me suis embrouillé avec la fille, elle me fait chier, je suis au Fontainebleau, viens me chercher!» Johnny veut manger des sushis.

Jean-Roch annonce la bonne nouvelle à André Boudou. «Oh putain, Jauni, Jauni, on dîne avec Jauni.» Rien ne pouvait rendre plus heureux André Boudou qui a cette façon très méridionale de prononcer le nom de son idole, de huit ans son aîné.

Dédou propose à sa fille de l'accompagner. Mais Laeticia refuse sèchement. Se retrouver face à un homme de la même génération que son père ne l'enchante guère. Le ton monte entre le père et la fille dont la cohabitation se révèle parfois houleuse. «Tu sais quoi, tu vas retourner chez ta mère. Tu m'emmerdes!» gronde André. Tant pis pour Laeticia.

Parfumé, élégant, Dédou accompagné d'Adine prend une magnifique Bentley pour se rendre à ce rendez-vous. Il enclenche sa marche arrière quand une main frappe à la vitre. «Papa, pardon, pardon!» Laeticia a changé d'avis. Elle s'engouffre dans le véhicule, les cheveux mouillés, en jean et sans maquillage.

L'équipe se dirige vers l'hôtel Le Fontainebleau. En arrivant, ils aperçoivent Johnny assis sur les marches de l'entrée, au milieu des voituriers, énervé du retard pris par Jean-Roch. Il a son visage des mauvais jours, l'œil noir, ce dos voûté que ses proches connaissent bien et qui n'augure rien de bon. Mais le chanteur écarquille les yeux à la vue de cet homme endimanché, d'un certain âge, escorté par deux jeunes femmes. «Il a pensé que Jean-Roch lui avait organisé une soirée avec des filles faciles[1] », sourit André Boudou.

À côté de Johnny se tient, impassible, Joël Devouges, son homme de confiance, décédé en mars 2006. Le convoi se dirige vers le Tony's Sushi Bar, sur Washington Avenue, premier restaurant de sushis sur Miami Beach. Parfait pour Johnny qui adore la cuisine japonaise. Le chanteur s'arrête devant une boutique. Il y achète deux vestes Levi's vintage. Bizarrement, ses deux cartes bleues ne fonctionnent pas. Devouge paie la note. Le convoi arrive enfin à destination.

Tony's Sushi n'a rien d'un palace. Juste « un restau chinois un peu amélioré », disent les habitués. On y déguste du poisson en contemplant le ballet des combattants qui peuplent ces grands aquariums. Dans la salle, le kitsch le dispute à l'exotisme. Sur les murs, des tableaux représentent des rizières tandis qu'une musique suraiguë en fond sonore joue des airs populaires japonais.

Dans ce modeste établissement, le temps s'est figé. L'assistance semble avoir disparu d'un claquement de doigts. Il ne reste plus qu'un homme de 51 ans soudainement rajeuni, le regard éclairé par une gamine de 20 ans, intimidée, baissant les yeux de peur de trop rougir. Sur le 1208 Washington Avenue, on joue *Coup de foudre à Tony's Sushi*. Dans ce décor surréaliste, ces deux-là sont tombés amoureux comme dans un roman de Barbara Cartland.

Le dîner s'achève gaiement. André Boudou règle l'addition. Lui et Jean-Roch doivent rejoindre l'Amnesia pour aller travailler. Johnny n'est plus le même et, l'humeur légère, souhaite se rendre dans l'établissement de Dédou. Il hèle un taxi pour une soirée de folie.

À l'Amnesia, le personnel installe Johnny et Laeticia dans le carré VIP en bord de piste. Joël Devouges s'est assis à côté. La star l'ignore superbement, tout à son nouveau centre d'intérêt. André Boudou leur apporte une bouteille

1. Entretien avec les auteurs, le 13 juillet 2018.

de vodka : «C'est la maison qui offre.» L'alcool délie les langues et transporte les sentiments d'un cœur à l'autre.

Oubliée la réserve du dîner, Johnny et Laeticia se dévorent des yeux. «On a parlé toute la nuit, expliquera Johnny[1]. Malgré notre différence d'âge, il y avait comme un lien entre nos vies. Notre façon de nous battre contre nos démons. Laeticia était maigre, elle ne s'aimait pas. Elle m'a raconté son combat contre l'anorexie.»

À un employé qui fait remarquer à André Boudou qu'entre sa fille et l'ex-idole des jeunes «le courant passe très bien», le patron de la boîte fronce les sourcils : «Même pas en rêve, elle est trop jeune, Johnny c'est pas du tout son truc!» Et pourtant, quand l'Amnesia ferme ses portes, Laeticia, chaperonnée par Adine, suit le chanteur pour un after.

Ils se rendent dans deux autres boîtes ce soir-là : le Bash et le Groove Jet, histoire de prolonger cette nuit unique. Vers 7 heures du matin, alors que les éboueurs ont entamé leur tournée, que les premiers travailleurs, encore à moitié endormis, cheminent vers leur lieu de travail, un couple, adossé contre une voiture, s'embrasse pour la première fois. La légende Laeticia et Johnny est née.

André Boudou a peu apprécié le retour matinal de sa compagne et de sa fille au domicile familial. Le lendemain, le chanteur qui a volé un baiser à sa fille l'appelle : «Allô, c'est Johnny... Johnny Hallyday. Excuse-moi, c'est de ma faute pour la soirée.» La conversation se détend. Et le futur gendre lui annonce qu'il veut acquérir une maison à Miami. «Pourquoi pas?» répond son interlocuteur. Laeticia et Johnny visitent quelques maisons, ou plutôt font semblant. Ce dernier s'intéresse davantage à la fille d'André Boudou qu'aux fabuleuses villas qu'il lui présente.

«Le lendemain, j'ai décalé mon retour et je lui ai fait croire que je voulais acheter une maison en Floride pour

1. Amanda Sthers, avec Johnny Hallyday, *Dans mes yeux*, *op. cit.*

traîner, dira Johnny des années plus tard. Elle m'a accompagné aux visites fictives. Je me voyais bien choisir une chambre, un salon, une cuisine, tout un monde avec elle. On "jouait" déjà à être un couple, c'était comme une répétition de la vie qui nous attendait. Je voyais à ses yeux qu'elle l'avait compris aussi[1]. »

Voilà pour la version romantique. La version un peu plus crue est racontée par un ami de Johnny. David, à l'époque marié avec Estelle et jeune papa, est venu rendre visite à son père, avec ses filles Ilona et Emma. Tous s'apprêtent à partir en balade en bateau jusqu'à Fort Lauderdale lorsque Johnny confesse à son ami, à propos de sa nouvelle idylle : « Tu vois cette connasse ? Je vais l'épouser. »

« Il venait d'acheter un bateau à André Boudou, deux jours à peine après avoir rencontré sa fille, se souvient cet ami. Boudou était charmant, Laeticia très mignonne, j'ai demandé à Johnny : "Mais pourquoi tu dis que tu vas l'épouser ? Qui te force à l'épouser ?" Il m'a répondu : "Elle est gentille, tu sais je n'aime pas être seul, elle est jeune, sympa, c'est bon pour moi." À aucun moment, il ne m'a parlé d'amour. Je lui ai dit que c'était minable et tout ce qu'il m'a répondu, c'est : "Ben tu sais, ma vie, elle est minable." L'ami poursuit : "J'ai quand même insisté, je lui ai demandé : mais alors, tu es très amoureux !" Il m'a répondu : "Oui, comme d'hab, tu me connais." »

Réaction d'orgueil ? Relents de machisme ordinaire ? Quels sentiments agitent ce grand pudique ? En tout cas, quand sonne l'heure du départ pour Johnny, les adieux avec Laeticia sont déchirants.

À l'aéroport de Roissy, Philippe Belloni, son garde du corps et chauffeur, accueille un homme léger comme le vent, sourire béat. « Il était comme un gamin. Il avait

1. Amanda Sthers, avec Johnny Hallyday, *Dans mes yeux*, *op. cit.*

rencontré cette fille. Il en parlait tout le temps. Il m'a dit : "Elle a les mêmes cheveux que Betty Boop[1]". »

Sitôt ses valises posées dans son appartement de la villa Molitor, dans le 16e arrondissement, le chanteur prévient ses amis qu'il est « raide dingue d'une gonzesse ». « Quand il est revenu de Miami, évoque le publicitaire Cyril Laffitau, un de ses proches à l'époque et initiateur de la pub « Legal, le goût », il m'a dit : "J'ai rencontré une fille incroyable, elle ne veut pas que je lui paye son billet d'avion pour venir me rejoindre à Paris[2]". » « C'est vrai, il disait cela, se rappelle Jean-Claude Camus. Quand j'ai vu débarquer cette petite, je n'ai pas vraiment cru que ça allait devenir une longue histoire. »

Dans son bureau minuscule de la villa Molitor – 10 mètres carrés à peine –, Johnny a installé un fax. Il raffole de ce tout nouveau moyen de transmission. « Son grand jeu de l'époque, relate Cyril Laffitau, c'était d'envoyer des fax à tout le monde. » Laeticia l'utilise également sans compter. Le rocker passe ses nuits rivé devant cette machine à guetter les envois de sa promise. Des bureaux de l'Amnesia à Miami, Laeticia lui transmet des cœurs avec des flèches, des « Je t'aime », des « Miss you » avec des smileys, qui tombent toutes les dix minutes. Deux adolescents qui se jurent un amour pur et éternel.

Johnny s'émerveille, montre les dessins à ses amis quinquas, un brin consternés. Il les appelle au petit matin : « Devine ce qu'elle m'a encore envoyé cette nuit ? » « Elle est la femme que j'attendais », s'enflamme-t-il. Jusqu'à leur annoncer la grande nouvelle : « Elle va venir à Paris. » « Son père ne sera pas d'accord », rétorque la bande. « Je suis en train de parler avec lui », assure Johnny.

Après deux jours d'intenses négociations, André Boudou donne son accord, Laeticia part avec une toute petite valise.

1. Entretien avec les auteurs, le 25 juillet 2018.
2. Entretien avec les auteurs, le 20 avril 2018.

Son père, qui a refusé qu'elle prenne un plus gros bagage, est loin de se douter qu'elle ne reviendra pas. « Elle avait pris toutes ses affaires, raconte Mamie Rock. Son père lui a dit, tu ne pars qu'une semaine. Tu ne prends pas tout ça. Elle est partie définitivement[1]. » « Elle a eu un coup de foudre, se rappelle sa mère, Françoise Thibaut. Elle m'a annoncé qu'elle avait rencontré Johnny après son anniversaire. La différence d'âge, ça nous a fait peur. Les gens disaient : il ne va pas la garder[2]. »

La veille de son arrivée, Hallyday demande à des amis proches de Belmondo de lui organiser un déjeuner le lendemain midi avec l'acteur de *Pierrot le fou.* Ce dernier accepte avec le sourire. Ami de Johnny, « Bébel » lui avait prêté sa maison d'Antigua pour des vacances tranquilles avec Nathalie Baye au tout début de leur histoire.

Ceux qui ont vu Laeticia débarquer ce jour-là au Stresa, un restaurant italien chic du 8e arrondissement, gardent en mémoire l'image d'une fille « un peu garçon manqué », « excessivement timide ». « Laeticia surjouait, disait qu'elle ne savait pas qui était Johnny Hallyday avant de le rencontrer », sourit l'un des participants du déjeuner. Trois jours plus tard, la star emmène sa nouvelle conquête au palais Rhoul, le majestueux palace de Marrakech, édifié dans la palmeraie. Comme un cadeau de fiançailles avant l'heure. La jeune femme est éblouie par ce cadre enchanteur, par ce conte des mille et une nuits. Le retour à Paris, après cette brève parenthèse, permet à Laeticia de s'immiscer dans le quotidien de Johnny... moins glamour.

À la villa Molitor, la jeune fille du Cap-d'Agde élit domicile dans une maison sur laquelle règne depuis 1990 Jacqueline, la fidèle cuisinière. Presque une demeure de vieux garçon.

1. Entretien avec les auteurs, le 21 mai 2018.
2. Entretien avec les auteurs, le 31 mai 2018.

La maison recèle encore des souvenirs et des parfums d'Adeline, sa dernière épouse, et de toutes celles qui l'ont précédée. Laeticia se sent un peu seule dans ce «mausolée» avec tous ces fantômes d'une vie passée – telle celle dans laquelle la journaliste de *Paris Match*, Gisèle Galante, a tenté en vain de s'installer, avant que Johnny annule leur mariage prévu le 15 juin 1988.

Laeticia passe beaucoup de temps au téléphone, le seul point de friction avec Johnny. «J'ai tout de suite vu qu'elle avait du caractère, confirme Jacqueline, qui a été informée de son licenciement l'année suivante par lettre recommandée. Je l'entendais dire à Johnny : "Il ne faut pas que tu gardes ta cuisinière, elle va te faire grossir." Je sais qu'elle voulait donner ma place à sa grand-mère[1].» Soucieux de lui laisser construire leur nid, Johnny donne carte blanche à Laeticia pour renouveler la déco. «C'était comme ça à chaque nouvelle histoire, ajoute Jacqueline. Il laissait faire la femme avec qui il vivait. Il changeait de femmes et donc d'amis, de moquette, de rideaux.»

Ces premières semaines sont pour Laeticia l'occasion de rencontrer Laura, sa toute jeune belle-fille, de huit ans sa cadette. La fille de Johnny rend visite à son père tous les quinze jours. Dans la mémoire de Jacqueline subsiste ce joli souvenir : Laeticia déballant ses valises et exhibant ses tenues américaines à Laura, ébahie.

«Personne ne prenait Laeticia au sérieux, avec sa voix de petite fille, nuance Cyril Laffitau. Autant Adeline, avec son sacré caractère, pouvait faire peur, autant Laeticia ne terrorisait personne. C'était une fille pas bête, pas particulièrement effacée, qui était sympa avec tout le monde.»

Ce premier été à Saint-Tropez, Johnny lui présente la Lorada, son petit bijou de villa tropézienne édifiée dans le quartier de l'Oumède, à Ramatuelle. Sept cent dix mètres

1. Entretien avec les auteurs, le 19 juin 2018.

carrés habitables, inspirés d'une hacienda mexicaine, avec une piscine, l'une des plus grandes de la Côte d'Azur.

Laura fait partie du voyage. Tout se passe bien dans le meilleur des mondes : « On sortait en bateau avec Laura et Bernard Montiel, se rappelle Cyril Laffitau. Laeticia était topless. Laura, qui filmait, lui demandait de se mettre de dos pour qu'on ne la voie pas seins nus. Elles s'entendaient bien. C'est quand Laura est devenue une belle jeune fille que ça s'est gâté[1]. »

Ce même été, Laeticia se frotte aux fans à Saint-Tropez. Pas une promenade d'après-midi, pas une sortie nocturne sans que Johnny ne soit interpellé, salué, photographié. Dans la cité balnéaire, Laeticia prend conscience que Johnny est idolâtré, où qu'il soit.

La jeune femme a franchi avec succès l'épreuve des vacances en famille. Elle ne figure pas – ou plus – dans la catégorie des éphémères compagnes de stars, des passades sans lendemain, des filles que l'on retrouve à l'hôtel après un concert. Johnny et Laeticia, « c'est du sérieux », le chanteur en est convaincu. Il se mariera une cinquième fois.

Le 25 janvier 1996, Johnny, Laeticia et André, en croisière, font escale à Harbour Island, une minuscule île des Bahamas. Sur une plage de sable rose, Johnny contemple la jeune femme allongée juste à côté de lui. « De toute ma vie, j'ai rarement été aussi pleinement heureux. C'est aujourd'hui que j'ai pris la décision [...] d'épouser Laeticia, avoue-t-il à Gilles Lhote. Jusqu'à maintenant, j'ai vécu comme un rolling stone [...]. Réussissant ma carrière, ratant ma vie d'homme. J'ai envie de construire autre chose. Du solide, du profond. J'éprouve aussi l'envie de prendre le temps de voir grandir un nouvel enfant[2]. »

---

1. Entretien avec les auteurs, le 20 avril 2018.
2. Johnny Hallyday avec la collaboration de Gilles Lhote, *Destroy*, Michel Lafon, 2018 (nouvelle édition).

Johnny peut embraser un concert, galvaniser des milliers de spectateurs, chanter sous un déluge. Mais lorsqu'il s'agit de s'agenouiller pour demander la main d'une femme, le colosse se liquéfie. Un soir, dans la cuisine de la Lorada, pétrifié par ce défi, il envoie un messager auprès de Laeticia : «Va voir Laeticia et dis-lui que je la veux pour femme.» Le créateur de mode Jean-Claude Jitrois, qui partage un bol de soupe avec son ami, s'exécute : «C'était étrange puisque nous étions tous les trois sous le même toit[1] », relate le designer dans *Paris Match*. Dans le grand jardin, Jean-Claude Jitrois joue les Cyrano : «Veux-tu épouser Johnny[2] ?» Les yeux de Laeticia se voilent. «Oui», répond-elle dans un long sanglot. À l'intérieur de la villa, un homme fébrile a fini son bol de soupe. Il attend le verdict.

Il voulait un simple mariage sans faste ni pompe, avec quelques proches du premier cercle. Ces cinquièmes noces n'ont pas altéré ses sentiments envers sa future épouse. Bien au contraire, le caractère intime donnera plus de sincérité à leur amour et d'authenticité à la cérémonie. Mais quand le marié s'appelle Johnny et le maire Nicolas Sarkozy, toute tentative de discrétion semble une gageure.

Le 25 mars 1996, sous une foule massée derrière des barrières, Johnny Hallyday, 52 ans, et Laeticia Boudou, 21 ans, arrivent dans une Mercedes devant la mairie de Neuilly-sur-Seine. Elle a revêtu un tailleur bleu très chic, conçu par l'un de ses témoins, Jean-Claude Jitrois, arbore des anglaises, un joli bouquet de fleurs blanches à la main, et Lucas, son bichon maltais, sous son bras.

Lui, cheveux longs, veste bleue et cravate de la même couleur assortie de motifs colorés, esquisse un léger salut à la foule. Le couple accède au premier étage, à la salle des mariages. Nicolas Sarkozy accueille Johnny d'un tutoiement

1. *Paris Match*, le 6 décembre 2017.
2. *Ibid.*

amical : « Comment vas-tu ? » Les deux hommes se respectent et s'admirent mutuellement. Le député-maire de Neuilly, victime d'un trou d'air après avoir soutenu Édouard Balladur à la présidentielle de 1995, flatte son invité d'honneur : « Je suis le président du fan-club de Johnny à l'Assemblée. » Les moments de satisfaction ne sont pas si nombreux en cette période.

Moins d'une cinquantaine d'invités assistent à ce mariage civil. On y aperçoit le journaliste écrivain Philippe Labro, le coach sportif Hervé Lewis, André Boudou, bien évidemment. Mais la meilleure copine de Laeticia n'a pas été conviée ni même d'autres de ses proches. En réalité, Johnny n'a pas laissé le choix à Laeticia : il lui a imposé sa tenue de mariage et s'est chargé de composer la liste des invités.

À sa droite ses deux témoins, Jean-Claude Camus, son producteur historique, et le journaliste vedette Guillaume Durand. « Il m'avait demandé d'être son témoin, sourit le second, alors que nous déjeunions chez Diep, un restaurant asiatique dans le 8e arrondissement. Il m'avait fait manger un nem hyper-épicé. Et en sortant devant le restaurant, il m'avait demandé si je voulais être son témoin. J'ai été surpris et très touché[1]. »

À côté de la jeune future épouse, intimidée et rosissant de bonheur, se tiennent ses deux témoins : sa mère Françoise, dans un ensemble bleu lagon très élégant qu'on dirait assorti au tailleur de sa fille, et Jean-Claude Jitrois, tout de noir vêtu.

« Madame Laeticia Marie Christine Boudou consentez-vous à épouser M. Jean Philippe Smet », demande avec gourmandise Nicolas Sarkozy.

Un « oui » presque inaudible s'extirpe de cette gorge nouée. « C'est un petit oui mais c'est suffisant », s'amuse Nicolas Sarkozy, provoquant les rires dans l'assistance.

1. Entretien avec les auteurs, le 5 juin 2018.

Après un chaste baiser des mariés, de longues étreintes entre Laeticia et son père, quelques larmes de bonheur s'échappent : «Quand il a déclaré qu'il était mon mari, j'ai cru que j'allais tomber.» Tous les invités sont conviés chez le chef Paul Minchelli, au 54, boulevard de la Tour-Maubourg dans le 7e arrondissement. «Johnny est un ami. Il est venu dans tous mes restaurants à Londres, Genève et Paris, énumère le grand chef, alors, je peux le confesser maintenant : c'est moi qui ai offert ce repas, par amitié et fidélité[1].»

Autour de la table des mariés se sont assis les parents André Boudou et son ex-femme Françoise, Jean-Claude Jitrois, le futur président de la République Nicolas Sarkozy et son épouse d'alors, Cécilia Sarkozy. Des mets de choix – du filet de bar au caviar, des assortiments de poissons crus – accompagnés de grands vins passent de la cuisine au salon.

Atténuée l'émotion de la mairie, la nouvelle Mme Hallyday sourit maintenant de bon cœur. Sa gêne se mesure encore à sa façon de découper la pièce montée, d'un geste gauche. Philippe Douste-Blazy, Eddy Mitchell regardent d'un œil bienveillant cette jeune épouse tâtonner devant ces politiques, ces artistes, cet univers qu'elle n'a pas encore domestiqué.

Tous avaient-ils parié que cette femme si frêle, si ingénue puisse tenir tête à cet homme, certes attachant mais si excessif ?

Le déjeuner marital ne s'est pas éternisé. Tout le monde s'est éclipsé en milieu d'après-midi. Johnny doit monter sur scène le soir même à Cahors. Mais chacun a ressenti chez lui une forme de plénitude, un homme apaisé en apparence. «Cette fête était à son image, plus sereine. C'était un

1. Entretien avec les auteurs, le 25 juillet 2018.

homme qui avait mûri, qui souhaitait construire quelque chose », précise Guillaume Durand.

Johnny s'est-il assagi aux côtés de cette fille si naïve, si idéaliste, étrangère au cynisme et à la morgue ? Le roc a-t-il été dompté par cette fille désarmante au sourire enjôleur ?

À ses amis Johnny avait coutume de dire : « Les filles m'aiment parce que je suis Johnny. Et après elles veulent toutes me changer. » Mais ça ne change pas un homme, un homme ça vieillit.

7

« Écoute Mamour, franchement, avec mon père... »

« C'est pas possible qu'elle soit avec ce Doc Gynéco, j'ai besoin que tu prennes Laura avec toi et que tu la surveilles. » Le coup de fil de Nathalie Baye a surpris Johnny et Laeticia en toute fin d'été 1996 à la Lorada, la villa du chanteur, près de Saint-Tropez. Laura est toute petite – 13 ans à peine – et sa première histoire d'amour serait née d'une liaison avec le « Doc[1] ». La prétendue relation entre Laura, tout juste ado, et le jeune rappeur de la porte de la Chapelle, surnommé Doc Gynéco en raison de « sa passion pour le sexe féminin[2] », inquiète sérieusement Nathalie Baye. Cette dernière a même envisagé de porter plainte pour détournement de mineure mais un ami, célèbre dirigeant d'une chaîne de télé à l'époque, l'en a dissuadée, pointant du doigt la médiatisation qui résulterait d'une telle procédure.

La demande de Nathalie Baye arrive au plus mauvais moment pour Johnny. Il s'envole pour un studio de Miami et ses enregistrements ont pris du retard. Reste que le succès grandissant du rap venu des banlieues l'intrigue. Toujours à l'affût de nouveautés musicales, de sons

1. Contacté par les auteurs, le 19 juillet 2018, Doc Gynéco dément cette relation.
2. Source Wikipédia.

originaux, il réfléchit justement à une collaboration avec le Ministère A.M.E.R., groupe de hip-hop avec lequel Doc Gynéco a collaboré – il a cartonné l'année précédente (1995) avec « Sacrifices de poulets », issue de la bande originale de *La Haine*.

De retour à Paris, Johnny invite donc Doc Gynéco à dîner chez lui, à la villa Molitor. « Il m'a laissé un message : "Doc, il faut qu'on se voie", au début, j'ai cru à une blague[1] », se souvient Doc Gynéco. Le rappeur est prié d'apporter ses carnets de note et ses bandes. Le jour J, le Doc traîne sa nonchalante carcasse chez celui que tout le monde, dans le métier, appelle « le Grand ».

Au dessert, Doc Gynéco sort ses feuilles, commence à se rouler un joint. Johnny l'interrompt : « Tu joues les durs ? Je vais te montrer comment on est vraiment un dur. » Il offre au Doc de l'herbe qu'un ami vient de lui ramener d'Hawaï, un pur et méchant cru, qu'ils fument, se souvient Doc Gynéco, dans « une pipe ayant appartenu à Jimi Hendrix[2] ». Assommé par la « beuh » du rocker, le Doc finit par terre, si sonné qu'il a du mal à articuler : « Au fait, tu sais Laura... ».

« Tu vas laisser ma fille », l'interrompt Johnny plus résistant à l'herbe que son cadet de trente et un ans. Méchamment « parti », le Doc finit la soirée porté jusqu'à une voiture qui le ramène à Sarcelles.

Johnny l'invite peu après à l'accompagner à Miami, sur le *Lady Sufolk II*, un yacht qu'il envisage d'acheter. « Ce bateau était énorme, c'était un immeuble sur l'eau, se souvient le rappeur, encore impressionné. J'étais comme un enfant à côté de lui, alors il m'avait permis de venir à Miami avec un copain du quartier. » Johnny rassure Nathalie Baye : « Je m'occupe de lui. Laeticia s'occupera de Laura. » La prudente Nathalie Baye, dont Johnny dit

1. Entretien avec les auteurs, le 19 juillet 2018.
2. *Id.*

qu'elle est «extrêmement sévère» avec «toutes ses conquêtes»[1], laisse faire.

Johnny n'a pas réellement laissé le choix à Laeticia. Elle est chargée de veiller sur Laura qui s'installe chez son père pour plusieurs semaines. La voilà «consignée» à Paris pendant que Johnny fait découvrir «la vie» au jeune rappeur de Sarcelles. «Je ne connaissais rien, confesse aujourd'hui le Doc, il me faisait découvrir des lieux extra mais il ne "bougeait" pas, il ne courait pas après les filles, il était dans un trip familial. Je me souviens avoir ramené sur le bateau une meuf un peu hippie que j'avais trouvée sur le ponton. Elle était super impressionnée par la taille du bateau. Quand je suis arrivé avec elle dans le salon, Johnny m'a dit : "Oh! là là Doc!, c'est quoi ça?" Avec toutes les filles qu'il y a à Miami, tu m'as ramené une meuf comme ça? La fille parlait français, il ne le savait pas[2].»

À Paris, Laeticia emmène Laura au ciné, se balade avec elle dans la capitale. Pour la jeune belle-mère, qui a juste croisé sa belle-fille à Saint-Tropez, il ne s'agit pas d'un énorme sacrifice.

Elle pense qu'elles pourront tirer profit de ces quelques semaines et apprendre à se connaître : «Elle entretenait avec elle des rapports de grande sœur, précise un journaliste qui les a côtoyées. Laeticia avait la pression. On ne peut pas dire qu'elle ne s'est jamais occupée de Laura.»

À la fin du séjour américain de Johnny, le Doc, qui a multiplié les conquêtes féminines en Floride, coupe les ponts avec Laura. Johnny a atteint son but. Il a éloigné Doc Gynéco de sa fille et de leur prétendue relation et en a profité pour créer un lien avec un courant musical. Il ne perdra d'ailleurs jamais le contact avec le rappeur avec qui il enregistrera en 2006 puis en 2008[3].

1. Johnny Hallyday, *Destroy*, *op. cit.*
2. Entretien avec les auteurs, le 19 juillet 2018.
3. «Le temps passe», avec Stomy Bugsy, Passi et Doc Gynéco en 2006, et «La Rue», avec Doc Gynéco en 2008.

Le rocker peut maintenant se consacrer tout entier à son prochain spectacle, à Las Vegas. Un projet fou qui a exigé un an de préparation. En quête d'un second souffle, Johnny a vu grand. Le 24 novembre 1996, il doit se produire à l'hôtel Aladdin, le palace où Elvis, son idole, a épousé Priscilla Presley le 1er mai 1967.

Le producteur Norbert Aleman, figure du show-biz parisien des années 70, désormais installé à Vegas, a initié ce show où Johnny doit ajouter à ses classiques des standards de Presley, de Buddy Holly et même de Tina Turner. Sur scène : Érick Bamy, la doublure voix de Johnny, des musiciens de grand renom dont Robin Le Mesurier qui, vingt-deux ans plus tard, jouera auprès du cercueil du « grand » en l'église de la Madeleine. Johnny se prépare sérieusement. Il s'est même adjoint les services de Daniel Dos Reis, l'entraîneur de Mickey Rourke[1], avec qui il sue quatre heures par jour au gymnase-club Maillot et à Auteuil.

S'il n'a pas en charge l'organisation du spectacle « Destination Vegas », Jean-Claude Camus a acheminé des avions entiers de fans pour ce que Johnny présente comme « le plus beau pari de toute sa carrière ». On joue à guichets fermés. Les 6 000 places de l'Aladdin ont toutes été réservées un mois à l'avance. « Que je t'aime », « Hey Joe », « Tennessee » et d'autres encore, six charters aux carlingues floquées du nom des chansons de Johnny, doivent partir de Paris. Mille six cents fans vont survoler le Grand Canyon, 1 700 navigueront sur le lac Mead, 1 400 iront visiter la Californie.

En embarquant dans l'avion, ces derniers, surpris, entendent la voix de Johnny leur souhaiter la bienvenue. « L'idée est de moi. Et même si ma modestie doit en souffrir, j'en suis fière[2] », annonce Laeticia en montrant les

1. *Ciné Revue*, 22 août 1996.
2. *Télé 7 Jours*, 30 novembre 1996.

croquis du costume de scène de Johnny dessinés par Léonard[1].

Laeticia a eu aussi une autre idée. Johnny, qui a déjà subi une légère opération de chirurgie esthétique visant à relever ses paupières, s'est fait gonfler les lèvres. Dans l'entourage du rocker, nombreux sont ceux qui jurent mordicus avoir entendu Laeticia lui susurrer : «Mamour, tu devrais te faire repulper la bouche.»

Le rocker, d'ordinaire précautionneux dès qu'il s'agit de toucher à son physique et donc à son image, s'est laissé convaincre. Le résultat se révèle catastrophique. À quelques jours de monter sur scène, l'idole des jeunes a hérité d'une bouche de canard. Impossible de revenir en arrière. La seule solution consiste à se laisser pousser une légère moustache. Peut-être ses lèvres se dégonfleront-elles lors de la croisière qu'il a prévu d'offrir dans la foulée de Vegas à Laeticia? Le couple sillonnera les Caraïbes sur un somptueux bateau pendant une année sabbatique.

Alors que l'événement suscite une importante couverture presse[2], Johnny tarde à se rendre à Vegas. «Il avait prévu d'arriver sur les répétitions une semaine avant, se souvient Jean-Claude Camus, sauf qu'il avait décidé que tant qu'Universal ne lui avançait pas l'argent permettant d'acheter son yacht, il ne partirait pas de Paris. Il est donc arrivé seulement quarante-huit heures avant le spectacle. Quand il est monté sur scène à 21 heures, il n'avait pas récupéré du décalage horaire. Pour lui il était 6 heures du matin. Il a attaqué son tour de chant, celui des grands classiques américains, qui n'était pas celui que le public de Johnny attendait. J'avais prévenu en vain... Depuis la salle, j'ai vu que c'était en train de partir en vrille. Fatigué par le décalage, assez bizarrement, Johnny n'a pas eu l'instinct de

1. Le couturier lui a permis de défiler aux côtés de Laetitia Casta un mois auparavant.
2. Le concert est filmé par Gilles Amado, pour TF1.

se retourner vers son orchestre et d'ordonner de balancer ses vieux tubes. S'il avait eu ce réflexe-là, on aurait pu tout rattraper[1] ! »

Pascal Nègre, nouvellement promu directeur de Mercury, la maison de disques de Johnny, qui, dès son arrivée a reçu pour challenge de redresser la carrière du rocker, attend en vain un « Quoi ma gueule ». « Les dix-sept caméras de TF1 tournent sans relâche et sans pitié », écrit Gilles Lhote qui couvre l'événement pour *Paris Match*[2]. « Les lèvres gonflées, on dirait qu'il avait du mal à articuler. Quand il est sorti de scène, il savait qu'il s'était planté, reprend Jean-Claude Camus. Dans la salle, il y avait des gens qui dormaient, à la sortie, d'autres pleuraient. On avait réussi le voyage mais pas le spectacle[3]. »

Les fans ont également été étonnés – le mot est faible – de découvrir le chanteur Paul Anka monter sur scène en plein milieu du spectacle. « Quand le crooner immortel de "Diana" est entré à l'Aladdin, écrit Gilles Lhote, un silence de mort s'est fait dans la salle. Les fans, déjà surpris par la petite forme de leur héros, voyaient maintenant débouler un chanteur pour retraités. Même surprise de la part de Paul Anka, qui se croyait invité à chanter un duo avec Johnny[4]. »

Devant ses fans – qui ont pour certains dépensé toutes leurs économies et se sont même endettés –, devant David et Estelle venus à moto de Los Angeles, devant Sylvie Vartan et son mari Tony Scotti, Johnny a donné le concert le plus surréaliste de sa carrière. Son staff révélera après coup que Johnny, souffrant d'une angine blanche ayant dégénéré en trachéite, a reçu des piqûres de cortisone dans la gorge.

1. Entretien avec les auteurs, le 22 juin 2018.
2. Gilles Lhote, *Johnny, le rock dans le sang*, *op. cit.*
3. Entretien avec les auteurs, le 22 juin 2018.
4. Gilles Lhote, *Johnny, le rock dans le sang*, *op. cit.*

Consciente de l'ambition démesurée du spectacle et du souci de santé du rocker, la presse se montre plutôt indulgente. Mais tout le monde s'accorde sur ce point : Vegas s'est soldé par un cuisant échec. Il faut maintenant trouver le bon fusible sur lequel en rejeter la responsabilité.

Pour l'entourage, qui voit d'un mauvais œil l'influence naissante de Laeticia, l'occasion est trop belle. Paul Anka ? Ça vient d'elle ! «C'était son idée, à mon avis pas la meilleure, concède Jean-Claude Camus, mais le répertoire, ça n'était pas elle.» Les lèvres repulpées ? C'est de sa faute ! Johnny avait la bouche tellement gonflée, affirment-ils – à tort – qu'il peinait à chanter. En réalité, Johnny lui en veut, à elle et à tous les autres. Sauf qu'elle, est seule. Et que l'entourage, c'est un grand nombre de gens... De retour à Paris, l'ambiance au sein du couple s'est tendue. «Johnny reproche à Laeticia tout ce qui auparavant le faisait fondre, assure la presse people : ses manifestations publiques de tendresse, son look trop teen, ses plans cocooning[1].» Il lui a demandé aussi de ne plus le nommer «Mamour», au moins en public, un surnom qui, dit-elle en souriant, «lui est venu comme ça[2]», parce qu'elle ne parvient pas à l'appeler Johnny.

Mais Laeticia a la tête ailleurs : elle pense déjà à leur prochain voyage, à l'année en bateau qui se profile. Une fugue amoureuse sur les plus belles mers du monde.

La jeune femme ne veut plus entendre parler de la villa Molitor et de la Lorada. Elle a bien tenté d'essaimer dans la maison sa collection de peluches (leur lit conjugal ressemble à un lit d'enfant) et de petits anges, mais ces endroits sont encore habités des histoires d'amour précédentes de son mari : Linda, Karine, Léa – dans le désordre –, et le fantôme d'Adeline, toujours si présent. Johnny n'a plus qu'un

1. Entretien avec les auteurs, le 22 juin 2018.
2. *Marie-France*, février 2017.

clip à tourner aux États-Unis et ils seront partis. En mars 1997, il s'envole donc à Phoenix. Laura n'habite plus chez eux. Laeticia prépare les valises et tue le temps en promenant Lucas, le bichon maltais qu'elle a offert au rocker pour célébrer leurs sept mois de vie commune.

Mais à Phoenix, à plus de 8 000 kilomètres de la capitale, « Mamour » a trouvé une façon bien à lui de soigner son blues. Dans la capitale de l'Arizona, il est photographié main dans la main avec une certaine Vanessa. Rencontrée au gymnase-club de la porte Maillot, cette beauté brune qui a le même âge que Laeticia l'escorte pour quatre jours de rêve américain. Johnny apparaît détendu, mince, le régime imposé par Laeticia avant Vegas et ses efforts au gymnase-club ont porté leurs fruits. Il a retrouvé son poids de forme d'il y a trente ans : soixante-quinze kilos.

Cette bluette sans lendemain va se transformer en sérieux mal de tête pour Johnny. Laeticia a prévu de le rejoindre à Miami pour appareiller enfin sur leur bateau : un yacht de 43 mètres de long pour 8 mètres de large loué 700 000 euros à l'année mais que Johnny a absolument voulu acquérir. Élevé dans l'inconfort financier, le rocker a besoin de posséder tous les endroits où il vit. Initialement appelé *Lady Suffolk II*, le bateau a été rebaptisé du nom du tube des Platters, *Only You*, par Jojo. Le 10 mars 1997, alors que Laeticia monte à bord pour entamer enfin leur tour du monde, paraît le magazine people qui a acheté la série photo de Phoenix. « Sacré Jojo ! » titre *Voici*. Dès lors commence une folle course contre la montre afin que la douce Laeticia ne tombe pas sur l'hebdo.

Sur le *Only You*, Johnny s'arrange tout d'abord pour couper toutes les communications. Puis il ordonne au capitaine de lever l'ancre sitôt sa petite femme montée à bord. Un avis de tempête est annoncé avec un vent de force 8, des creux de 4, 5 mètres.

Le *Only You* n'est qu'un simple yacht, il n'est pas destiné à affronter des mers en colère. «C'est suicidaire, dit le capitaine, je refuse de prendre la mer. — C'est moi le propriétaire, tonne Johnny, on part!» Dans *Destroy*[1], l'autobiographie qu'il a coécrite avec Johnny, le journaliste Gilles Lhote décrit ce que fut l'épouvantable traversée vers Porto Rico et ses cent dix-huit heures de tempête : «Six jours et cinq nuits de baston avec des vents de force 10 et une houle de 6 à 7 mètres. Coup de tabac. Déferlantes en mer. L'horreur.» Laeticia, tout comme Johnny, a été sanglée sur son fauteuil avec des draps noués. Le bruit de la mer est si fort qu'il couvre le fracas des cadres de photos et des petits anges qu'elle avait pris soin de disposer dans les pièces. Johnny, lui, «avale des films à la chaîne». À l'arrivée à la marina San Juan de Marena, à Porto Rico, André Boudou et sa compagne Adine les attendent sur le quai. Ils les voient débarquer complètement défaits, malades.

Le père de Laeticia possède son propre bateau, un yacht de 32 mètres baptisé *Unbelievable*. Il a prévu de suivre le *Only You* pendant une partie de sa croisière, jusqu'à Puerto La Cruz au Venezuela.

André Boudou a négocié l'achat du yacht de Johhny entre 10 et 12 millions d'euros, comme il avait négocié celui du *Wild Eagle II*, le précédent – un Magnum-70 – bateau de Johnny[2]. Lui et son gendre s'entendent bien même si le rocker le trouve parfois ringard. «Il a toujours considéré les Boudou comme des ploucs, il me l'a dit», jure un ami de la première heure. Mais dans son autobiographie *Destroy* parue en 1999[3], Johnny décrit le père de Laeticia comme «un mec droit, net, sans bavures», «pratiquement né sur un bateau».

Boudou se trouve à Porto Rico, aux côtés de Johnny et Laeticia, quand cette dernière prend enfin connaissance du

1. Johnny Hallyday, *Destroy*, *op. cit.*
2. *Ibid.*
3. *Ibid.*

magazine qui étale l'infidélité de son mari en une. C'est la première tromperie notoire de Johnny – et aussi la première grosse colère de Laeticia. Une colère rentrée, froide. Laeticia ne crie jamais : elle boude, longtemps. Avant de réapparaître l'air de rien après que Johnny aura livré, derrière la porte de sa cabine, de longues et convaincantes excuses.

Commence-t-elle à comprendre la réalité des choses ? Les filles, les infidélités appartiennent à la légende de Johnny. Et la légende, pour Johnny, qui connaît la presse par cœur, relève du sacré. Cyril Laffitau, son copain publicitaire, fidèle des années avant Laeticia, se souvient ainsi d'une « fille magnifique », venue rejoindre Johnny à la Lorada, à l'occasion de la Nioulargue[1] de Saint-Tropez, et qui, trois jours durant, est restée confinée dans sa chambre. « Il trompait sans tromper, explique Cyril Laffitau. Les filles, c'était souvent pour la presse[2]. »

N'empêche. Devant ses proches et devant la France entière, la jeune Laeticia a subi un terrible affront.

Lorsqu'il sera remercié deux ans plus tard, le photographe Tony Frank, le « frangin » de Johnny, lié par « trente-six ans d'une amitié sans faille[3] », découvrira à quel point la toute jeune Mme Hallyday sait se souvenir de ces choses. Il avait participé à l'escapade à Phoenix et l'on murmure, à tort ou à raison, qu'il avait présenté la jeune Vanessa à Johnny.

De la vie de Johnny, de ses excès d'avant, son épouse connaît finalement peu de choses. Cette nouvelle traversée va l'y aider. Gilles Lhote rejoint Johnny aux escales pour recueillir ses confidences et lui soumettre les épreuves de leur livre. « Sitôt posée ma valise dans la cabine, se souvient

1. La Nioulargue est une régate qui se déroule au large de Saint-Tropez.
2. Entretien avec les auteurs, le 20 avril 2018.
3. Johnny Hallyday, *Destroy*, *op. cit.*

le journaliste, je montais sur le pont discuter avec Johnny. Mais à peine avais-je salué Laeticia qu'elle disparaissait immédiatement. Et quand elle remontait enfin, elle faisait la gueule. Un jour, j'ai compris : elle s'emparait de mes épreuves et elle allait les lire avant Johnny ! Le bouquin étant truffé de gonzesses, elle apprenait la vie de Johnny au fil de ces lectures[1] ! »

Confinée sur le yacht, vivant vingt-quatre heures sur vingt-quatre avec son mari, Laeticia doit cohabiter avec les démons du rocker et son goût pour la boisson.

Dans le huis clos de la croisière, elle, dont le père n'a jamais bu une goutte d'alcool, se confronte à un mari de nouveau prisonnier de ce fléau.

Dès 10 heures du matin parfois, il enchaîne les verres de rosé et de blanc – du muscadet, surtout du pouilly fumé Ladoucette. « Il ne dégustait pas, se souvient Cyril Laffitau, qui avait interrogé le rocker sur son rapport à l'alcool lors d'un de leurs road trip aux USA, ce qu'il aimait c'était l'ivresse. C'était l'état[2]. » « Le problème de Johnny, c'est qu'il ne buvait pas par goût mais pour l'effet[3] », confirme André Boudou.

Pas de drogue, ou alors juste un joint de temps en temps. Ceux qui l'ont bien connu soutiennent aujourd'hui que Johnny prétendait prendre de la cocaïne car cela lui conférait un statut de rocker[4]. Il faisait mine d'en consommer, affirment ces mêmes intimes. « Il y a eu de la drogue à l'époque du Johnny Circus[5] oui, mais la coke, c'était pas son truc, confirme Jean-Claude Camus. C'est un grand

---

1. Entretien avec les auteurs, le 3 mai 2018.
2. Entretien avec les auteurs, le 30 avril 2018.
3. Entretien avec les auteurs, le 15 juillet 2018.
4. L'incroyable interview accordée à son ami l'écrivain Daniel Rondeau, publiée en une du *Monde* le 7 janvier 1998, fera grand bruit. Johnny y confiait notamment : « La cocaïne, j'en ai pris longtemps en tombant de mon lit. Maintenant, c'est fini. J'en prends pour travailler, pour relancer la machine. Je n'en suis pas fier, c'est ainsi, c'est tout. »
5. Pendant l'été 1972, pour les quatre-vingt cinq dates de sa tournée d'été, Johnny inaugure un concept totalement nouveau en France, alliant tour de chant

comédien, souvent pour ne pas paraître en deçà des autres. L'image, toujours l'image[1] », confesse le producteur entre deux gorgées de café, dans son grand appartement de la porte Maillot.

Lors de cette traversée, la journée de Johnny se décline avec cette « même constance », ces mêmes repères.

Alcool le matin, sieste jusqu'à 17 heures tandis qu'il prend, vers 18 h 30 un cocktail sur le pont avec Laeticia. La fraîche épouse n'avait pas forcément envisagé ce rythme de croisière...

Vivre avec Johnny, c'est aussi apprendre à respecter ses silences. Laeticia, qui a tant de choses à découvrir de lui – entre eux, tout est allé si vite –, se heurte parfois à son mutisme. Si Johnny a besoin d'avoir constamment quelqu'un à ses côtés, ce n'est pas forcément pour échanger. « Il faut comprendre ses silences, parfois c'est pas facile », confessera plus tard Laeticia[2] quand elle évoquera ces premières années : « On pouvait rester avec lui une heure sans parler. S'il n'avait pas envie de parler, on ne parlait pas. C'est pas grave, on se comprenait très bien[3] », se remémore Patrick Balkany.

Laeticia découvre aussi la mauvaise habitude qu'il entretient avec une certaine gourmandise : s'en prendre à quelqu'un lors de grandes tablées, distiller son venin à l'égard de sa victime, s'en servir comme exutoire. « Parfois, dans des dîners, il prenait un mec en grippe, il se mettait à l'insulter, on ne savait pas pourquoi, se rappelle Patrick Balkany. Bon, c'était Johnny. Après, il regrettait[4]. »

---

et numéros de cirque. Le Johnny Circus, mobilisant plus d'une centaine de personnes et soixante-dix véhicules, sera un gouffre financier pour le rocker.

1. Entretien avec les auteurs, le 22 juin 2018.
2. Mireille Dumas, « Vie privée, vie publique », le 5 mai 2008, FR3.
3. Entretien avec les auteurs, le 26 avril 2018.
4. *Id.*

Certains de ses proches acceptent depuis toujours ce jeu. D'autres pas.

Il est arrivé que le timide Grégory, le frère de Laeticia, suscite des railleries de la star : « Alors Grégory, t'es fini à la pisse ? » Grégory ne bronchait pas. Johnny testait, jouait sans cesse avec les limites. Quitte à blesser. En réalité, il respectait le frère de Laeticia, dont il admirait la capacité de travail.

Un soir, dans un restaurant, André Boudou fait à son tour les frais du petit jeu. « De toute façon, André, lance Johnny devant les cinq personnes qui partagent sa table, ne te fais aucune illusion. Toi, tu es mon con, tu es mon gros con. » André Boudou fulmine. À ses côtés, Laeticia proteste timidement : « Mamour ! — Oh toi, ta gueule ! » lui rétorque Johnny devant tout le monde.

C'en est trop pour le fier André Boudou qui se lève de table et regagne, très énervé, son bateau. Laeticia et Johnny rejoignent le leur quelques minutes plus tard. Contrariée, Laeticia descend s'enfermer dans sa cabine tandis que le rocker s'enquille des rhums banane sur le pont. Présentes sur le bateau, une petite dizaine de personnes dont le capitaine et son premier maître, les deux hôtesses ainsi que les deux hommes de pont assistent à cette nuit d'ivresse. Alors que Johnny enquille un énième cocktail, Laeticia prend son courage à deux mains et vient se planter devant lui : « Écoute Mamour, franchement, avec mon père, tu as été un peu... » Laeticia n'a pas le temps de finir sa phrase que Johnny l'a déjà soulevée et jetée à l'eau ! Deux amis de la star, présents sur le yacht, interviennent. « Johnny, c'est pas possible, arrête tes conneries », crie l'un d'entre eux.

« Le capitaine l'a remontée, témoigne une des personnes présentes. Elle est allée se réchauffer de longues minutes sous la douche pendant que Johnny partait se coucher. »

Le lendemain, encore sous le coup de la scène de la veille, l'équipage prend le petit déjeuner sur le pont lorsqu'une voiture s'arrête bruyamment devant le *Only You*. André Boudou en descend dans une agitation inhabituelle. Sa fille lui a déjà tout raconté. L'homme a le visage écarlate, et cela n'a rien à voir avec le soleil généreux qui cogne déjà si fort sur le quai. « Comme un petit taureau très fâché », Boudou grimpe sur le bateau et demande : « Il est où Jauni ? — Il est en bas, il dort », répond l'équipage un peu inquiet car il connaît la force physique du père de Laeticia et son goût pour la bagarre.

« Il sait pas à qui il parle, s'énerve André Boudou. Faire ça à ma fille, il me connaît pas, j'ai des amis corses, je vais lui mettre un coup de pouchka. » André Boudou a cette façon très punchy de dire « pouuuuchka » qui laisse craindre le pire. Jusqu'à ce qu'un raclement de gorge surgisse de l'escalier.

Johnny apparaît alors, à moitié réveillé, enveloppé dans un peignoir turquoise, orné de chevaux de rodéo cabrés : « Oh mon Jauni, comment ça va ? » Devant l'équipage stupéfait, André Boudou lui tombe dans les bras. « C'est toute l'histoire de leur relation, témoigne un proche du chanteur. Parce que, quoi qu'on en dise, avec Johnny, André n'a jamais pris l'ascendant sur quoi que ce soit. »

Au matin de cet épisode volcanique, Johnny regrettera profondément son geste sur Letti. Interrogé sur cette scène[1], André Boudou affirme d'abord ne pas s'en souvenir avant de concéder qu'elle a pu être jetée à l'eau... Ce matin-là, Johnny expérimente sur Laeticia un discours qu'il va répéter de nombreuses années. Il est assailli par « des démons ». Ces peurs qui remontent de son enfance, ces angoisses qui le hantent surtout la nuit, cette agressivité qui le pousse à en vouloir à la Terre entière. Ce côté obscur, il n'en tire aucune fierté, loin de là. Mais il fait partie de lui. L'aimer c'est l'accepter.

Pour se décrire, Johnny use souvent de cette expression : « prince du tumulte », empruntée à un journaliste de *France-Soir* relatant les émeutes qui suivirent, le 22 juin 1963, le

1. Entretien avec les auteurs, le 15 juillet 2018.

concert de la Nation organisé pour le premier anniversaire de l'émission d'Europe 1 «Salut les copains»[1]. Ces «démons», Laeticia répète à l'envi qu'elle les a identifiés, qu'elle sait les combattre. Qu'elle-même, malgré ses 20 ans, a déjà dompté les siens. À ses interlocuteurs, elle les énumère sans fausse pudeur : l'anorexie qui la rongea après la dépression de son père, son «envie de disparaître»[2].

Ce matin-là, après avoir été jetée à l'eau la veille, ce simple terme de «démon» la convainc de rester, de lui donner la force d'affronter les regards peinés, gênés de l'équipage qui l'a remontée à bord, toute tremblante et tétanisée. Car, bien sûr, Laeticia aurait pu s'enfuir, se réfugier dans la luxueuse résidence de son père à Fisher Island, ce père qui ne peut rien lui refuser. Elle aurait jugé que cette offense ne pouvait être balayée d'un simple pardon. Et la relation se serait achevée sur ce ponton.

Mais la jeune femme est entêtée, elle connaît si peu de chose de l'amour. Johnny est sa première histoire, son premier homme. De son éducation, elle conserve une vision traditionnelle du couple. Laeticia a toujours envisagé sa vie autour d'un homme pour le meilleur et pour le pire. Et cet homme s'appelle Johnny. Cette star acclamée par des millions de fans, ce mari qui l'emmène dans des endroits magiques, cet homme qui bluffe tant son père et finalement qui lui ressemble tellement. «C'est vrai, j'ai épousé mon père, expliquera-t-elle plus tard au magazine *Elle*. Mais c'est mon mari qui m'a sauvée[3].» «Elle était un peu en conflit avec ma compagne Adine, qui avait le même âge qu'elle, se souvient André Boudou. Ça la gênait un peu. C'est un peu en ce sens qu'elle dit que Johnny l'a sauvée, je pense. Elle a cessé d'être jalouse de ma compagne quand

1. Gilles Lhote, *Johnny, le rock dans le sang*, *op. cit.*
2. Entretien dans *Elle*, le 11 décembre 2009.
3. *Elle*, 11 décembre 2009.

elle a rencontré son amour. Elle avait trouvé un autre père. Ou un autre amour[1]. »

Sur le *Only You*, au-delà de ses frasques, elle a mis au jour une nouvelle facette du vrai Johnny. Un Johnny qui cloisonne. Qui voit des amis sans le lui dire – non pas qu'il veuille forcément lui cacher des choses mais il a besoin de garder un jardin secret, d'entretenir des amitiés étanches les unes des autres, de côtoyer divers mondes, diverses personnalités qui parfois se détestent. D'une intelligence aiguisée, doté d'un solide instinct, Johnny agite ses réseaux, entretient ses « indics », y compris ceux qu'il charge à Paris de « surveiller » Laura dont la fragilité l'inquiète. « Je le voyais souvent tout seul, se souvient ce célèbre journaliste, Laeticia n'était pas au courant. Toute sa vie, il s'est échappé pour déjeuner avec moi. Parfois, lorsqu'on se retrouvait tous les trois avec Laeticia, il se coupait, me disait "on a bien rigolé tous les deux la dernière fois". À la tête de Laeticia, je voyais bien qu'il ne lui avait pas dit qu'on avait déjeuné ensemble. »

Cette année à naviguer devait se résumer, disait Laeticia[2], à « un an tout seuls en bateau. Cuba, les Caraïbes d'île en île, les Grenadines, les côtes du Venezuela et Hawaï. Une année entière de lune de miel ». Las ! Avec ses 600 mètres carrés sur trois niveaux, le *Only You* peut accueillir de nombreux invités. Qui se privent d'autant moins de venir que, le téléphone étant banni, le seul moyen de joindre l'idole est d'envoyer un fax ou de lui rendre visite ! Arrive aux escales la bande de Johnny, qui navigue entre Saint-Trop et Saint-Barth : l'acteur Yves Rénier et son épouse Karine, la comédienne Mathilde Seigner, l'animateur Stéphane Collaro et sa bande, les Balkany. Tous largement plus âgés qu'elle. « Quand j'ai rencontré Laeticia, elle avait l'âge d'être ma fille, se souvient Isabelle Balkany,

1. Entretien avec les auteurs, le 15 juillet 2018.
2. *Paris Match*, 24 octobre 1996.

Johnny était dans son trip navigateur solitaire. C'était la bande à Carlos, Collaro, Angeli, Rénier, les vacances à Saint-Trop ou à Saint-Barth. On a vieilli ensemble, j'ai appris à vivre au quotidien avec lui. C'était pas facile, comme avec tous ces hommes qui ont des excès d'adorabilité et d'épouvantabilité. Et Laeticia était très patiente[1].»

Des «proches» que Laeticia n'a jamais vus s'invitent au voyage. Parce qu'il faut gérer les affaires, préparer le Grand Stade de France en septembre 1998, organiser une fête à Cuba pour les 54 ans de Johnny, parce qu'il y a toujours une urgence à gérer, producteurs, amis, hommes d'affaires se succèdent sur le yacht.

Sur l'île d'Aruba, surnommée la petite Las Vegas des Caraïbes, ils retrouvent Norbert Aleman : le producteur français y possède un casino. En Guadeloupe, ils rendent visite à Carlos, le copain de toujours. Pascal Obispo les rejoint. Il travaille sur l'album *Ce que je sais* qui sortira en 1998. Johnny s'amuse avec ce jeune auteur-compositeur qui monte. «Je me souviens d'un dîner, se rappelle avec délectation un intime, où il a passé son temps à faire croire à Obispo que Florent Pagny disait du mal de lui.» «C'était le roi des manipulateurs, confirme Gilles Lhote. Diviser pour mieux régner, c'était son vrai métier. Johnny était beaucoup plus secret, beaucoup plus intelligent, machiavélique qu'on croit[2].»

Laeticia le regarde manœuvrer entre les courtisans, semer la zizanie, assumer cet aspect de sa personnalité un brin affabulateur. «C'est mon petit défaut, avouait-il sur Canal Plus, je suis un peu fouteur de merde. D'abord, si on est totalement normal, on ne fait pas le métier que je fais. Mais je ne mens jamais sur des choses graves ou des choses sérieuses. Je suis plutôt droit, dans ce sens-là[3].»

1. Entretien avec les auteurs, le 26 avril 2018.
2. Entretien avec les auteurs, le 3 mai 2018.
3. Cité dans Eddy Przybylski, *Hallyday, les derniers secrets*, Les Éditions de l'Arbre, 2010.

À Cuba, le couple Hallyday passe le jour de l'an avec l'homme d'affaires Gérard Bourgoin. L'ancien président de l'AJ Auxerre a investi avec Gérard Depardieu dans la prospection pétrolière – les photos parues dans *Gala* les montrent hilares aux côtés d'André Boudou devant un puits de pétrole[1].

Des liens assez forts commencent à se tisser entre Johnny et le père de Laeticia. La star loue volontiers le côté self-made-man et baroudeur – il revendique vingt-six rallyes africains – de son beau-père. Lentement mais sûrement, André Boudou commence à affirmer son influence auprès de son gendre. Il a tout particulièrement dans sa ligne de mire l'homme d'affaires Joël Devouges, d'abord président du fan-club de Johnny puis son comptable depuis 1982. Impuissant face à la folie dépensière de Johnny qui lui attire tant de problèmes avec le fisc, Devouges se révèle taillable et corvéable à merci. Une maladresse de sa part au tout début de la croisière, en 1997, va signer son arrêt de mort.

« Laura, la fille de Johnny et de Nathalie Baye, nous a rejoints pour les vacances de Pâques. Elle est sublime et Johnny, très ému, l'appelle "sa petite femme". » Dans son journal de bord, qui paraît dans *Télé 7 Jours*, Laeticia se réjouit de l'arrivée de la fille du chanteur. Laura débarque chez son père à Saint-Barth pour les vacances scolaires, escortée par Joël Devouges et Alain Donnat, « chauffeur-secrétaire-garde du corps » du chanteur, qui fut longtemps son attaché de presse. À leur arrivée, Boudou apprend que la jeune fille a voyagé en classe éco « dans la bétaillère » tandis que les deux hommes se sont réservés des places en classe affaires. « Imaginez le boulevard qu'avait André Boudou[2] », soupire Gilles Lhote. « En réalité, Nathalie Baye, qui ne voulait pas élever sa fille comme une gosse de riche, tenait à ce qu'elle voyage en éco, rectifie un ami de

1. *Gala*, 28 mai 1998.
2. Entretien avec les auteurs, le 3 mai 2018.

Joël Devouges sous couvert d'anonymat. Et les vols étaient complets. Les seules places encore disponibles étaient des places en classe affaires. Devouges et Donnat n'ont eu d'autre choix que de les acheter. Mais Johnny n'a rien voulu entendre. » *Exit* Devouges, l'homme qui a dédié sa vie au chanteur.

Dans l'entourage de Johnny, le limogeage est perçu comme une terrible injustice. Et une première victoire de Laeticia et de sa famille.

Laquelle s'en soucie peu pour l'heure. Elle l'a annoncé avant de s'engager dans de nombreuses interviews qu'elle a accordées aux côtés de Johnny : ils vont profiter de cette croisière pour faire un bébé. Ils ont même déjà choisi son prénom. « Nous l'appellerons Shane », déclare Johnny à *Paris Match*[1].

En ces premiers mois de 1997, sur le *Only You*, à l'heure de la sieste qui suit la douzième margarita, la docile Laeticia bouquine dans sa chambre au milieu des peluches. Trie les photos qui illustreront le livre de recettes des tropiques qu'elle compte bien publier à son retour. Johnny a insisté pour qu'elle l'écrive. Le livre s'appellera « Mes îles, mes rêves ». Le rocker a « envoûté » Laeticia. « Johnny est un mec qui met les gens sous emprise, explique Gilles Lhote. Au bout d'une demi-heure avec Johnny, tu étais sous le charme. C'était un mec foncièrement bon, vraiment généreux, qui possédait quelque chose d'unique. Il avait débuté sa carrière à 3 ans, il venait d'une famille de musiciens. Qu'est-ce que tu veux faire avec un lascar comme ça qui a toujours été courtisé par tout le monde, à qui on n'a jamais dit non[2] ? »

Elle en est là, entre ce couple qu'elle essaie de construire et ce père envahissant auquel elle voue une véritable adoration. « Laeticia, c'est la famille et, dans sa tête – ce n'est pas

1. Cité dans *Télé Loisirs*, 25 décembre 1995.
2. Entretien avec les auteurs, le 3 mai 2018.

péjoratif –, elle pensait que c'était une famille où tout le monde pouvait être uni, or dans les familles recomposées, c'est souvent trop compliqué», se souvient Jean-Claude Camus, qui a effectué quelques allers-retours sur le *Only You*[1].

Rien ne l'arrêtera pour réussir son histoire d'amour. Même surjouer de sa petite voix le rôle de la ravissante idiote. «Elle était gaie, virevoltante, souriante, se remémore Doc Gynéco. Il lui faisait des blagues tout le temps. Elle était d'une naïveté énorme et il jouait à fond là-dessus[2].» Dans les rédactions parisiennes, on a longtemps ri du coup qu'avait fomenté Johnny pour les piéger, elle et son père, durant une mini-croisière entre Saint-Martin et Saint-Barth, peu avant leur mariage début 1996.

Laeticia et son père doivent rejoindre Johnny à Saint-Barth. Ils sont à bord d'un bateau sur lequel ils ont invité l'un des meilleurs amis de Laeticia. De Saint-Barth, Johnny, très joueur, décide de «les faire marcher». Il téléphone à Laeticia et l'attaque d'emblée : «Alors, tu te la donnes bien avec ton meilleur ami ? — Mais enfin Mamour, je t'assure, je n'ai rien fait.» André Boudou prend le combiné des mains de sa fille : «Johnny, déconne pas, je t'assure qu'il ne s'est rien passé, elle n'a rien fait.» À l'autre bout du fil, devant ses amis pliés de rire, Johnny en rajoute, vocifère. L'affaire est vite oubliée. Jusqu'au jour où Laeticia et son père récupèrent Johnny à l'aéroport de Saint-Barth et l'amènent sur le bateau. «À peine arrivé, se rappelle un témoin, André Boudou s'est rué sur lui : "Jauni, je lui ai donné une correction, je l'ai puni. Regarde." Et là, on a vu sortir un pauvre mec hagard, qui n'avait rien mangé ni bu depuis trois jours. André Boudou l'avait enfermé à fond de cale, comme au siècle dernier. Johnny avait déjà oublié

1. Entretien avec les auteurs, le 22 juin 2018.
2. Entretien avec les auteurs, le 19 juillet 2018.

l'histoire. Il a hurlé sur Boudou : "Mais tu es malade, c'était une plaisanterie"...»

Les colères de Johnny ne durent jamais longtemps. Aux escales, celui-ci couvre Laeticia de cadeaux qu'il achète dans les boutiques de luxe installées sur les marinas. D'abord et avant tout parce qu'il est généreux. Ensuite parce qu'il exige qu'elle soit sa digne représentante, sa meilleure ambassadrice. En qualité de Mme Hallyday, Laeticia doit porter «de la marque». Le comédien Yves Rénier rapporte que Johnny a menacé d'écraser par terre la montre que portait Laeticia, au simple motif qu'il s'agissait d'une Swatch[1]. Johnny n'a jamais été aussi fier que lorsque Laeticia fit la une du magazine *Photo*, «Spécial Nouvelles séductrices» en mars 1996. Sa première séance photo de charme en noir et blanc shootée par Hervé Lewis. Où il était écrit avec emphase – et une pointe d'exagération – que «les photographes américains étaient fous de son look de femme enfant à la Shirley Temple»[2].

En interview, le rocker multiplie les déclarations énamourées : «Cette nouvelle vie plus équilibrée, dit-il [3], je la mène parce que j'ai enfin trouvé quelqu'un d'honnête et de simple qui déteste l'illusion et les artifices du show-biz. [...] Laeticia m'a aidé à changer, à ne plus brûler ma vie par les deux bouts. Je l'aime au quotidien depuis quinze mois. Croyez-le ou non, c'est la première fois que je n'ai pas envie de tromper une femme[4].»

Lorsque la croisière s'achève, les liens entre eux se sont resserrés. Ils se sont reniflés puis «domestiqués». Elle sait désormais distinguer les courtisans et les pique-assiettes des vrais fidèles. Elle a observé comment Johnny lâche délibérément des infos vers cette presse people qui l'aide à entretenir sa légende. Un savant mélange de non-dits, de

---

1. Cité dans «Héritage de Johnny, la guerre des clans», C8, 21 mars 2018.
2. *Photo* n° 3, 28 mars 1996.
3. *Ciné Télé Revue*, 22 août 1996.
4. *Ciné Télé Revue*, 2 août 1996.

fake news distillées pour identifier les balances, d'aventures souvent exagérées...

1996, 1997, 1998, pendant ces premières années de leur vie à deux, Laeticia n'a rien manqué de la lutte des différents clans pour approcher de son mari. Elle a intégré la manière dont Johnny cloisonne ses bandes : il y a celle des intellos, des journalistes écrivains, Daniel Rondeau, Guillaume Durand, Philippe Labro, qui lui écrivent des chansons et savent mieux que quiconque recueillir ou mettre en scène ses confessions. Celle des hommes d'influence menés par son meilleur ami Marc Francelet. Une relation particulière le lie à ce flamboyant journaliste que Johnny a rencontré alors que Francelet avait 17 ans : le jeune reporter s'était introduit en fraude dans la caserne où Johnny effectuait son service militaire, et sa photo avait été publiée en une de *France-Soir*... Francelet, également homme d'affaires, connaît la Terre entière. Dès que Johnny a besoin de sortir d'un mauvais pas, il appelle son vieux copain, qui active alors ses nombreux réseaux. Entre ces deux hommes, il n'est jamais question d'argent, juste de fidélité. Et de services rendus. Francelet peut également compter sur Johnny lorsque sa présence, dans une soirée ou dans un dîner d'affaires, peut l'aider à faire bonne impression, et en tirer quelques avantages sonnants et trébuchants.

La troisième bande regroupe des copains de fiesta que le rocker retrouve entre Paris, Saint-Barth et Gstaad. Parmi les nouveaux venus, on trouve le couple Angeli. Soucieux de connaître les secrets des paparazzis, Johnny s'est mis un jour en tête d'en approcher un : qui mieux qu'un « planqueur » pour livrer les secrets des planques ? Sur les pistes de Gstaad, il rencontre Daniel Angeli, en compagnie de Marc Francelet.

Daniel Angeli a créé l'agence photo qui porte son nom. Paparazzi respecté, l'homme a réalisé de célèbres paparazzades parmi lesquelles Gianni Agnelli sautant nu de son yacht – la photo a longtemps trôné sur le bureau du P-DG de Fiat –, ou Sarah Ferguson, alors duchesse d'York, et son conseiller financier John Bryan à Saint-Tropez. Gstaad l'hiver, Saint-Tropez l'été, entre quelques festivals de Cannes et planques mémorables, Angeli a roulé sa bosse. Il travaille notamment avec sa femme Cécile, la mère de ses deux derniers enfants. Daniel Angeli et Johnny se lient d'amitié. Tout comme Cécile Angeli et Laeticia. Pour la première fois depuis le début de sa vie avec Johnny, Laeticia a une copine du même âge qu'elle. Une précieuse alliée au moment où Laeticia, rentrée à Paris, réfléchit à la place qu'elle va désormais occuper.

8

Trouver sa place mais à quel prix

Sa combinaison Stella McCartney n'arrête pas de s'ouvrir, découvrant sa poitrine. Avec son décolleté plongeant jusqu'au nombril, cette tenue de soie beige, ornée de brillants, n'était peut-être pas le meilleur choix pour assister à une soirée de charité, celle du dîner de gala de la fondation Children of Africa. Trop sexy, trop bling-bling.

Ce 21 octobre 1999, au pavillon d'Armenonville, tout près du bois de Boulogne, Laeticia, rougissante, inaugure son nouveau look : Johnny adore. Elle a abandonné ses anglaises qui lui donnaient un physique d'une autre époque, ses cheveux sont désormais ultra-lisses et elle a cessé de dessiner de fausses taches de rousseur sur son visage.

Elle ose les talons hauts et, ce soir-là, ne dépare nullement aux côtés de la sculpturale Adriana Karembeu et de Catherine Deneuve, l'amie de longue date du chanteur qui, dans un fourreau noir Yves Saint Laurent, coanime la tombola avec lui.

Finies les vestes trop larges, les jupes sous le genou, le rocker voulait une « femme-femme ». Laeticia s'est réinventée. Au journaliste qui lui demande ce qui l'a incitée à s'habiller de la sorte, elle répond : « J'ai simplement envie que Johnny soit lui aussi fier de moi. Je sais combien il est sensible à l'élégance, au charme féminin. Qu'il n'aime pas trop mon image gamine[1]. »

Pour le garder, c'était le prix à payer. La star vieillissante rugit encore, s'offrant quelques virées entre potes qu'il prolonge jusqu'au petit matin, souvent avec Marc Francelet, ami de longue date avant que ce dernier soit écarté du paysage. Des dîners entre hommes avec cette bande qui a connu Sylvie, Nathalie, Adeline, les ex encombrantes et médiatiques.

Laeticia doit s'en accommoder même si elle voit d'un très mauvais œil ceux qui ont conservé des liens d'amitié avec ses anciennes femmes, particulièrement avec Adeline.

Au fond, elle n'a pas de raison d'être inquiète. Quelle autre jeune femme que Laeticia serait capable de cette abnégation, de cette dévotion d'un autre siècle ? Quand son mari rentre en plein milieu de la nuit, Laeticia se relève pour improviser un dîner, des « trucs de roi » qu'elle cuisine avec trois fois rien, des surgelés sortis à la hâte, achetés au Carrefour de la porte d'Auteuil où l'accompagne parfois Doc Gynéco.

Dans leur maison des Hauts-de-Seine à Marnes-la-Coquette où ils ont emménagé fin 1999, elle a fait peindre les murs en bleu et jaune, les couleurs de la Provence. C'est là, dans cette ambiance Souleiado alors très à la mode, qu'elle parfait, des heures durant, sa recette de baba au rhum, le dessert préféré de son homme.

À l'étonnement général, le couple « tient » : « L'extraterrestre de l'histoire, ce n'est pas Johnny, c'est elle, se souvient un patron de restaurant parisien qui les connaît bien. Laeticia, c'est une Martienne. Comment tenir avec un mec comme ça ? Un mec qui a de telles périodes

1. *Ciné Télé Revue*, 4 novembre 1999.

d'autodestruction, qui peut changer du tout au tout en deux minutes, en deux secondes ? »

En femme de rocker, Laeticia fait le job. Elle pose par exemple pour les magazines sur ces Harleys... qu'elle ne conduit pas. L'agence de presse Angeli réalise désormais tous les reportages. Lorsque son boss Daniel Angeli a annoncé à ses troupes que sa société allait « reprendre Johnny », la nouvelle n'a pas soulevé un grand enthousiasme. Pour les vendeurs, qui sont chargés d'aller proposer aux rédactions les images people qui passeront dans les magazines, le rocker à la cinquantaine passée est catalogué « has been ». « On va ramer ! » ont-ils prévenu. Mais après leur avoir expliqué que Jean-Claude Camus remettait des millions sur la table pour relancer la carrière de l'artiste, Angeli a imposé son choix. Ce dernier s'occupera des photos et son épouse Cécile des interviews. Comme ils le pressentaient, les vendeurs peinent à placer leurs sujets sur Johnny dans les magazines. À l'exception de *Paris Match* qui accueille toujours avec enthousiasme leurs séries.

Mais la période s'avère finalement prospère pour l'agence qui, au fil des années, va – revers de la médaille – se retrouver sous une Hallyday-dépendance.

Entre Marnes, Los Angeles et Saint-Barth, les trois axes de la planète Hallyday, les couples Angeli et Hallyday ne se quittent plus, partageant même leurs vacances. « On peut dire que nous étions des amis intimes », a confessé Johnny[1]. Daniel Angeli est né la même année que lui. Comme d'autres avant lui, comme d'autres après, il « tombe amoureux » du rocker. Il devient l'ombre de son ombre dans tous ses voyages, ses délires, ses excès.

De ses dix-sept ans de compagnonnage, Daniel Angeli a gardé des centaines d'anecdotes. Comme ce soir à Marseille en 1998, où Johnny a envie d'une soirée entre hommes

1. Amanda Sthers, avec Johnny Hallyday, *Dans mes yeux*, *op. cit.*

dans un bar. Laeticia et Cécile les suivent, à la peine, dans une autre voiture. «On va pas se laisser emmerder», a-t-il grogné. Johnny actionne le gyrophare – que Jacques Chirac, alors chef de l'État, lui a donné l'autorisation d'utiliser – et Daniel accélère, pied au plancher. Ils n'ont pas grand mal à semer leurs deux femmes.

Dans son agence de Levallois-Perret (Hauts-de-Seine), un ancien garage à deux pas de *Paris Match*, *France Dimanche* ou *Ici Paris*, Angeli a l'œil qui frise quand il raconte à ses employés ses virées avec Jojo. Comme cette autre histoire concernant le client d'un café qui a failli coller une droite au rocker jusqu'à ce qu'il s'aperçoive que son adversaire d'un jour n'était autre que Johnny Hallyday en personne, et qu'il s'agenouille devant lui !

Johnny devient pour Daniel «son meilleur ami et son frère en même temps[1]». Alors, lorsqu'il «vide ses boîtiers» et qu'il faut s'occuper des tirages photo d'une soirée où Johnny et Laeticia se sont affichés, le personnel, toutes affaires cessantes, s'y attelle. Tant pis si les photographes grognent parfois, reprochant à Daniel de négliger leur travail pour donner la priorité à tout ce qui concerne le rocker. Tant pis si les vendeurs trouvent que leurs patrons passent trop de temps avec Johnny et pas assez à l'agence. Angeli tient bon.

La vie avec Hallyday se révèle étonnante, trépidante... et éprouvante.

Ce qui vaut pour Daniel Angeli vaut aussi pour son épouse Cécile, la mère de ses deux derniers enfants. Mariée comme Laeticia à un homme bien plus âgé qu'elle[2], cette jolie brune aux yeux bleus et à la voix grave, fille de médecin rouennais, reçoit les confidences de Letti. Elle passe les messages aux rédactions, arrondit les angles, soumet le

1. *Le Figaro*, 26 décembre 2017.
2. Cécile Riboulet Angeli est née en 1969 et Laeticia en 1975.

choix des photos. Cécile éprouve parfois des difficultés quand il lui faut défendre les choix éditoriaux des magazines. Leur décision de mettre une photo en couverture, plutôt qu'une autre qui plaît davantage à Laeticia.

La femme de Daniel apprend à gérer la versatilité, la fragilité aussi de Laeticia, malmenée par ce show-biz parisien qui lui est étranger, qui se moque d'elle, de ses « mamours », de son bichon, de son père, de son allure de provinciale.

Pendant que Johnny emmène Daniel en virée dans le dernier bolide dont il est si fier, Cécile accompagne Laeticia lors de ses coûteuses virées shopping. Les comptes des Angeli frôlent souvent le rouge. Impossible de suivre le train de vie des Hallyday mais difficile aussi, lors de leurs séjours en commun, de ne rien acheter. Les escapades à Los Angeles ou les courses entre copines chez Kitson, le magasin tendance de LA, sur Robertson Boulevard procurent des sueurs froides à la jeune Mme Angeli.

Si Johnny se montre généreux avec Daniel, l'agence Angeli ne se montre pas non plus ingrate avec sa plus grande star. La comptable se souvient encore de deux caisses de cheval blanc – 1 500 euros la bouteille – offertes en cadeau d'anniversaire. Le rocker réalise-t-il tout cela ? Pas sûr. L'argent n'est pas un sujet pour lui. Tous ceux qui l'ont côtoyé louent sa générosité légendaire. Les employés d'Angeli gardent encore en mémoire les mots de Johnny, au cours d'une de ses visites à l'agence : « Mais Daniel, comment peux-tu faire autant d'argent avec des locaux aussi petits ? »

À l'agence, Laeticia y passait rarement, peut-être à cause de ce capricieux escalier conduisant à la rue. La jeune Mme Hallyday avait trébuché sur la troisième marche avant de heurter méchamment sa cheville sur un miroir. Elle maîtrisait encore mal la marche sur des talons compensés qu'elle venait tout juste d'adopter.

De toute leur « vie » commune, il existe bien sûr des anecdotes moins avouables que Daniel Angeli refuse d'évoquer :

ces soirs où il doit traîner Johnny ivre mort jusqu'à son lit, ces nuits où le rocker apeuré, poursuivi par ses démons, lui demande de dormir à ses côtés.

Marnes résonne de scènes avec Laeticia, qui peuvent survenir n'importe quand, même la nuit.

Près de vingt ans plus tard, lorsque Daniel Angeli sera interrogé sur sa disgrâce, après dix-sept ans d'amitié, il dira simplement : « Ma femme et moi commencions à devenir gênants, nous savions trop de choses. Je pense que ça ne lui [Laeticia] plaisait pas[1]. »

Pour l'heure, en tout cas officiellement, Johnny se félicite de l'équilibre familial, enfin trouvé. Patiemment, intelligemment, Laeticia commence à dessiner ce qui sera sa vraie place. Sylvie, de « Johnny et Sylvie », le couple phare des yé-yé, Nathalie Baye, l'intello qui a tant œuvré à restaurer l'image du rocker, menaient leur propre carrière. Laeticia, elle, aura... Johnny. Elle lui dédiera toute sa vie.

« Elle avait bien compris qu'il fallait s'occuper de lui, analyse Jean-Jacques Debout. Elle était sa femme, sa mère et en même temps son infirmière. Sylvie va m'en vouloir à mort mais il m'avait dit : "Tu vois, c'est la première fois qu'une femme s'occupe vraiment de moi [...]." Il me répétait : "On ne peut pas être heureux en épousant des artistes. Nathalie, quand je la cherchais, elle était déjà sur un plateau en train de tourner[2]". »

Pour l'écrivain François Garagnon, devenu l'un de ses amis, « Laeticia possède une sensibilité très empathique, doublée d'une vraie facilité d'adaptation. Quand vous discutez avec elle, elle s'introduit dans votre monde. Elle aurait épousé quelqu'un travaillant dans l'immobilier, elle se serait adaptée à ce monde de l'immobilier[3] ».

1. *France Dimanche*, juillet 2014.
2. Entretien avec les auteurs, le 22 avril 2018.
3. Entretien avec les auteurs, le 30 avril 2018.

Surtout, Laeticia offre à Johnny ce dont il a toujours rêvé mais qui ne lui a jamais été donné : une tribu, un « chez-lui ». Évoquant dans son autobiographie *Destroy* les moments noirs où, à la suite de sa rupture avec Nathalie Baye, il avait trouvé refuge chez Long Chris, Johnny l'avouera lui-même : « J'ai besoin de la chaleur d'un foyer pour exister[1]. » Au fond, il n'a jamais rien cherché d'autre. « Il a toujours été en quête d'une famille », se remémore un ami de la première heure. Desta et Lee – la cousine de Johnny, de dix-neuf ans plus âgée, avec laquelle il a grandi, et son mari auquel il a emprunté son nom de scène « Halliday » transformé en Hallyday –, « il ne les voyait pas. Ils étaient constamment en vadrouille ».

Un soir, dans un restaurant parisien où il dîne avec le journaliste Guillaume Durand et un couple, le rocker se fâche tout rouge lorsque ces mêmes amis se querellent : « Arrêtez de vous disputer, vous ne vous rendez pas compte de la chance que vous avez d'avoir construit une famille », s'énerve-t-il devant la tablée médusée.

Ce semblant d'unité familiale, la star n'a pu que l'effleurer, du temps de son mariage avec Sylvie Vartan, trop pris par ses tournées. Il appréciait tout particulièrement « Néné », la mère de Sylvie, qui s'occupait si bien de lui. « Mais chez Sylvie, il n'était pas le patron, poursuit cet ami de la première heure, c'était déjà une vraie famille. Il y avait Eddie Vartan, le frère de Sylvie. Alors qu'avec les Boudou, il règne. Avec eux, c'était la première fois qu'il a une véritable famille. »

À 50 ans passés, Johnny se comporte comme un gendre idéal doublé d'un fils prodigue. Rien ne semble trop beau lorsqu'il accueille ou lorsqu'il rend visite à sa belle-famille. « Pour exister, il pourrissait les gens de cadeaux, poursuit ce même ami. Dès le premier jour où la famille de Laeticia est arrivée, Johnny a essayé de les épater. Quand ils demandaient

1. Johnny Hallyday, *Destroy*, *op. cit.*

quelque chose, il ne pouvait pas refuser. Johnny était le cador. Il voulait se sentir entouré. Pour avoir une vraie vie de famille, il était prêt à faire n'importe quoi. C'était ça Johnny, plus content d'offrir des cadeaux que d'en recevoir. »

Henri, le grand-père paternel de Laeticia, feu l'époux de Mamie Rock[1], ne tenait pas particulièrement aux chaussures en croco signées Gérard Sené que le chanteur lui a un jour offertes. « Il l'avait emmené en Ferrari à la boutique, se souvient cette amie de Laeticia. Le grand-père s'est senti obligé de les porter mais il n'arrêtait pas de dire : "Mais qu'est-ce que j'ai mal aux pieds !" »

Outre son père, présent lors de leur rencontre, Laeticia lui amène une mère, des grands-parents, un frère, deux demi-sœurs (après leur divorce, André Boudou et Françoise Thibaut ont eu, chacun de leur côté, une fille[2]) et enfin une arrière-grand-mère qui s'installe avec eux à Marnes. « Avec moi, il a épousé un package », s'amuse-t-elle.

« Il est devenu comme cela, un chef de famille, se réjouit Patrick Balkany. Presque normal[3]. » « Il m'adorait, se rappelle Mamie Rock. Une fois, à Los Angeles, on est allé manger chez des amis de mon fils, des gens très riches. Et Jojo a dit à ces gens : "Tu vois elle, c'est ma grand-mère". »

Mamie Rock n'habite pas encore avec Johnny et Laeticia – elle les rejoindra en 2010 après la mort de son mari – lorsque David s'installe chez son père, en 2001. Il a 35 ans et vient de divorcer d'Estelle Lefébure, l'ancien top model.

Dévasté par le chagrin, il choisit de vivre à Marnes plutôt que de séjourner villa Montmorency, propriété dont son

1. Henri Boudou est décédé le 21 avril 2010, à l'âge de 81 ans.
2. Margaux, fille de Françoise, et Alcea, fille d'André Boudou et de sa femme Adline.
3. Entretien avec les auteurs, le 26 avril 2018.

père lui a donné l'usufruit. « Il n'avait pas un rond, se souvient Jean-Claude Camus, Laeticia l'a accueilli[1]. »

La cohabitation entre Laeticia et son beau-fils, de dix ans son aîné, se passe plutôt bien. Laeticia ne tarit pas d'éloges à son égard. « Plus adorable que David, plus simple et plus nature, c'est difficile[2] », a-t-elle coutume de dire, à son sujet, lui qu'elle aime « tellement fort[3] ». En revanche, Johnny et David échangent très peu. L'unique fils du rocker a beau lui avoir composé l'album *Sang pour sang* en 1999 – un immense succès[4] –, les deux hommes se croisent plus qu'autre chose – la vaste maison le permet.

Il y a beaucoup de temps à rattraper entre eux. Mais fils et père ne vivent pas à la même heure, au même rythme. À l'heure où Johnny se lève, David, élevé en Californie, le pays du culte du corps, a déjà achevé son jogging. Soucieuse de préserver David des excès paternels, Sylvie Vartan l'a en effet principalement éduqué aux États-Unis. Une enfance de riches, protégée, choyée, à mille lieues de celle qui fut la sienne et celle de Johnny.

De sa petite enfance parisienne avec son père, quelques vagues souvenirs émergent. Hallyday junior se rappelle une nuit dans l'immense appartement familial du 16e arrondissement de la capitale où Johnny l'a réveillé à 4 heures du matin pour qu'il joue de la batterie devant un homme hirsute, au phrasé nasillard : Bob Dylan.

Les mots de sa grand-mère Néné vibrent encore quand elle mettait à la porte *manu militari* les filles que Johnny emmenait dans l'appartement familial. Même si son physique laisse deviner un être solaire, David apparaît davantage comme un adulte sombre, secret, solitaire, peu enclin à la confidence. Personne ne peut contester ses quali-

1. Entretien avec les auteurs, le 22 juin 2018.
2. *Gala*, 16 mai 1996.
3. *Le Point*, 12 avril 2018.
4. Deux millions d'exemplaires vendus, il restera dans les charts quatre-vingt-dix-sept semaines et demeure jusqu'ici le plus grand succès de Johnny Hallyday.

tés artistiques. Johnny ne comprend pas ce fils qui, au restaurant, griffonne des portées sur les nappes, laissant la conversation filer sans lui. Il l'emmènerait bien à Saint-Tropez à la Lorada, faire des tours en Harley, mais David ne perçoit pas l'intérêt de ces virées à moto, à aller « squatter chaque soir des maisons de gens qu'on ne connaît pas ». Et il ne faut pas compter sur leur intérêt pour le cinéma pour les rassembler.

Le jeune Hallyday idolâtre Daniel Craig et Brad Pitt. Et les deux seuls acteurs français qu'il admire s'appellent Jean-Paul Belmondo et Alain Delon. « Son cinéma à lui, c'est *Rocco et ses frères*, pas *Massacre à la tronçonneuse* », glisse un de ses plus proches amis.

Des non-dits entre le père et le fils, des blessures intimes, il y en eut beaucoup. Pourquoi Johnny invite-t-il en boîte des gens de son âge sans même le convier ? Et quel plaisir trouve-t-il a effectuer des séances de sport avec Paul Belmondo, le fils de Jean-Paul, 38 ans à l'époque, plutôt qu'avec lui ? « Mais qu'est-ce qu'il fait avec ce mec ? » s'interroge David devant ses proches.

À l'époque, David, musicien talentueux, est encore jeune. Il a refusé de travailler avec des producteurs américains qui le considéraient meilleur acteur que son cousin Michael Vartan[1] – la fierté de la famille ! – et lui proposaient un rôle récurrent dans une série. Mais il nourrit d'autres rêves : des concerts devant dix mille personnes où le Tout-Paris s'étonne et où l'on scande son prénom. Car, en France, il reste avant tout le fils de Johnny, le mari d'Estelle. Quoi qu'il fasse, son nom est toujours associé à un autre. La stature de son père, ce monstre sacré, lui fait ombrage.

Cette année passée à Marnes ne lui laisse pas de très bons souvenirs. Il en veut à la terre entière. Son côté blond et lisse, son physique de gendre idéal, opposés à la rock' n roll

1. Michael Vartan s'est illustré dans plusieurs films et séries américaines dont la série *Alias*.

attitude de son père, le desservent. Ses amis pensent que Johnny n'a aucun intérêt à doper la carrière de son fils.

David se persuade de la même chose, parfois. « Sa maison de disques – la même que celle de son père –, s'agace un de ses amis, lui a fait enregistrer de la soupe, là où il aurait pu être le Chris Martin français[1]. » Mais tout cela, David n'en parlera jamais à son père. On ne s'épanche pas chez les Hallyday.

Et puis Johnny, abrupt, si dur parfois avec les siens, a son idée sur le mal-être de son fils. Il l'évoquera dans la biographie que lui a consacrée Amanda Sthers, en des mots « dégueulasses », selon les amis de David. Des mots que David n'a jamais digérés. « Mon fils David, expliquait-il, est un grand artiste. Il a du talent. Mais le problème de David, c'est ceux qu'il n'a pas eus. Il a été heureux. Moi, j'avais envie, j'avais faim. On ne peut pas être élevé dans le confort et avoir la rage au ventre [...]. Alors David ne sait pas vraiment quoi faire de son talent. Je pense que sa réussite n'est pas à la hauteur de ce qu'il a entre les doigts[2]. »

David demeure un an chez son père, où sa vie débridée de célibataire finit par faire désordre. Sans que les choses ne soient vraiment dites, il est « invité à partir », à passer le seuil de la porte. Les amis de David accusent Laeticia d'avoir « bâti un dossier contre lui ». Mais son départ s'est produit sans clash, sans éclat de voix.

« En cela, David est resté très californien. Il est toujours souriant, vous salue comme si vous étiez son meilleur pote. Entre lui et Laeticia pendant toutes ces années, il n'y a jamais eu de reproches, de cris. Même dans les périodes où il lui en a voulu à mort, quand il la croisait, il l'embrassait. La violence qu'on connaît aujourd'hui est consécutive à l'absence totale de heurts réels qui a existé entre eux depuis

1. Chris Martin est le chanteur du groupe Coldplay.
2. Amanda Sthers, avec Johnny Hallyday, *Dans mes yeux*, *op. cit.*

dix ans. Dans cette famille, il n'y a jamais eu de conflits apparents», commente un ami de David qui a bien connu son père. Mais l'inimitié – ou tout au moins la prise de distance – a commencé là.

Laeticia racontera plus tard avoir «beaucoup œuvré pour les rassembler[1]». Elle avait cette année-là une occasion en or de rapprocher Johnny et son fils, une opportunité de reconstituer une famille avec la jeune Laura. Mais les uns et les autres le désiraient-ils tellement? À l'époque, Laura fait figure d'une quasi-inconnue pour David. Il l'a découverte bébé à L'Étang-la-Ville (Yvelines), lorsqu'il rendait visite à Johnny et Nathalie Baye dans la belle maison au milieu de la forêt où ils s'étaient installés.

Le rocker, pantalon blanc à pinces et chemise rose, s'essayait alors à la «respectabilité», un rôle de composition. Après la séparation d'avec Nathalie Baye, David a perdu sa sœur de vue. Leurs mères n'entretiennent aucun lien d'amitié. «À l'époque, Nathalie Baye était un peu la Laeticia de Sylvie[2]», sourit André Boudou qui, s'il apprécie David, ne porte guère sa mère dans son cœur. «Laura grandissait dans un monde qui n'était pas le sien et qu'il n'aimait pas, souligne un ami du fils de Johnny. Ils ne se sont réellement découverts que lorsque David a proposé à Laura de faire un duo avec lui en 2010[3]. Elle a tout de suite dit oui, ils ont tourné un clip, se sont produits aux NRJ Music Awards. Sur la scène des NRJ, à Cannes, Laura peinait à suivre le rythme et à chanter en play-back. David l'a aidée. Leurs liens d'affection ont commencé à ce moment-là.»

Les rapports entre Laura et Laeticia, de huit ans son aînée, ne sont pas un long fleuve tranquille. «Elle n'a jamais été facile, Laura», a lâché Laeticia dans son

1. *Le Point*, 12 avril 2018.
2. Entretien avec les auteurs, le 27 avril 2018.
3. «On se fait peur» (2010 Mercury France).

interview au *Point*[1], évoquant « une adolescence très violente ». Après l'épisode Doc Gynéco, Laeticia a su maintenir le lien avec cette toute jeune fille qui ressemble tant à son mari. Laura les a retrouvés lors de ses vacances scolaires pendant leur croisière dans les îles, quittant parfois le bateau des Hallyday pour aller fumer en cachette sur celui d'André Boudou. « Laeticia faisait tout pour l'amener avec nous[2] », se souvient ce dernier, qui décrit une jeune fille attachante mais au tempérament cyclothymique, une adolescente qui confie à Mamie Rock qu'elle est sa « mamie d'adoption », se souvient-elle[3].

En cela aussi, Laura ressemble à son père. Au-delà de leur regard bleu laser, ils partagent tellement d'autres choses. « Autant David, c'est Sylvie, autant Laura, c'est Johnny, confie Gilles Lhote. Les yeux, la destroyerie. Le caractère, aussi. Mais mettre la merde, le père le faisait plus intelligemment que la fille[4]. » Un père qu'elle adule et qui le lui rend bien. Il a d'ailleurs davantage vu Laura enfant que David.

Laura s'est longtemps cherchée, jusqu'à cette année de 1993. Elle assiste à un concert de son père pour la première fois au Parc des Princes. Elle en a le vertige. Tous ces gens entonnent « Laura », la chanson composée pour elle, trois ans après sa naissance. « C'était un moment d'amour hallucinant et en même temps assez perturbant pour une petite fille », a-t-elle confié à *Madame Figaro*[5].

Ce jour-là, Laura Smet a compris qu'elle devrait partager son papa avec des millions de personnes. Pas simple. Lorsque Laeticia a débarqué dans la vie de son père, deux ans plus tard, il lui a fallu céder une autre part de son père à cette femme.

---

1. *Le Point*, 12 avril 2018.
2. Entretien avec les auteurs, le 15 juillet 2018.
3. Entretien avec les auteurs, le 31 mai 2018.
4. Entretien avec les auteurs, le 3 mai 2018.
5. *Madame Figaro*, septembre 2015.

Et l'existence de Laura, « toujours inquiète » de savoir si Johnny l'aimait vraiment, a été dévorée par cette « douleur permanente[1] ». « Une plaie ouverte », dit l'un de ceux qui la connaissent bien. Au fur et à mesure que Laeticia s'est installée dans la vie de Johnny, les relations entre les deux amours du rocker se sont tendues. Lentement mais sûrement.

L'accès à Johnny s'avère moins facile pour la fille. Comme deux gamins fautifs, Laura et son père se rencontrent secrètement lors de déjeuners, sans l'évoquer à Laeticia. Ces déjeuners s'organisent autour d'autres bandes, d'autres destins, d'autres restaurants comme la Maison du Caviar ou le Stresa.

Voit-il Laura en cachette d'une Laeticia jalouse qui n'accepterait pas ses autres enfants, son autre vie ? Les proches de Laura en sont persuadés et la jeune femme en a gardé une vraie meurtrissure. Comme Frédéric Beigbeder, qui fut un temps le compagnon de Laura, ils n'ont pas oublié ces soirées ou concerts où Johnny mentionnait sur scène le nom de ses deux filles Jade et Joy, en occultant ses deux premiers enfants.

À l'inverse de David, plus à même d'encaisser ces petites humiliations, Laura n'est jamais parvenue à s'accommoder des déclarations maladroites – et répétées – de Laeticia expliquant que, avec Jade et Joy, Johnny avait « appris à être père[2] ». Frédéric Beigbeder a ainsi raconté à BFM la fête donnée pour les dix ans de mariage de Johnny et Laeticia[3]. David était invité avec sa femme, Beigbeder était convié avec Laura. « Johnny fait un discours, une déclaration d'amour à sa femme – ce qui est tout à fait normal, ils fêtent leurs dix ans de mariage –, il dit merci Laeticia, je t'aime et tu m'as en plus donné mes deux filles. Et pas un

1. Évoquée par Amanda Sthers dans *Gala*, 6 février 2013.
2. Gilles Lhote, *Johnny interdit*, *op. cit.*
3. BFM, 11 juin 2018.

mot sur David et Laura. Moi je suis à leur table et je peux vous dire que c'est vraiment un coup de massue. C'est vraiment un moment très, très violent, très étrange. Laura voulait partir tout de suite. D'ailleurs, on n'est pas restés très longtemps après. »

L'acariâtre belle-mère contre « l'enfant d'avant » ? Jean-Claude Camus réfute cette version. Le producteur de Johnny énumère les moments tendres entre le père et la fille partagés ouvertement et sans problème en présence de Laeticia : « J'ai vu Laura dans les anniversaires. Je la revois encore après le show du Parc des Princes. On était sur l'île de la Jatte, tout le monde était parti. Il était 2 ou 3 heures du mat'. Laura était blottie contre Johnny à une table, ils discutaient tous les deux. Laeticia était là. Laura et David, Johnny les aimait, mais il les aimait, comme on peut aimer des adultes. Laura n'avait plus 8 ans[1]. »

Devenue comédienne et récompensée en 2004 par le prix Romy Schneider, Laura se perd, comme elle dit, avec « de mauvaises personnes[2] ». Un large éventail de personnages à la dérive allant du fils de famille drogué à l'apprenti acteur paumé. Excessive, incontrôlable, elle a hérité des démons de Johnny. Laura cultive cette ressemblance aussi. « Elle s'est fabriqué une similitude de caractère avec son père, note l'écrivaine Amanda Sthers. Elle a sans doute une très forte envie de lui plaire. Elle a choisi un truc rock'n roll pour qu'il l'aime. Alors que Johnny a juste envie qu'elle aille bien[3]. »

Au printemps 2007, la descente aux enfers de Laura s'accélère. Nathalie Baye a alerté Johnny. Les bruits de Paris lui sont revenus, mauvais. Johnny s'est inquiété. Il s'est arrangé pour qu'on interdise à Laura de rentrer dans certaines boîtes. Il a demandé à des photographes de nuit de

---

1. Entretien avec les auteurs, le 22 juin 2018.
2. Article dans *Madame Figaro*, 13 février 2018.
3. *Gala*, 7 février 2013.

garder un œil sur elle et a sollicité Jean-Claude Camus pour assurer sa sécurité.

Au funérarium, à Saint-Barth, l'ancien producteur de Johnny n'a d'ailleurs pas compris que Laura ne vienne pas le saluer : « Indirectement, je me suis occupé d'elle quand elle avait tous ses gros ennuis, assure-t-il. À la demande de Nathalie, il y avait un membre de sécurité jour et nuit qui surveillait son immeuble de façon à ce qu'il ne lui arrive rien[1]. »

Après sa rupture avec Frédéric Beigbeder, Laura perd encore davantage pied. Sous la pression de ses parents, qui tremblent à l'idée qu'elle échappe à la surveillance des gens missionnés pour veiller sur elle, elle est admise en psychiatrie à Sainte-Anne, à Paris. Nathalie Baye est à bout. Johnny se tient au courant quotidiennement de son état mais il déteste les hôpitaux. Pour l'heure, il ne peut se résoudre à lui rendre visite.

C'est Laeticia qui ira la voir presque chaque jour. Amenant du thé et des gâteaux, l'encourageant à manger et se fâchant tout rouge pour que, enfin, Johnny mette les pieds à Sainte-Anne. « Elle a fait pour Laura ce qu'elle aurait fait pour ses filles », assure un membre du personnel qui l'a côtoyée là-bas.

Le 30 mars 2018, lors de la première audience du procès de l'héritage Hallyday, lorsque les avocats se sont affrontés devant le TGI de Nanterre, l'avocat de Laeticia Hallyday évoquera d'ailleurs rapidement ces moments passés à l'hôpital. Avant d'être interrompu par l'avocat de Laura, Hervé Temime, scandalisé : « C'est proprement honteux d'aller sur ce terrain-là. »

Johnny connaît les démons de Laura. Laeticia aussi. Faiblesse ? Lâcheté ? Refus de se mêler de ce qu'il considère comme des « histoires de gonzesses ? » Ce père, auquel

1. Entretien avec les auteurs, le 22 juin 2018.

Laura voue un amour exclusif, laisse se distiller entre les deux femmes le lent poison de la jalousie.

Il doit cependant trancher parfois. Comme ce jeudi – jour de sortie en kiosque du magazine *Paris Match* – de juin 2003 où Laeticia s'émeut auprès de Daniel Angeli parce que l'hebdomadaire a mis une magnifique photo de Johnny et de Laura en couverture. Pourquoi Laura et pas elle ? « Parles-en à ton mari, ce n'est pas moi qui choisis les couvertures, c'est lui », se défend le photographe devant Johnny. « Qu'elle ne me casse pas les couilles, rugit Jojo, elle en a assez eu des couvs ! » Laeticia est partie bouder. Mais elle n'en a plus rien dit. Laura a-t-elle su que, cette fois, son père avait pris son parti ?

Au concert gratuit du Champ-de-Mars, le 14 juillet 2009, les photographes immortalisent une Laura collée à Laeticia, dansant au rythme des chansons de son père, la main sur la taille de sa belle-mère. Une complicité de façade. « Elle n'avait pas d'autre choix que de faire le dos rond », affirment ses amis. « Du temps où Laura et moi étions amis, ajoute un ancien proche, je passais mon temps à lui dire de se calmer. Elle était agressive, elle disait : “Laeticia, elle veut toujours être dans la lumière.” »

Lors du dernier concert des Vieilles Canailles, Johnny, dont personne ne peut pourtant contester qu'il adorait sa plus fragile enfant, a dédié ses concerts « à [sa] femme Laeticia et à [ses] filles Jade et Joy[1] ». Une nouvelle fois, il a oublié Laura.

Si sa fille avait été davantage présente à Marnes, elle aurait pris conscience que la vie n'y était pas toujours flamboyante. Loin de là. C'est une vie rangée, peinarde, ponctuée de soirées devant la télé, comme Johnny en a toujours rêvé. Il s'est « sédentarisé », s'esclaffe en regardant les jeux télé et passe même parfois commande d'un objet repéré sur le téléshopping !

1. *Paris Match*, 2 au 8 août 2018.

« Aller dîner chez lui, se souvient le publicitaire Cyril Laffitau, c'était regarder "Sacrée soirée"[1]. » La bande des Angeli, Yves Rénier, Mathilde Seigner, Luana Belmondo deviennent des habitués de Marnes. Jean Reno passe dîner aussi. Si Johnny a toujours le dernier mot, Laeticia commence à faire entendre sa petite voix et ses principes : « Lors d'un dîner au restaurant avec Johnny et Laeticia, j'ai emmené ma meilleure amie, en tout bien tout honneur, au lieu de venir avec ma femme, explique Cyril Laffitau. Johnny sortait de l'enregistrement d'une émission télé. Il m'a téléphoné le lendemain : "Tu sais, ce n'est pas bien que tu viennes dîner avec quelqu'un d'autre que ton épouse. Ça ne plaît pas à Laeticia[2]." » Mais Laeticia ne peut contrôler tous les aspects de la vie de son mari.

Elle a bien tenté de lutter contre son addiction à l'alcool – il a recommencé à boire sur le *Only You* –, mais n'y parvient pas. « Quand il buvait de l'alcool, soit il était mauvais comme une teigne, soit il devenait exubérant. Je me souviens d'un déjeuner avec Carlos, Johnny et Laeticia à l'hôtel Evergreen de Levallois, se rappelle en souriant Patrick Balkany. Johnny me dit : "Moi, je ne bois plus d'alcool, que de l'eau", et il se servait de l'eau. En même temps, il se levait tout le temps pour aller pisser. Ce jour-là, pendant ce déjeuner, il était particulièrement drôle. Laeticia le regardait comme un zombie et disait : "Mais je ne comprends pas, il ne boit pas d'alcool et il a l'air complètement bourré." Carlos a saisi tout de suite. Il est allé au bar et il est revenu s'exclamant : "Il a bu une bouteille de vodka." Chaque fois qu'il se levait pour aller aux toilettes, il demandait au bar qu'on lui file un verre de vodka ! Et nous, on croyait que c'était de l'eau[3]... »

1. Entretien avec les auteurs, le 30 avril 2018.
2. *Id.*
3. Entretien avec les auteurs, le 26 avril 2018.

La docilité de Laeticia n'empêche pas les empoignades verbales, y compris devant témoins. L'épouse tient tête à son mari quand il dépasse les bornes. « Elle n'avait pas peur de lui, et ça, c'est une grande chance pour elle, remarque ce grand restaurateur parisien, ami du couple. Oui, il a été dur au début avec elle, mais elle a su se faire respecter, créer un seuil de respect. »

Elle s'emporte aussi en examinant ses dépenses, de purs achats d'impulsion. Il suffit qu'un ami acquière une Ferrari pour que Johnny commande *illico* la même, exigeant d'être livré le lendemain. Au retour d'un voyage aux États-Unis, elle découvre en panique que Johnny y a acheté un ranch. Il lui faudra batailler avec les avocats pour faire annuler la vente.

« Il a été très généreux, se souvient Patrick Balkany. Un pote lui disait : elle est belle ta moto, il lui donnait *illico* ou il lui achetait la même[1]. » Fidèle à son habitude, le rocker vit des avances versées par sa maison de disques. Laeticia, elle-même très dépensière, n'a pas voix au chapitre quand il s'agit d'argent. Son père y mettra son nez un plus tard.

Mais la jeune femme ose explorer des territoires qui lui étaient jusqu'ici étrangers ou interdits. Elle se découvre un goût pour les relations publiques, un sillon qu'elle creuse année après année. Même ses détracteurs la trouvent plutôt douée.

« En 1998, après son succès au Stade de France, se souvient Gilles Lhote, Laeticia a commencé à prendre sa place en tant qu'épouse. Au fil des années, elle l'a conseillé sur ses tenues, s'est mise à l'orienter vers des gens de chez Jean Paul Gaultier. Même si elle n'a pas encore complètement pris son rôle de directrice artistique[2]. »

Laeticia n'a pas 30 ans mais on peut croire qu'elle a déjà résisté à tout. Aux disputes, aux infidélités, aux excès, aux

1. Entretien avec les auteurs, le 26 avril 2018.
2. Entretien avec les auteurs, le 3 mai 2018.

humiliations lancées au cours de déjeuners entre amis qui l'ont vue quitter la table en pleurant, avant d'y revenir comme si de rien n'était. Et pourtant.

Elle ne le sait pas encore mais le pire reste à venir. Une *annus horribilis* s'annonce, qui va la marquer à jamais. C'est sûrement à tout cela que pense Jean-Claude Camus quand il lâche : « Laeticia a eu beaucoup, beaucoup de courage, surtout les premières années[1]. »

1. Entretien avec les auteurs, le 22 juin 2018.

9

L'année de tous les dangers

Rien ne laissait présager un tel tremblement de terre, un événement susceptible de secouer, fragiliser puis finalement souder le couple Laeticia-Johnny. Certes, la jeune femme avait su, depuis sa rencontre avec le rocker, que sa vie n'aurait rien d'un long fleuve tranquille, mais pouvait-elle deviner qu'elle serait emportée par un tel scandale ?

En ce mois de mars 2003, tout sourit à Johnny Hallyday. Ce dernier s'apprête à présenter « sa grande tournée des stades », prévue pour juin. La billetterie fonctionne à plein. Et l'artiste promet un méga-show comme il en a le secret dans les plus grandes enceintes du pays, dont le Stade de France.

Mais un coup de tonnerre vient assombrir cet horizon bleu azur. Dans son édition du 3 mars, *Le Monde* révèle qu'une information judiciaire est ouverte à Nice, à la suite d'une plainte pour viol à l'encontre de la star. L'annonce suscite stupeur et tremblements dans le clan Hallyday. Et au-delà, bien sûr.

La plaignante s'appelle Marie-Christine Vo. Cette jolie hôtesse de 35 ans, aux cheveux châtains, au teint mat, affirme avoir été violée par le chanteur dans la nuit du 28 au 29 avril 2001 sur l'*Irina*, un yacht de luxe loué par le couple Hallyday à Cannes. Marie-Christine Vo a déposé plainte en avril 2002, un an après les faits présumés.

Le procureur qui supervise l'affaire depuis un an maintenant n'est ni connu pour sa pusillanimité envers le pouvoir, ni pour sa propension à courber l'échine devant des dossiers trop sensibles. Éric de Montgolfier a déjà travaillé sur l'affaire qui avait défrayé le monde du football, le dossier OM-VA[1]. Dans ce cadre, il s'était attaqué à l'omnipotent président du club marseillais, Bernard Tapie, en rendant coup pour coup.

Le magistrat prend très au sérieux les accusations de la plaignante. Rien de bon pour Johnny ne transpire dans ce dossier. Marie-Christine Vo a en effet brossé un récit sombre de la fameuse nuit où auraient été commis les faits, une « nuit d'enfer », selon elle.

Déjà employée l'année précédente par Hallyday, elle a rempilé : le chanteur a insisté pour qu'elle officie de nouveau à bord. Daniel Angeli l'accompagne. Laeticia, son père André et Cécile Angeli les rejoindront pour une croisière au large de Saint-Tropez.

Que va raconter la plaignante à la justice ? Elle soutient que, le soir des faits, Johnny, ivre, l'a séquestrée dans une cabine jusqu'à 5 h 30 du matin. Un scénario digne d'*Orange mécanique*. « Il s'est littéralement jeté contre moi. Il m'a projetée contre la couchette supérieure. J'ai reçu un choc au niveau de la nuque », évoque Marie-Christine Vo[2]. Selon ses allégations, malgré ses cris et ses pleurs, le personnel du bateau n'aurait pas réagi.

Le lendemain, elle reprend toutefois son service comme à la normale. Laeticia est arrivée. L'hôtesse dit l'avoir vue en pleurs, le matin du deuxième jour de la croisière. « Je l'ai entendue dire à son amie, la femme de Daniel

1. Éric de Montgolfier a supervisé cette affaire de corruption en 1993 qui a valu à Bernard Tapie, président de l'OM à l'époque, une peine de deux ans de prison dont huit mois fermes en appel pour corruption et subornation de témoin.
2. Entretien dans *VSD*, 27 mars au 2 avril 2003.

Angeli : "Il a été horrible[1]." » La plaignante dit avoir patienté près d'un an, craignant de ne pas être crue, apeurée par le bruit que susciterait cette affaire. Sur ce dernier point, elle ne s'est pas trompée.

Alerté par cette plainte et l'ouverture d'une enquête, Daniel Vaconsin, l'avocat de Johnny[2], appelle en panique Marc Francelet, l'homme qui résout tous les problèmes : «Je quitte à l'instant le bureau du procureur Montgolfier, lui dit-il en substance. Dans quinze jours, Johnny va en taule. »

Ancien journaliste, homme d'affaires, Francelet n'hésite pas une seconde : il faut prévenir Johnny mais aussi Laeticia. Les deux hommes confrontent le rocker à la version de la jeune femme : « Bien sûr que j'ai couché avec elle l'an dernier mais je ne l'ai pas violée », s'exclame Johnny. Vaconsin s'étouffe : « Tu ne redis plus jamais cela. Tu oublies ça, tu n'as jamais couché avec. »

Devant l'ampleur de l'affaire, l'entourage du chanteur est tenté un instant de négocier. 460 000 euros auraient été demandés par l'entourage de Marie-Christine Vo. Francelet s'oppose à tout marchandage. Cette affaire ressemble à une mauvaise salade niçoise, à un chantage. « On va se battre, dit-il, la vérité doit éclater. » Gilles-Jean Portejoie[3], un autre avocat, dont le nom a été soufflé à Johnny par Michel Charasse, succède à Daniel Vaconsin.

Ancien bâtonnier de Clermont-Ferrand, Portejoie conseille à son client de répondre aux convocations du juge et de se comporter comme un justiciable lambda pour ne pas froisser les magistrats.

---

1. Entretien dans *VSD*, 27 mars au 2 avril 2003.
2. Gilles-Jean Portejoie a succédé à Daniel Vaconsin.
3. Grand avocat pénaliste, Gilles-Jean Portejoie a relaté cette affaire dans son livre, *Les Nuits blanches d'une robe noire*, coécrit avec Joseph Vebret, éditions De Borée, 2017, paru initialement aux éditions du Moment en 2015.

Si Laeticia n'assiste pas aux discussions sur la procédure pénale, elle se tient au courant de l'évolution du dossier. Y compris des déclarations de Marie-Christine Vo qui a livré à la justice des détails sur l'anatomie de son mari. Les choses tournent mal...

Devant la presse, le procureur de Nice, Éric de Montgolfier, affirme avoir «vu une jeune femme secouée[1]». Ses détracteurs l'accusent de prendre fait et cause pour la victime. De toutes parts, l'affect et le passionnel prennent le pas sur le dossier judiciaire.

André Boudou est le premier à être auditionné en juillet 2003 par Philippe Dorcet et Phillipe Guichard, les deux juges d'instruction en charge de l'enquête. Combatif, convaincu, il déclare n'avoir décelé aucun signe de vulnérabilité, aucun comportement étrange chez l'hôtesse les jours suivants son agression présumée. «Je l'ai soutenu de bout en bout[2]», déclare aujourd'hui le père de Laeticia, en parlant de Johnny.

Interrogé par *Le Point*[3], Daniel Angeli assure quant à lui ne rien avoir entendu cette nuit-là. Il réfute notamment les accusations de Marie-Christine Vo qui assure aux juges que, au petit déjeuner, le lendemain, le photographe était troublé. «Jamais, je n'ai cherché à éviter du regard Marie-Christine[4]», affirme-t-il.

Le 24 novembre, Johnny est entendu à son tour, en toute discrétion. L'artiste n'a pas le droit à l'erreur. Trois heures durant, au palais de justice de Nice, en tant que témoin assisté, il livre sa version. Lui et Daniel Angeli ont invité Marie-Christine Vo et le capitaine du bateau à dîner dans un restaurant de Cannes, l'Archibaldo. Vers 23 heures, tous rentrent à l'*Irina*, à l'exception du capitaine qui dort à son domicile. Johnny, Daniel et Marie-Christine boivent un

1. *VSD*, 27 mars au 2 avril 2003.
2. Entretiens avec les auteurs, le 29 juillet 2018.
3. *Le Point*, 10 octobre 2003.
4. *Le Point*, 28 novembre 2003.

dernier verre. S'il reconnaît un état d'ivresse avancé, Johnny nie les propos grossiers – « T'es bonne » – qu'il aurait lancés à Marie-Christine Vo : « Je ne parle pas comme ça », se défend-il[1]. Tout le monde va ensuite se coucher. Placé dans la cabine « Master », Johnny frappe à la porte de cabine de l'hôtesse pour lui demander un peu d'eau afin de prendre ses somnifères mais rien de plus : « J'ai dû me lever et taper à la première cabine venue du côté de l'équipage », dit-il devant le juge.

Le célèbre suspect ressort doté du statut de témoin assisté, sans mise en examen, soulagé. Il donne une conférence de presse dans la foulée : « Être accusé de viol, c'est déshonorant pour moi, ma femme, ma famille, dit-il[2]. Dans ce genre d'affaires, même si vous êtes innocent, il y a toujours quelque chose qui reste. »

Le procès-verbal de son audition qui fuite dans la presse permet « d'en apprendre plus sur les faiblesses de la star que sur les faits eux-mêmes », souligne *Le Point*[3]. Le chanteur déclare qu'il lui aurait été impossible de violenter l'hôtesse sur un bateau tel que celui-là sans alerter tout l'équipage et réveiller Daniel Angeli, qui dort à bord. Les expertises acoustiques confirmeront ce point.

Le 1er décembre 2003, c'est au tour de Laeticia d'être auditionnée par la justice. La femme blessée, humiliée par ces articles de presse, franchit sans ciller la porte du juge d'instruction Philippe Dorcet.

Depuis son mariage, les rumeurs d'infidélité de son mari lui reviennent comme un boomerang. Elle s'est toujours bouché les oreilles ou a écarté ces on-dit d'un long silence quand ceux-ci devenaient trop bruyants. Mais cette fois-ci,

1. *Le Point*, 28 novembre 2003.
2. *Le Parisien*, 25 novembre 2003.
3. *Le Point*, 28 novembre 2003.

elle est investie d'une mission. Elle doit sauver la peau de son mari, de son mariage, de leur vie commune.

« On lui a lâché la version de la victime, explique Gilles-Jean Portejoie. Elle a été sans état d'âme. Toujours derrière son mari. Elle croyait à sa version. Elle était convaincue que cette fille mentait. Elle n'a jamais eu le moindre doute sur sa culpabilité. C'était un couple très uni », estime-t-il encore. Pour moi, cela a été l'épreuve la plus dure qu'ils aient eue à traverser. Davantage à mon sens que la maladie de Johnny. Tous les jours, la presse faisait les gros titres sur cette affaire. Johnny Hallyday était devenu le jouet du procureur[1]. »

Marie-Christine Vo, aujourd'hui esthéticienne à Nice, nous affirme « avoir tiré un trait[2] » sur cette histoire. Mais quinze ans après, elle maintient toujours sa version : « Laeticia a tout de suite su car Johnny lui en a parlé dès le lendemain. Il y a eu une dispute, il lui avait fait croire qu'il était à Monaco. On s'est acharné sur moi, poursuit-elle. C'était moi seule contre tout le monde. C'était une mise à mort. C'est Éric de Montgolfier qui voulait que je porte plainte. On m'a dit : ne vous inquiétez pas, ça se passera en huis clos, vous n'avez rien à craindre. J'avais 30 ans... »

Au fil des mois, l'enquête pourtant se démonte. En février 2004, la presse révèle que les radios du rachis cervical, du bassin et du nez de la victime présumée ont été antidatées par un médecin déjà condamné pour escroquerie à la CPAM.

Un autre élément fragilise un peu plus l'accusation. L'un des deux marins reconnaît avoir établi un faux témoignage. Dans un premier temps, il avait indiqué au juge que le chanteur était allé demander un sandwich à l'hôtesse le soir des faits. Mais il indique dans une nouvelle déposition

1. Entretien avec les auteurs, le 27 avril 2018.
2. Entretien avec les auteurs, le 31 juillet 2017.

qu'en fait il sommeillait à ce moment-là. Et ajoute que la version de Marie-Christine Vo lui semble incohérente.

Le 18 mars 2004 sort un article qui va définitivement enterrer l'affaire. « Affaire Hallyday : le procureur épinglé », titre *Le Point*, qui révèle le contenu d'écoutes téléphoniques mettant en cause Éric de Mongolfier[1] : « Des conversations entre Marie-Christine Vo et son ancien petit copain, Dominique R., laissent supposer que le procureur aurait lui-même conseillé, voire influencé la jeune femme sur le choix de ses avocats », écrivent Jean-François Jacquier et Laurent Léger[2]. Révélant au passage que le procureur aurait « un vieux compte à régler avec la star. Alors en poste à Valenciennes, il s'était cassé les dents sur une histoire de double billetterie en essayant de confondre Jean-Claude Camus, le producteur des concerts de Johnny[3] ».

Coïncidence ou non ? Au moment où lui parvient *Le Point*, quelques heures avant sa mise en vente en kiosque, Éric de Mongolfier décide de partir en vacances. Au journaliste du *Nouvel Obs* qui cherche à le faire réagir, on répond qu'il est injoignable.

« Johnny a évité la taule grâce à cet article », assure un très bon ami du rocker. Fou de joie, Johnny retrouve Francclet au bar de l'hôtel Raphaël, à Paris. Devant Bertrand, le barman « historique » du palace, il exprime sa reconnaissance éternelle à son ami, qui a activé ses réseaux dans la presse pour démonter les arguments de l'accusation, le serrant si fort dans ses bras qu'il peine à se dégager : « C'est fini », sourit le rocker.

1. Voir le chapitre « Le procureur épinglé », *in* Gilles-Jean Portejoie et Joseph Vebret, *Les Nuits blanches d'une robe noire*, *op. cit.*, qui revient longuement sur cette affaire.

2. *Le Point*, 18 mars 2004.

3. Une information judiciaire avait été ouverte en 1993 dans le cadre de soupçons d'une double billetterie lors d'un concert de Johnny à Valenciennes. Jean-Claude Camus avait été mis en examen pour « faux et usage de faux », et placé en détention provisoire avant d'être blanchi par un non-lieu.

Le 16 janvier 2006, le juge Dorcet signe une ordonnance de non-lieu[1]. Tandis que Marie-Christine Vo est condamnée pour avoir produit de faux certificats médicaux[2] et non sur faux témoignage, Johnny est totalement blanchi. «J'ai moi-même requis le non-lieu faute de charges suffisantes, je dis bien faute de charges suffisantes», rappelle aujourd'hui Éric de Montgolfier, désormais retraité. «La victime m'avait parue sincère, souligne-t-il. Les juges avaient mis beaucoup de zèle à démontrer que ce n'était pas une vraie victime. Dans la presse, il y a eu du parti pris. On sentait bien qu'on avait affaire à un notable. Il est apparu à cette occasion toutes les limites de la justice quand elle s'attaque à une vedette.»

Le magistrat évoque en creux les déclarations de la première dame de France à l'époque. «Les Français n'aiment pas que l'on s'attaque à Johnny. C'est une très mauvaise opération de s'attaquer à lui», avait menacé Bernadette Chirac lors d'une opération pièces jaunes en mai 2003. En guise de soutien, la femme du Président en remet une couche. Toujours conseillère générale de Corrèze, elle invite Johnny à chanter dans son canton, le 20 juillet de cette année-là. Plus de 600 gendarmes et policiers mobilisés, 400 bénévoles recrutés pour un concert dans la ville d'Eyrein qui compte 496 habitants.

Toutes ces polémiques, ces épreuves sont maintenant derrière Laeticia, qui fête ses 30 ans. Pour elle, la fin de l'enquête s'apparente au «plus beau des cadeaux», selon les proches de Johnny.

Pendant cette longue procédure, elle n'a pas fléchi, elle, l'épouse solidaire, la première avocate de son mari. Elle n'a manifesté aucun doute – du moins en public – sur

1. La chambre de l'instruction confirme ce non-lieu le 13 avril 2006.
2. Marie-Christine Vo est condamnée le 12 janvier 2007 à six mois de prison avec sursis.

l'innocence du chanteur. Elle saura le lui rappeler, l'heure venue. Mais, pour l'instant, elle accuse le coup. Elle avait en tête d'autres projets, d'autres rêves que d'affronter «cette saloperie», dit-elle alors.

«Ces cinq années ont été douloureuses pour le couple, résume maître Gilles-Jean Portejoie, très humiliantes pour Laeticia. À cette époque, elle avait toutes les raisons de partir. Elle ne l'a pas fait. Cette procédure portait atteinte à son intimité. Dans leur vie, cette histoire a été une vraie déflagration. Je l'ai trouvée exceptionnelle. Cette histoire les a liés à jamais[1].»

Durant cette épreuve, Johnny a pu vérifier que la famille Boudou l'avait soutenu comme un seul homme, André le premier. Le beau-père et son gendre entretiennent des relations passionnelles et pas de tout repos. Les deux ont le sang chaud, s'invectivent parfois, puis se rabibochent. «Hallyday a toujours été comme ça, précise Gilles Lhote. Quand il épousait une femme, il épousait un clan.»

Dès sa rencontre avec Johnny, André Boudou, homme d'affaires accompli, s'est mis en tête d'éplucher les comptes du rocker et de les assainir. «Il ne pouvait même pas se payer une voiture, affirme aujourd'hui le père de Laeticia. Quand je l'ai connu, Johnny avait 120 millions de francs de dettes [un peu plus de 18 millions d'euros], dont 58 millions de francs qu'il devait aux impôts [8,8 millions d'euros]. Et quand il a connu des problèmes d'argent, il était moins performant. Avec nous, il est devenu riche, il a su ce que c'était que d'avoir de l'argent[2].» La phrase de Boudou lancée un jour à un journaliste ne s'est jamais démentie : «Johnny sait chanter mais il ne sait pas compter.»

Pour mener à bien son opération de sauvetage financier du rocker, le père de Laeticia possède un allié de

1. Entretien avec les auteurs, le 27 avril 2018.
2. Entretien avec les auteurs, le 15 juillet 2018.

circonstance : Jean-Claude Camus. « Boudou a été de bon conseil pour mettre de l'ordre dans l'organisation financière de Johnny, insiste Jean-Claude Camus. André décelait des anomalies [dans les comptes] et moi je lui signalais des choses qui me semblaient inacceptables de la part de gens qui entouraient Johnny. C'est vrai qu'il a participé au nettoyage, à la réorganisation du staff[1]. »

L'entourage de Johnny, conscient de la légèreté du rocker pour ses finances, se méfie de ce qui ressemble à une prise de contrôle de sa belle-famille. « André disait : moi, j'ai juste fermé les robinets, se rappelle ce patron américain, proche de Boudou père. J'ai tout vérifié pour que Johnny redevienne positif. Il me racontait qu'il se faisait piller et qu'il ne se rendait compte de rien parce qu'il n'a jamais regardé une facture. Mais André n'avait pas besoin d'argent : à l'époque, il avait un train de vie de ouf ! Il disait : Johnny n'a jamais chanté dans un Amnesia, je ne lui ai jamais rien demandé en échange, je voulais juste que ma fille ne soit pas avec un mec qui se suicide parce qu'il doit des milliards. »

De son vaste appartement de Marseillan où elle s'est réinstallée peu après les obsèques du chanteur, Mamie Rock s'indigne : « Mon fils a sauvé Johnny de la ruine ! Les huissiers venaient, Dédou s'en occupait. Ce n'est pas pour rien que Johnny lui a écrit une lettre où il dit : Merci André, tu m'as sauvé la vie en t'immisçant dans mes affaires. Merci d'être mon ami. Ton Johnny. » Cette lettre, justement, à quoi faisait-elle référence ? Nombreux sont ceux qui ont répandu dans Paris les pires bruits à ce sujet, imaginant que Dédou pouvait « tenir Johnny ».

« Je l'ai fait passer de – 20 millions de dettes à + 36 millions d'euros, voilà pourquoi il me remercie. Mais c'est lui qui a gagné cet argent, assure André Boudou. Je ne suis pas celui qu'on a décrit, on a raconté que j'avais pris des

1. Entretien avec les auteurs, le 22 juin 2018.

commissions sur les bateaux qu'il a achetés, qu'on me montre les factures ! Je n'avais pas besoin d'argent. Je n'ai fait que du bien à Johnny, ce mec était extraordinaire, je l'ai aimé[1]. »

Dédou, qui copilote la voiture de Johnny lors du rallye de Tunisie en 2001, lui présente ainsi Yves Guénin, le secrétaire général d'Optic 2000, sponsor de la course. Mais c'est seul que, une fois rentré en France, l'homme d'affaires se rend à Marnes-la-Coquette, le board imaginé par l'agence Business sous le bras, afin de proposer au rocker de collaborer avec la marque. « On a fait le contrat lui et moi en direct. Il n'y avait pas de tiers, d'avocats, pas d'André Boudou ou qui que ce soit d'autre[2]. »

Pour l'opticien français comme pour le couple Hallyday, ce contrat publicitaire se révèle être une belle affaire. La marque passe à 96 %[3] de taux de notoriété assistée. Sur tous les téléviseurs français, on s'en souvient, le rocker rugit : « Optiiiiiic 2000 ». En 2003, parce que « tout cela manquait un peu de présence féminine », le lunetier propose également à Laeticia de le représenter. Mari et femme s'affichent du coup en 4x3 et à longueur de spots, des contrats reconduits tous les deux ans. L'accord entre le chanteur et la marque est estimé entre 300 000 et 1 million d'euros – impossible de connaître le montant exact, secret marketing oblige.

Entre Johnny et André Boudou, les idées fourmillent. André initie les projets tandis que le nom Hallyday doit attirer les partenaires financiers.

En 2003, Laeticia soutient son père lorsqu'il persuade Johnny de « mettre des billes » dans le projet de l'Amnesia

1. Entretien avec les auteurs, le 15 juillet 2018.
2. Entretien avec les auteurs, le 21 juin 2018.
3. Le taux de notoriété assistée est le pourcentage de personnes qui disent connaître une marque présentée dans une liste ou citée par un enquêteur.

Paris, une déclinaison du Cap-d'Agde et de Miami, un temple de la nuit niché au pied de la tour Montparnasse.

Le prince Emmanuel-Philibert de Savoie, le mari de Clotilde Courau, Grégory Boudou (le frère de Laeticia, qui va prendre la direction de l'affaire), un gérant de boîte de nuit ainsi que deux sociétés de droit luxembourgeois (Night Force Investment et Blue Sky Corporation) participent au tour de table. Ces deux dernières structures détiennent près de 95 % du capital. Elles appartiennent elles-mêmes à des sociétés basées dans des paradis fiscaux (la Lemoe Western Corp et la Damidov Limited)[1].

André Boudou ou la famille corse Lantieri se cachent-ils derrière celles-ci ? Le premier ne nous l'a pas confirmé mais revendique un montage tout à fait légal, comme peuvent le concevoir des grands groupes internationaux.

L'Amnesia Paris a fière allure avec sa cascade, ses trois bars, ses 1 500 mètres carrés de surface pouvant recevoir plus d'un millier de clubbers. En bon VRP, Johnny vend le concept sur les télés : « On a voulu recréer l'ambiance de Miami. Je vais venir tous les jours, je pense », martèle-t-il à « Tout le monde en parle », l'émission de Thierry Ardisson. Pour l'inauguration le 1er octobre 2003, il a d'ailleurs relancé ses amis. Tout le show-biz se presse dans le nouvel endroit à la mode de la capitale : Michel Drucker, Jean-Claude Van Damme, Eddie Barclay, David Guetta, Marc Cerrone, Patrice Leconte. Dans le carré VIP, les photographes entendent quelques insultes proférées par Johnny à son épouse : « J'étais à un mètre d'eux, se rappelle ce photographe people, il y avait plein de gens autour, ça m'a choqué. Même si on sait tous que Johnny lui parlait mal. »

L'Amnesia fermera en janvier 2005, quinze mois après son lancement. Un succès éphémère, un enterrement de

1. L'information a été révélée par le commissaire divisionnaire Jean-François Gayraud dans son livre *Showbiz, people et corruption*, Odile Jacob, 2009.

seconde classe. Johnny, qui avait annoncé qu'il s'y rendrait tous les soirs, n'y avait plus remis les pieds.

L'Amnesia n'a pas trouvé sa clientèle. Trop populaire pour les VIP. Trop cher pour les autres. Plombé par de lourdes charges et sérieusement endetté[1], l'établissement est revendu à Philippe Fatien[2], roi de la nuit parisienne et ami de Johnny.

Le chanteur a-t-il été plumé dans cette affaire ? Il avait évoqué ce projet avec Jean-Jacques Debout rencontré au Royal Palm sur l'île Maurice. L'auteur de « Redeviens Virginie » semblait circonspect par cette aventure : « Johnny m'a offert un tee-shirt où il y avait écrit Amnesia. Moi qui ai toujours été sincère avec lui, je lui ai dit : tu portes déjà tellement de choses sur les épaules. Tu as cette carrière invraisemblable, c'est de la folie de monter une boîte. Jojo a rapporté notre conversation à Laeticia le soir même. Le lendemain, elle me faisait la gueule, elle devait se dire que je lui avais mis dans la tête une part de vérité mais cela allait à l'encontre de ce que disait son père. »

La presse évoque à l'époque une prise de participation de Johnny de près de 5 % du capital, soit 50 000 euros. « Il a mis en réalité 440 000 euros, corrige André Boudou. Et un an et demi plus tard, lorsque j'ai revendu l'Amnesia à Philippe Fatien, il a touché 1,2 million d'euros. Il a fait une belle affaire[3]. » Peut-être, mais l'investissement dans cette nouvelle activité a surpris une partie de son entourage qui s'interroge sur « l'emprise » supposée du beau-père.

Johnny n'en a pas pour autant mis ce dernier au ban. Depuis cette rencontre à Miami chez Tony's Sushi, ces

1. Selon BFM Business, la boîte de nuit engrange un chiffre d'affaires de 4,4 millions d'euros et affiche un léger bénéfice d'exploitation (+153 528 000 euros) sur son premier exercice clos fin septembre 2004, mais elle est endettée à hauteur de 2,9 millions d'euros.

2. Philippe Fatien est propriétaire du Castel, du Queen, du Cab et du Bus Palladium, selon Francetv Info.

3. Entretien avec les auteurs, le 15 juillet 2018.

deux-là ont traversé de telles aventures, vécu de tels bonheurs, connu de telles déconvenues que leurs destins semblent toujours liés, ne serait-ce que par l'intermédiaire de Laeticia.

L'année suivante, André Boudou décide de s'attaquer à un autre chantier, gigantesque celui-là, concernant quarante-quatre ans de la carrière de Johnny[1]. Il entend déboulonner une institution : Universal Music. Soit quarante-trois disques en un peu moins d'un demi-siècle.

« Il n'appartient qu'à toi que cela se termine en cauchemar ou en apothéose[2] », annonce à l'époque Pascal Nègre[3], patron d'Universal Music, à Johnny. Le rocker vient de se voir refuser un prêt de 10 millions d'euros. En représailles, André Boudou convainc son gendre de quitter sa maison de disques historique. Pourtant, tout avait bien commencé les mois précédents.

En décembre 2002, l'artiste et Universal signent en effet un contrat portant sur la réalisation de six albums. Une avance d'un million d'euros par album est prévue, et de 500 000 euros par album live. Le contrat stipule que Johnny devra rembourser ses dettes (448 161 euros) à la major d'ici la fin 2015[4]. « Johnny était l'armoire normande chez Universal. Quoi qu'il arrive, il vendait des disques. C'était un peu plan-plan[5] », concède Pierre Billon.

Mais, coup de tonnerre en novembre 2003, Johnny coupe les ponts : « Ma rupture avec Universal a été douloureuse, raconte-t-il[6]. « J'ai demandé une avance [...]. Cet argent, c'était pour me payer une année sabbatique en yacht [...].

1. Johnny a conclu en 1961 un contrat avec la société Philips devenue Phonogram puis Polygram aux droits de laquelle se trouve la société Universal Music.

2. Propos tenus en 2003 par Pascal Nègre, cité dans l'édition de *Libération* le 15 février 2005.

3. Pascal Nègre n'a pas répondu à notre demande d'interview.

4. Source BFM Business, 6 décembre 2017. Ces dettes ont été remboursées.

5. Entretien avec les auteurs, le 15 mai 2018.

6. Amanda Sthers, avec Johnny Hallyday, *Dans mes yeux*, *op. cit.*

Le deal c'était qu'ils prenaient ma maison en caution.» Universal refuse. La machine judiciaire se met en route, la bataille de com aussi.

«Johnny s'est fait avoir dans les grandes largeurs, déclare au *Monde* en 2004 un André Boudou fort en gueule. L'époque où tout le monde profitait [de lui] est révolue.»

Devant les prud'hommes de Paris, Johnny exige d'Universal 60 millions d'euros de dédommagement. L'avocat de l'artiste estime que «les avenants aux contrats sont accolés à des opérations de prêts et de crédits. C'est un mélange de contrat de travail et de contrat de crédit amenant Johnny à se dessaisir de son patrimoine mobilier et immobilier (sa maison à Ramatuelle et son hôtel particulier dans le 16e)».

Universal Music goûte peu au manque de reconnaissance de l'un de ses chanteurs historiques. N'a-t-elle pas remboursé les dettes de Johnny et racheté en nue-propriété certaines de ses demeures pour éviter de les hypothéquer ? Comme une banque, la maison de disques a consenti de nombreux prêts à des taux allant de 4 % à 9 % pour acquérir un yacht et la résidence de Marnes-la-Coquette[1], le tout pour un montant global d'un peu plus de 15 millions d'euros. Elle a aussi soutenu le train de vie dispendieux de son artiste – parfois près de 400 000 euros par mois – par de généreuses avances. Universal se remboursait sur les ventes d'albums quand ceux-ci connaissaient un succès.

Dans ses conclusions remises au tribunal des prud'hommes, Universal souligne qu'elle «est intervenue soit parce que l'artiste était de son fait dans une situation financière dramatique dont – sauf Universal – n'avait le pouvoir ou la volonté de le sortir ; soit parce que l'artiste avait des exigences que personne, sauf Universal, n'avait le pouvoir d'exaucer». On ne peut pas être plus clair.

1. Selon *L'Express* du 12 janvier 2006, un premier prêt de 31 millions de francs (4,7 millions d'euros) a permis d'acheter un yacht. Un second de 32 millions de francs (4,8 millions d'euros) a servi à l'achat de la maison de Marnes-la-Coquette.

Le divorce est bel et bien consommé. Les conseils du chanteur tentent de pousser leur avantage. Ils exigent les droits du « back catalogue », près de mille titres de plus de deux ans interprétés par le chanteur, le trésor de guerre d'Universal. Le 2 août 2004, les prud'hommes condamnent Universal à restituer les bandes mères à Johnny. Une victoire de courte durée car la cour d'appel et la Cour de cassation[1] infirment ce jugement.

Quinze ans plus tard, André Boudou avoue avoir tenté un énorme coup de bluff : « J'ai dit à Johnny : on va faire une partie de poker et tu vas gagner[2]. Ma demande ne concernait pas le back catalogue car Johnny n'a jamais été un auteur, juste un interprète, les titres ne lui appartenaient donc pas. Je voulais mettre la pression pour que ses royalties passent de 7 à 17 %, ce qu'il avait au départ[3]. Et je l'avais obtenu. »

La rupture avec Universal début 2004 a cependant laissé de vives traces, davantage que l'aventure de l'Amnesia Paris. Le père de Laeticia a pu obtenir des redevances plus avantageuses chez Warner mais le chanteur n'a pas récupéré ses millions de dédommagements. Cette bataille contre un partenaire historique valait-elle le coup ? N'est-ce pas une victoire à la Pyrrhus ? Certains le croient.

« Boudou n'a pas eu que de bonnes idées, soupire Jean-Claude Camus. Quitter Universal, c'était une connerie, je l'ai dit et redit, on ne m'a pas écouté. On ne quitte pas une maison où on est resté quarante ans et où l'artiste a tout son catalogue[4]. »

1. Arrêt du 12 avril 2015.
2. Entretien avec les auteurs, le 15 juillet 2018.
3. N.d.A. : Universal avait baissé les royalties de Johnny en contrepartie des crédits accordés au rocker.
4. Entretien avec les auteurs, le 22 juin 2018.

Les démêlés de son mari et de son père avec Universal Music ont marqué Laeticia encore un peu plus. Difficile de choisir le camp du mari ou du père, deux figures tutélaires, les deux hommes de sa vie.

Elle ressent l'envie de se projeter ailleurs. Le contrat avec Optic 2000 l'a emmenée au Burkina Faso, là où la célèbre marque de lunettes mène des actions humanitaires. Ce voyage a forgé son envie de s'investir pour les plus démunis. Elle ne va plus la quitter. Laeticia s'est fixé une nouvelle mission : mettre la célébrité de Johnny, et accessoirement la sienne, au service du caritatif.

Daniel Angeli l'accompagne sur ses premiers voyages. « Elle s'est débrouillée pour que Jojo l'admire, décode Pierre Billon[1]. Jojo admirait Nathalie Baye pour son talent de comédienne. Il adorait Vartan ? Elle a fait en sorte que Jojo l'admire. Il était très impressionné par les œuvres humanitaires de sa femme[2]. »

Dans les reportages qui lui sont consacrés, Laeticia scrute désormais avec attention les images qui leur sont soumises avant publication. Des proches de Johnny s'insurgent : « Tout ce qui lui importait c'était elle, peu importe si lui avait le visage de travers, il fallait qu'elle soit jolie sur la photo. »

En mars 2001, dans *Match*, Laeticia a droit à quatre doubles pages avec interview. Dans *Gala*, peu après, elle présente sa région, le Cap-d'Agde et Marseillan. *Elle* lui a consacré une page, un « 24 heures avec » où elle détaille sa journée qui commence par un Perrier citron qu'elle prépare à son mari et lui apporte dans son lit. Laeticia ajoute que, tous les matins, elle glisse un petit mot d'amour dans le paquet de Gitanes de Johnny.

Il ne s'agit pas encore d'un reportage important, mais cela va venir. Si Laeticia continue de subir les sautes

1. Entretien avec les auteurs, le 15 mai 2018.
2. *Id.*

d'humeur de son époux, elle s'est endurcie avec le temps : «C'est compliqué quand vous êtes avec un homme qui aime l'alcool, qui met la main aux fesses des filles et qui a des marottes, des fixettes, synthétise Isabelle Balkany. Laeticia était très patiente. En vingt-deux ans, je ne l'ai jamais vue s'énerver. Elle avait un appétit de vie[1].»

À Marnes, Mme Hallyday, pourtant, tourne en rond comme une lionne en cage dans une maison trop grande pour deux. Le manque d'enfant la mine. Elle a parfois du mal à se réjouir – elle s'en veut – quand ses amies lui apprennent qu'elles sont enceintes[2]. Dans toutes les interviews, la même question revient, tout le temps. «Alors, à quand le bébé?» Les journalistes vont-ils finir un jour de lui poser cette question?

À chaque test de grossesse négatif, elle connaît des moments terribles, des colères rentrées. Cloîtrée dans sa chambre des heures entières, les mains en creux sur son ventre. «Son rêve d'enfant, c'était tout simplement d'être maman», se remémore Mamie Rock. Dans ces moments-là, seule son arrière-grand-mère, Mamet, présente à Marnes, peut l'approcher, atténuer cette douleur sourde. Les deux femmes dorment dans le même lit comme lorsque Mamet venait consoler la petite Laeticia, réveillée par de vilains cauchemars à Marseillan.

«Au début, Johnny a cru que cela venait de lui, mais non. Son anorexie l'avait bousillée», explique Mamie Rock. Suivie par le professeur Frydman, Laeticia effectue trois tentatives de fécondation in vitro (FIV).

À chaque échec, Johnny, triste et désarçonné, ne sait comment la consoler. Le 3 juin 2004, une dépêche AFP sonne comme une victoire : «En raison d'un début de grossesse difficile qui ne lui permet pas de prendre l'avion, Laeticia Hallyday n'a pu accompagner Johnny au mariage

1. Entretien avec les auteurs, le 26 avril 2018.
2. «Vie privée, vie publique», émission de Mireille Dumas déjà citée.

de son fils, David, qui a été célébré aujourd'hui en principauté de Monaco.» Une joie de courte durée. Au lendemain de la nouvelle, le couple annonce que Laeticia a perdu son bébé.

Elle s'en ouvre sur quatre pages dans *Paris Match*. «Je n'abandonne pas, dit-elle. Un jour, nous aurons notre enfant[1].» Ce funeste sujet lui offre sa première couverture du magazine, dédiée rien qu'à elle. Lorsqu'elle découvre la photo de une choisie par la rédaction, un cliché sur le pont du *Only You*, soleil couchant, Laeticia s'emporte. Elle ne se trouve pas jolie. «Mais pourquoi Daniel m'a-t-il mise en nuisette?» Laeticia hésite, refuse de donner son feu vert à la rédaction. Cécile Angeli ne réussit pas à la convaincre. Elle déclare forfait. Laeticia ne le sait pas mais le magazine est déjà en train d'être imprimé.

Le représentant de l'agence Angeli venu à Marnes porter les tirages déploie des trésors de persuasion : «Vous êtes très jolie, sexy comme seule une fille de 25 ans peut l'être. — Vous croyez?» murmure Laeticia qui, deux minutes plus tôt, était prête à demander la mise au pilon de tous les exemplaires. Elle finira par se laisser convaincre et demander une des affiches promo de *Match* qui orne les colonnes Morris.

Comme une renaissance après ces accusations de viol sur son mari, après la furtive aventure de l'Amnesia, après ces douloureuses fausses couches à répétition, l'affiche décorera longtemps un des murs de Marnes-la-Coquette. À quelques mètres de ce qui deviendra la chambre de leur première fille, leur bonheur, la petite Jade.

1. *Paris Match*, 17 juin 2004.

10

Mon plus beau Noël

Le Mercedes Viano aux larges vitres avale des dizaines de kilomètres de mauvais bitume depuis quelques heures déjà. Sur cette route vietnamienne bordée par une dense forêt tropicale, le minibus évite de justesse un nid-de-poule, klaxonne contre un poids lourd qui refuse de se faire doubler, freine devant des piétons imprudents. Ballottés dans tous les sens sur leur siège en moleskine, les quatre occupants du van, Laeticia, Johnny, ainsi que Daniel Angeli et sa femme Cécile prient pour que le chauffeur les amène à bon port.

Peu importe la chaleur moite, le trajet chaotique, le couple Hallyday attendait ce moment depuis des années. Tant de fois, on leur avait dit que «ce serait pour bientôt», «qu'il fallait patienter encore un peu». Tant de fois, ils avaient dû retarder leur départ, un nouveau contretemps. Le jour tant attendu est enfin arrivé. Ce jour où le break les rapproche un peu plus de l'orphelinat de Phú To, au nord d'Hanoï, et de leur fille Jade.

Avant cela, il avait fallu se battre, déployer des trésors de patience. Car même quand on s'appelle Johnny, l'adoption d'un enfant est semée d'embûches, de déceptions. «On a vu des psys, des médecins, des assistantes sociales», énumère le rocker[1], décrivant ce parcours du combattant.

La République française s'était pourtant mise en quatre pour satisfaire le couple Hallyday. En temps normal, la procédure d'adoption prend au minimum neuf mois, le temps d'obtenir le fameux agrément, fruit de scrupuleuses enquêtes sur le couple, de visites domiciliaires et d'examens de la situation financière. Le délai peut atteindre trois ou quatre ans dans certains cas. Or, pour Johnny et Laeticia, l'attente n'a duré que six mois, une procédure express facilitée par une bonne fée : Bernadette Chirac. La première dame avait soutenu le couple lors des accusations de viol de Marie-Christine Vo, elle va s'impliquer personnellement lors de cette adoption.

Son mari connaît Johnny depuis des décennies. Leur amitié ne s'est jamais altérée, leurs destins se sont souvent croisés. L'animal politique Chirac a tout de suite flairé l'intérêt de gagner les faveurs de l'idole des jeunes et des autres. Apparaître sur la photo du chanteur assure quelques points de plus dans les sondages et une jolie cote de popularité. Il y eut des services rendus de chaque côté.

En 1988, lors d'un meeting du RPR, un mois avant le premier tour de la présidentielle, Johnny Hallyday, invité en vedette américaine, interprète en effet un magistral «On a tous quelque chose de Jacques Chirac», devant un candidat de droite aux anges. Qui de plus populaire pour attirer les votes de la France profonde?

Cette année-là, le maire de Paris perdra toutefois l'élection présidentielle[2], la mère des batailles. Ce n'est que partie remise. Il n'oubliera pas le geste de Johnny. Et nous voilà seize ans plus tard : désormais élu à l'Élysée, Jacques Chirac renvoie l'ascenseur. Johnny et Laeticia font part à «Bernadette et à Jacques» de leur désir d'enfant.

1. Amanda Sthers, avec Johnny Hallyday, *Dans mes yeux*, *op. cit.*
2. François Mitterrand est réélu au second tour contre Jacques Chirac.

La détresse de la fille du Cap-d'Agde a touché «la mère des pièces jaunes».

Accompagnant son mari en voyage officiel au Vietnam en octobre 2004, Bernadette Chirac glisse ainsi au ministre de la Justice local, sous le ton de la confidence : «Connaissez-vous Johnny Hallyday ? Vous savez, sa femme et lui ne peuvent pas avoir d'enfants.»

Ces mots ne sont pas tombés dans l'oreille d'un sourd. Le gouvernement vietnamien, désireux de signer des accords commerciaux avec la France, hâte les choses. D'autant que les Chirac ont noué une histoire personnelle avec ce pays d'Asie.

En d'autres temps, ils ont élevé une jeune Vietnamienne. Ahn Đào Traxel, une réfugiée boat people âgée de 21 ans à son arrivée en France, est recueillie en 1979 par le maire de Paris. Dans l'aéroport de Roissy, Chirac croise le regard de cette jeune femme en pleurs, lui donne un mouchoir et prend en main son destin. Jacques Chirac et son épouse lui offrent l'hospitalité pendant deux ans, six mois de cours de français, tandis que Bernadette lui trouve du travail et lui paie sa robe de mariée[1]. Les relations entre Ahn Đào Traxel et les Chirac s'envenimeront par la suite[2]. Mais le lien avec ce pays demeurera profond.

Retour en 2004. Bernadette Chirac a donc obtenu un accord du Vietnam pour simplifier l'arrivée de Jade en France. La chose n'a pas été aisée. À l'époque, le pays communiste souffre du développement de filières illégales d'adoption[3]. «On avait ouvert des négociations avec le gouvernement vietnamien pour éviter que certaines officines

1. *Le Parisien Magazine*, le 30 mai 2014.

2. Dans un livre paru en 2014, *Chirac : une famille pas ordinaire. Les confidences de leur fille de cœur*, Hugo Document 2014, Anh Đào Traxel reproche à ses parents adoptifs de l'avoir rejetée quand Jacques Chirac a été élu président de la République en 1995.

3. Depuis plusieurs scandales, la convention de La Haye privilégie les adoptions par les familles vietnamiennes. En 2017, quatre-vingt-quinze enfants vietnamiens sont arrivés en France.

se livrent à des trafics. Cela a débouché sur un accord qui prévoyait quelques règles de précaution[1] », raconte Pierre-André Wiltzer, ancien ministre délégué à la Coopération et à la Francophonie.

En France, Philippe Douste-Blazy, ministre des Solidarités, de la Santé et de la Famille, s'empare de ce dossier qui lui est cher. L'ancien maire de Toulouse prépare, en cette année 2004, une réforme sur l'adoption. « J'avais vu Laeticia et Johnny à Marnes-la-Coquette, se souvient-il. J'avais moi-même adopté un garçon au Vietnam et je connaissais l'orphelinat qui hébergeait Jade. On a appelé l'ambassade de France[2]. »

Le ministre de la Santé demande à l'une de ses collaboratrices d'accompagner cette demande d'adoption, de jouer la courroie de transmission entre lui et Laeticia. Celle-ci entame un travail de pédagogie auprès des parents adoptants. « Une adoption sur deux se solde par un échec, insiste-t-elle[3] auprès d'eux. L'arrivée d'un enfant peut créer un grand trouble dans le couple dont l'enfant portera la culpabilité », ajoute-t-elle. Les parents adoptants ne perdent pas une miette de ces longs échanges.

Laeticia se trouve désemparée face à toutes ces tâches administratives et les questionnements intérieurs qui la minent : « Serons-nous de bons parents ? Notre fille sera-t-elle heureuse ? » Les mots de Philippe Douste-Blazy apaisent la future mère et dissipent ses craintes tandis que la procédure d'adoption arrive à terme.

« Il n'y a pas eu de passe-droit, assure aujourd'hui la collaboratrice de l'ancien ministre. Philippe a juste joué les facilitateurs. Il a un savoir-faire qui évite de perdre du temps. » L'amitié entre le couple Hallyday et l'ex-ministre naîtra de cet acte fondateur.

1. Entretien avec les auteurs, le 31 juillet 2018.
2. Entretien avec les auteurs, le 2 mai 2018.
3. Cette collaboratrice a accepté de nous parler le 9 mai 2018 sous le sceau de l'anonymat, ayant pris depuis d'autres fonctions.

Mais Johnny doit encore utiliser son riche carnet d'adresses pour se sortir d'autres chausse-trapes. Au Vietnam, les autorités peinent à comprendre comment s'appellent les parents adoptants : Smet ou Hallyday ? Et d'ailleurs, quel nom portera Jade ? Johnny appelle, paniqué, son ami Patrick Balkany. «Je suis intervenu auprès d'une sous-préfète pour que Jade conserve le nom d'Hallyday sur son passeport. Tout est rentré dans l'ordre[1] », se félicite le maire de Levallois.

Tous ces efforts, cette abnégation, ces semaines de patience pour enfin se retrouver dans ce convoi brinquebalant sur les 140 kilomètres de cette route en mauvais état entre Hanoï et Phú To. Au fur et à mesure que la Mercedes s'approche de l'orphelinat, Laeticia est gagnée par l'appréhension et les doutes. Elle garde dans l'un de ses vêtements une photo de la petite Jade que lui a remise Mme Hang, la directrice de l'établissement. Pendant des nuits, elle a dormi avec cette photo à 10 000 kilomètres de sa fille, conversant avec cet enfant de papier. Là voici maintenant à quelques minutes de route d'elle.

À ses côtés, Cécile Angeli, mère de deux enfants, la rassure par sa présence et son expérience. « Laeticia a interrogé ma femme[2] pour savoir comment on faisait avec un enfant », résume Daniel Angeli.

Johnny sait que ce nouvel épisode de sa paternité sera scruté, commenté, disséqué par toute la presse people. Tous les magazines veulent immortaliser la rencontre entre l'idole des jeunes et sa nouvelle fille. Pour éviter de découvrir des photos non autorisées, le chanteur a donc proposé un deal à son ami Angeli. « Il m'a dit : "Ce sera toi qui feras l'adoption" », résume ce dernier. Le photographe, touché par le geste, lui promet de ne pas toucher à son cachet :

1. Entretien avec les auteurs, le 26 avril 2018.
2. Daniel et Cécile Angeli sont aujourd'hui séparés.

« Je lui ai dit : quoi que je fasse, je mettrai 150 000 euros sur le compte de ta fille. Ce que j'ai fait pour ne pas laisser penser que je gagnais ma vie sur ces photos. »

Mais cette exclusivité pour une série de clichés n'a pas calmé les ardeurs des paparazzis. Qui s'en serait étonné ?

Dans son rétroviseur, le chauffeur de Johnny ne distingue pas, parmi la nuée de deux-roues, le conducteur d'une 125 cm^3 pétaradante, sa jauge d'essence presque vide, conservant une prudente distance. L'homme, un Européen, chapeau vietnamien en forme de cône sur la tête, masque antipollution sur le visage, ne détonne pas dans le décor.

Mais il s'agit d'un photographe français. Le journaliste filoche le van, tentant de ne pas être démasqué, surtout par Daniel Angeli avec qui il a déjà collaboré. « Tout le monde me regardait comme un extraterrestre[1] », sourit aujourd'hui Tony Fitoussi. Depuis trois jours, il suit à la trace les Hallyday depuis leur arrivée à l'hôtel Métropole Sofitel jusqu'à leurs déambulations dans la capitale vietnamienne.

Tony Fitoussi n'en est pas à son premier coup. Il a shooté Lady Di et Dodi Al-Fayed lors des dernières vacances de la princesse des cœurs en août 1997, ainsi que le couple star Angelina Jolie et Colin Farrell, main dans la main, en train de s'embrasser sur un chameau, tout près du Caire. Sans oublier Vanessa Paradis et Lenny Kravitz nus sur une plage de Nassau, aux Bahamas.

Sur sa motocyclette, Tony entraperçoit le Mercedes entrer dans la ville de Phú To. Le véhicule se gare dans un endroit au milieu de nulle part : un orphelinat toujours en construction niché en contrebas d'une colline où serpente une rivière.

À quelques mètres de là, le bâtiment, chauffé à blanc par un soleil généreux, ressemble à une hacienda à ciel ouvert.

1. Entretien avec les auteurs, le 27 juillet 2018.

Allongés sur des hamacs, couchés sur des paillasses, des grappes d'enfants dépenaillés lézardent dans le salon à la recherche d'une ombre protectrice. Ils n'ont pas plus de 10 ans et sont les enfants de personne. « Il y avait des gosses un peu partout. C'était si impressionnant », se rappelle Daniel Angeli. Les visiteurs du jour, saisis par ce spectacle de désolation, sont reçus par une responsable, probablement la directrice de l'orphelinat. Johnny en treillis et lunettes de soleil, Laeticia, jean slim serrant, toujours impeccable, se fraient un chemin parmi les monceaux de gravats et les planches de bois.

Les Français sont invités à entrer dans ce capharnaüm. Il faut descendre dans un premier sous-sol sans porte. Plus que quelques secondes encore. Elle n'est qu'à quelques mètres. Dans ce lieu sans âme, la directrice se dirige vers une petite fille âgée de trois mois seulement. La voilà, emmaillotée dans un linge blanc, des yeux noirs de jais, des cheveux naissants, un visage tout en rondeur. La même que sur la photo. Elle s'appelle Bùi Thi Hoa[1]. Elle a été abandonnée à sa naissance le 3 août de cette même année.

Le temps s'arrête. Mme Le Thi Viet, sa nourrice, cède l'enfant à sa nouvelle mère. Laeticia fond en larmes. Jade vient de s'endormir dans ses bras. Johnny réprime un sanglot. « On la voit. On est bouleversés, décrit Johnny[2]. Je la prends dans mes bras et c'est comme si elle me sentait, comme si elle me reconnaissait. Jade me fixe avec ce regard sage qu'elle a encore. » Un peu en retrait, Daniel Angeli ne rate rien de ce premier contact. « C'était certainement le moment le plus émouvant que j'ai vécu avec Johnny, assure-t-il. J'ai pris mes photos sans me rendre compte de ce que je faisais. »

Surplombant le bâtiment, tapi dans un renfoncement de la colline, Tony Fitoussi et le téléobjectif de son Nikon D3

---

1. Hoa signifie « fleur » en vietnamien.
2. Amanda Sthers, avec Johnny Hallyday, *Dans mes yeux*, *op. cit.*

n'ont pu voler cette image saisissante, faute d'une vue satisfaisante. Le paparazzi se rattrapera bientôt.

Dans l'orphelinat, l'heure est au départ. À peine a-t-on échangé quelques regards que les Hallyday se séparent de leur fille, contraints et forcés. Quelques détails dans la procédure d'adoption doivent encore être réglés avant de pouvoir s'envoler en France avec Jade. Sur le chemin du retour, un silence pesant a envahi le véhicule. La séparation déchirante n'incite guère à la conversation.

Une fois à Hanoï, Laeticia et Johnny patientent les deux jours suivants, entre balades sur la baie d'Along et plongée dans le grand marché de la ville. Le couple français n'a guère envie de se fondre dans le flot des touristes. L'humeur n'y est pas. Leurs nerfs sont mis à rude épreuve. « Ces deux jours ont été violents car ils avaient vu l'enfant et l'avaient laissée », soupire Daniel Angeli.

Le jour J arrive enfin. À l'ambassade de France, dans l'édifice au style colonial où Laeticia et Johnny ont déjà effectué des allers-retours pour remplir quelques dernières pièces administratives, une courte cérémonie a été préparée pour le départ de Jade – comme pour tous les enfants d'ailleurs. Le discours protocolaire prolonge encore un peu plus cette interminable – mais justifiée – attente. Les autorités consulaires rappellent les devoirs des nouveaux parents.

Enfin, Jade leur est remise. C'est l'heure de la délivrance. Le vœu le plus cher de Laeticia est exaucé : créer une famille. « L'adoption a changé notre vie et l'a changé, lui aussi. Il [Johnny] est devenu plus serein », expliquera plus tard la jeune mère[1].

La petite famille, accompagnée de Cécile et Daniel Angeli, ne tarde pas à quitter Hanoï pour rentrer en France. Bonnet rayé et tenue rouge, Jade s'engouffre avec

1. *Le Point*, 14 avril 2018.

ses parents dans le hall de l'aéroport. Tony Fitoussi, le paparazzi, cette fois-ci ne les manque pas. Tout à son bonheur, Laeticia n'a pas aperçu la présence du photographe qui la mitraillait. Le photographe vendra ses clichés à *Voici* qui en fera sa une.

Dans l'avion d'Air France, Laeticia et Johnny abandonnent un instant l'enfant à Daniel Angeli et à sa femme. « Ils étaient en première classe. Et les enfants n'y sont pas admis. Voilà pourquoi nous avons fait une partie du voyage avec Jade », précise l'ami du chanteur.

De retour à Paris, la petite famille s'installe à la Savannah. Chacun tâtonne, s'observe, cherche sa place. Passer de deux à trois n'a jamais été une affaire simple. Johnny, quelque peu distant avec sa fille les premiers jours, épie les moindres gestes de ce curieux personnage qui s'est invité dans sa vie. Le père et sa fille s'apprivoisent petit à petit.

Comblé, Johnny lui rend hommage dans une chanson écrite l'année suivante « Mon plus beau Noël », sur son dernier album produit par Universal[1].

Laeticia s'est glissée dans les habits d'une maman modèle, avec l'appréhension de ceux qui craignent de se tromper. La petite fille du Cap-d'Agde se tourne une nouvelle fois vers sa famille pour surmonter ce nouveau défi.

« Laeticia m'a téléphoné en rentrant et en me disant : Mamie, si tu peux venir m'aider, car je n'ai jamais eu d'enfant" », relate Elyette Boudou. Le 28 novembre 2004, Mamie Rock accueille son arrière-petite-fille : « C'était un bonheur. Elle était mignonne mais elle faisait des colères comme un bébé. Plus elle a grandi, plus elle s'est assagie. »

À la Savannah, trois générations de femmes cohabitent harmonieusement. Odette, décédée en août de cette année, n'aura pas vu Jade, un crève-cœur pour Laeticia, qui

1. L'album *Ma vérité* sera vendu à 880 000 exemplaires.

donnera à sa fille comme deuxième prénom celui de son arrière-grand-mère. Ce sont l'acteur Jean Reno et Luana Belmondo, l'épouse de Paul Belmondo, qui feront office de parrain et de marraine.

Chaque jour ou presque, dans l'immense parc de la maison, Elyette promène Jade blottie dans sa poussette, lui chantonne quelques comptines, la change dès que nécessaire. La grand-mère reste à peu près un mois, le temps d'épauler Laeticia dans ses nouvelles tâches. La jeune maman ne souhaite pas solliciter une nounou. « Toutes ses premières fois » lui appartiennent. Personne ne les lui volera.

De l'aube à l'aube, sa vie se concentre uniquement sur sa fille, les biberons, les pleurs, la promenade. Les priorités sont là désormais. « C'était un amour inconsidéré », poursuit Elyette. « Je crois que j'ai eu envie d'être une mère depuis toujours. C'est l'un des moments les plus forts de ma vie », répondra en écho Laeticia dans une interview[1].

Cet investissement total pour cet enfant désiré depuis des années altère sa vie de couple. Du moins les premiers mois. Johnny en souffre silencieusement. Il lui fait remarquer[2] : « C'était presque trop au détriment de sa vie de femme. Elle me délaissait, ne voulait pas prendre de nounou. Mais elle s'en est rendu compte et j'ai retrouvé peu à peu son regard sur moi aussi. Je pense que ce sont des étapes normales dans la vie d'une jeune femme et d'un couple. »

Tout est revenu dans l'ordre après la tournée du « Flashback Tour ». Il fallait un peu de temps pour qu'un équilibre s'installe, pour que chacun s'approprie son espace vital.

L'adoption de Jade puis de Joy a représenté la plus belle chose dans la vie du couple. Laeticia a reçu. Il est temps qu'elle transmette en retour ce qui lui a été donné.

---

1. Déclaration dans l'émission « 50' inside », en mai 2016.
2. Amanda Sthers, avec Johnny Hallyday, *Dans mes yeux*, *op. cit.*

En 2005, la mère de Jade rencontre, par le biais de l'épouse de Dany Boon, Christine Chevalier, la responsable de la communication web d'Unicef France. « Laeticia voulait s'impliquer dans l'humanitaire, se souvient Christine Chevalier. Elle était très touchée par les questions touchant à l'enfance et à l'adoption. » La responsable de l'agence de l'ONU lui dit *banco*. Laeticia s'investit dans un combat qui donne du sens à son existence. Elle a certainement hérité le côté Mère Teresa de son arrière-grand-mère, « une sainte » prête à héberger les vies brisées et les gueules cassées.

Comme toutes les militantes, elle commence par vendre ici et là des cartes de vœux à Noël pour collecter des fonds. Le grand frisson n'arrive qu'ensuite. La nouvelle ambassadrice de l'Unicef se déplace sur le terrain au Mozambique, au Burkina Faso, au Sénégal, à Madagascar. « C'était souvent des missions de cinq à six jours, raconte Christine Chevalier. La plupart du temps il n'y avait pas de routes, les conditions de voyage étaient difficiles. »

À chaque départ, Laeticia laisse quelques messages dans les paquets de Gitanes de son mari. Elle sait qu'à cet endroit il les trouvera. Plus tard, en 2007, dans le cadre de son contrat avec Optic 2000, elle découvre à l'hôpital d'Ouahigouya, au Burkina Faso, des femmes qui accouchent sur des tables en ciment. Elle danse avec des enfants qui, parce que équipés des lunettes dont ils avaient besoin, peuvent enfin découvrir la lecture et poursuivre une scolarité. Le roi du Yatenga (nord du pays), la province où se situe l'hôpital, lui offre une chèvre dont elle fera don à l'hôpital. « Elle était heureuse, s'intéressait tout particulièrement aux enfants, se souvient Yves Guénin, secrétaire général de la marque. Quelque part, peut-être qu'on a pu lui rendre service aussi. Ça lui a permis d'être un peu plus connue[1]. »

1. Entretien avec les auteurs, le 21 juin 2018.

Johnny a ses tournées, Laeticia ses missions. Ce n'est plus toujours le même qui quitte la maison et la même qui garde les enfants.

L'image lisse de Laeticia, la «femme de Johnny», se façonne au gré de ces voyages humanitaires, de ces rencontres bouleversantes avec des enfants malades, abandonnés. Laeticia est amenée dans les magazines féminins à porter la parole de l'Unicef. Certes, elle n'a pas la notoriété d'Angelina Jolie, ambassadrice de bonne volonté au haut-commissariat des Nations unies pour les réfugiés, mais cette nouvelle fonction lui offre une certaine exposition. «Je n'ai jamais senti qu'elle faisait cela pour son image», corrige Christine Chevalier.

Elle n'a pas froid aux yeux, explore de nouveaux territoires. Laeticia n'hésite plus à sortir de sa zone de confort. En 2006, pour les 60 ans de l'Unicef, elle chante avec son mari l'hymne de paix, «Imagine» de John Lennon, accompagnés par cinq cents choristes lors d'une émission de télévision[1].

Son léger filet de voix, son appréhension visible contrastent forcément avec l'assurance et la puissance vocale de son époux. Mais la mère de Jade, s'accrochant au regard de Johnny comme à une bouée, ne s'est pas noyée et s'en est bien sortie. Mieux, elle dégage une impression d'aisance et de sérénité lors des interviews, davantage que son mari dont la pudeur et la timidité ont toujours handicapé dans cet exercice.

Laeticia va mettre en sommeil sa collaboration avec l'Unicef après une discussion «carrée» au restaurant Balzac avec son président de l'époque, Jacques Hintzy, décédé depuis. Ce dernier a peu apprécié la publication de photos nues à la plage de Madame Hallyday dans un magazine.

1. L'émission «Les cinq cents choristes ensemble», TF1 du 18 novembre 2006, coanimée par Flavie Flament et Laeticia Hallyday.

Un peu loin des valeurs de son organisation. Il souhaitait par ailleurs une figure plus internationale pour représenter l'Unicef France à l'étranger. Car l'Unicef lui a ouvert de nouvelles perspectives. Elle a étoffé ses propres réseaux : show-biz, monde de l'entreprise, politiques, sportifs. Lors de l'opération « Frimousses de Créateurs » – dont elle est la marraine et Delphine Arnault la présidente d'honneur –, elle a fédéré des personnalités aussi différentes que Jean Paul Gaultier, Jeff Koons, Giorgio Armani, mais aussi Isabelle Adjani, Natalie Dessay et France Gall. Tous ont créé leur propre poupée pour financer un programme de vaccination en urgence.

Laeticia a jeté des passerelles vers ces cercles d'influence qui lui seront utiles pour l'avenir.

Au-delà de ces nouveaux réseaux, cette expérience accumulée lui permet de créer en 2012, avec son amie Hélène Darroze[1], élue meilleure chef femme au monde en 2016, elle-même maman de deux petites filles adoptées, l'association « La Bonne Étoile ». Les deux femmes se sont investies dans l'aide pour tous ces enfants et ces adolescents, orphelins pour certains, handicapés pour d'autres. Leur action s'est étendue à d'autres pays : construction d'écoles, réhabilitation d'orphelinats ou d'hôpitaux, toujours sous le signe de l'enfance. Florence Cavalier, présidente de l'association Enfance Partenariat Vietnam, la soutient dans son action entre 2013 et 2015 : « Elle est venue avec moi à deux reprises au Vietnam. Nous avons vécu des moments intenses. Laeticia a une fibre assez humanitaire et elle est courageuse. Du coup cela a été facile d'être en phase[2]. »

Ce fut une période heureuse pour Laeticia. L'adoption de Jade puis son engagement auprès de tous ces enfants lui ont procuré de réels moments de joie ; elle s'emplit de la

1. Hélène Darroze a adopté deux filles au Vietnam, Charlotte et Quitterie.
2. Entretien avec les auteurs, le 26 juin 2018.

plénitude de la jeune mère comblée, et aussi de celle de la présidente heureuse d'association. Elle n'est plus seulement la «femme de».

Ce cheminement, Laeticia a pu l'évoquer avec l'homme qui lui inspira les prénoms de Jade et Joy, et bien plus encore : l'écrivain François Garagnon. En 1991, ce dernier, travaillé par les thématiques du sens de la vie et de la quête spirituelle, écrit *Jade et les sacrés mystères de la vie*, un conte philosophique[1]. Laeticia tombe sur l'ouvrage, le lit et, éblouie, le recommande à tous ses amis. «Une de mes relations m'a raconté un jour que Laeticia Hallyday parlait de mon roman dans la presse et disait que ce livre lui avait donné l'idée d'appeler sa fille Jade, se souvient François Garagnon. Ce livre l'avait accaparée pendant un certain temps[2].»

Depuis la mort de sa grand-mère, cet ouvrage, «sa bible», l'a même guidée lorsqu'il a fallu affronter les démons de son mari.

Invitée en tant qu'ambassadrice de l'Unicef lors du «Journal inattendu» sur RTL[3], Laeticia rencontre son maître spirituel un jour de 2006. L'épouse de Johnny ne peut masquer son émotion : «Je me suis construite grâce à votre sagesse [...]. Cela m'a tellement apporté durant les moments difficiles du chemin de ma vie.» L'auteur du best-seller est touché par ce témoignage, par ce don de soi, par son implication dans les combats humanitaires. «Bien sûr, il y a une part d'elle qui aime faire du shopping, qui a accepté ces frivolités, conçoit François Garagnon[4], mais une autre part d'elle est capable de se contenter de peu.»

1. Cet ouvrage édité en 2002 par les éditions Monte-Cristo, a été vendu à plus de 630000 exemplaires et traduit dans une douzaine de pays.
2. Entretien avec les auteurs, le 30 avril 2018.
3. Émission du 18 novembre 2006.
4. Entretien avec les auteurs, le 30 avril 2018.

Cet après-midi-là, durant l'émission, François Garagnon découvre une jeune enfant dans le studio de radio, une enfant qui porte le prénom de son roman : *Jade*. Sa mère lui prépare une autre surprise. Sa seconde fille se prénommera Joy, comme l'un de ses autres romans : *Joy et la divine quête du bonheur*[1].

Joy arriva en décembre 2008 à l'issue d'une nouvelle enquête sociale, de nouvelles visites à domicile, d'un nouveau parcours du combattant. « Ils ont suivi toutes les étapes de nouveau. Laeticia était très attentive au fait de se rendre disponible pour ses enfants », se souvient Florence Cavalier, présente lors de cette seconde adoption.

Le 21 décembre de cette année, Laeticia, accompagnée de « sa Jadou », rejoint l'hôtel Métropole, dans ce lieu où tous ces parfums familiers lui reviennent, là où, quatre ans plus tôt, elle donnait le premier biberon à sa fille aînée. Cette fois-ci, Johnny est absent. Il tourne à Hong Kong le film *Vengeance*, de Johnnie To.

La cérémonie officielle de l'adoption est fixée au lendemain, à 14 heures, dans l'ambassade de France. Pour cet événement, Laeticia et Jade sont passées chez le coiffeur, se sont habillées. « Je n'oublierai jamais ses premiers mots quand elle a pris Joy dans ses bras : "C'est MA sœur !" La nuit qui a suivi, on a dormi toutes les trois ensemble[2] », se souvient Laeticia. Jade a acheté et choisi le premier vêtement que porterait sa sœur à sa sortie de l'orphelinat.

La production du film a permis à Johnny de se libérer quelques jours. Le chanteur-acteur a donc quitté Hong Kong pour Hanoï et, la boule au ventre, s'est rendu au Métropole. « Et puis l'ascenseur s'est ouvert sur les trois femmes de ma vie[3] », s'enthousiasmait Johnny.

1. Paru aux éditions Monte-Cristo en 2008.
2. Entretien dans *Paris Match*, 4 mars 2009.
3. *Id.*

Au fil des années, «les deux sœurs», du signe du Lion, vont s'affirmer auprès de leurs parents : Joy au caractère fougueux, Jade plus introvertie. Leur mère publie à intervalle leurs photos et des tranches de vie sur les réseaux sociaux : les anniversaires, les vacances à Saint-Barth autour du patriarche. Johnny y prend goût.

«Il est devenu un père, ce qui n'avait pas été possible dans sa jeunesse. Imaginez quand vous êtes une idole à 20 ans et qu'il y a les tournées, les soirées, les gonzesses...», analyse Patrick Balkany.

Extrêmement bien éduquées, les deux filles sont scolarisées au lycée français de Los Angeles, où cinquante-six nationalités se côtoient[1]. Les enfants de Madonna, de Salma Hayek ou encore ceux d'Angelina Jolie et de Brad Pitt ont fréquenté ce prestigieux établissement où l'uniforme est obligatoire et où l'on ne plaisante pas avec la discipline. David, le fils de Johnny, y a lui-même suivi sa scolarité.

Ce lieu de savoir et de culture, protégé par des agents de sécurité chassant les paparazzis, a offert l'opportunité aux deux filles de grandir à l'écart du tumulte et du fracas inhérents à la vie de famille d'une rock star. Laeticia et Johnny ont toujours veillé à ce qu'une ligne rouge ne soit jamais franchie : s'attaquer à Jade ou Joy, à leur intimité.

Michel Sardou en fit l'amère expérience. Une rumeur était revenue aux oreilles de Johnny : l'interprète de «La maladie d'amour» avait évoqué sur scène «Johnny et sa Vietcong». Une phrase que le chanteur a toujours démenti avoir prononcée. Johnny, déjà en froid avec cet autre monument de la chanson française, ne le crut pas. Et la brouille atteignit son paroxysme en janvier 2008, lors des 53 ans du président Nicolas Sarkozy. La scène fut saisissante.

1. *Gala*, 15 décembre 2017.

Au domicile de Carla Bruni-Sarkozy, dans le 16e arrondissement, l'ancien mannequin a invité ce jour-là les « happy few », des hommes et femmes politiques, des stars de la télé, des comédiens et des chanteurs.

François Fillon, alors Premier ministre, Brice Hortefeux (garde des Sceaux, ministre de l'Immigration et de l'Intégration), Rachida Dati (ministre de la Justice), Estelle Lefébure et Arthur, Didier Barbelivien, Christian Clavier défilent. Laeticia et Johnny sont arrivés un peu avant 20 h 30.

Le chanteur s'assoit à côté de son ami Patrick Balkany quand il voit s'avancer vers lui Michel Sardou. « Il lui a dit : "Si on n'était pas ici, je te casserais la gueule." Sardou est parti plus loin. On ne l'a jamais revu », se souvient le maire de Levallois. Une altercation si discrète que nombre d'invités de la soirée sont passés à côté.

En cette année 2008, Jade et Joy sont le lien le plus fort qui unit leurs deux parents. Car le couple commence à sérieusement tanguer...

11

Le jour où Laeticia est devenue une héroïne

Il pleure dans la voiture. « Réponds-moi, dis-moi où tu es ? » À Saint-Barth, dans ce 4 × 4 qui passe, ironie de la vie, devant le cimetière de Lorient où il sera enterré dix ans plus tard, Johnny cherche en vain, depuis des heures, à joindre Laeticia. À ses amis présents à ses côtés ce jour de mai 2008, il ne cesse de répéter la même chose : Laeticia s'est rendue hier soir à l'anniversaire de Lenny Kravitz à Paris. Et elle n'est pas rentrée de la nuit.

Jojo tourne en boucle. Il est malheureux. Il flippe. Comme il l'a déjà été quand il s'est séparé d'Adeline, comme il l'a été quand Sylvie Vartan a arrêté les frais. « Il n'arrive pas à savoir où est Laeticia et ça le rend fou », se souvient un ami de Saint-Barth.

Cela fait plusieurs mois déjà que, entre elle et lui, rien ne va plus. La jeune femme aux boucles blondes s'est changée en créature moulée dans des slims en cuir dont les magazines commencent à détailler le look, comme ils le font de celui des stars. Elle s'affiche au premier rang des défilés, déjeune régulièrement avec ses copines au Costes, l'hôtel parisien branché où tout ce que compte le cinéma se donne rendez-vous. Ceux qui ne l'apprécient guère racontent qu'elle commence à être fascinée par sa propre image. Miroir, ô mon miroir... « Elle aimait la lumière, elle voulait toujours qu'on fasse des photos d'elle, se souvient un photographe parisien. Mon boss me disait : "Dès que tu la vois, tu tapes : elle aime ça, les photos." »

Laeticia n'est plus un faire-valoir, elle n'est plus tout entière dédiée à son homme. Elle l'a dit d'ailleurs chez Mireille Dumas[1], évoquant ces « dix ans où [elle s'est] oubliée [elle]-même ». Désormais, elle « tient » les couvertures de magazines à elle seule. Sans Johnny. Le magazine *Lui* souhaite de nouveau la faire poser nue. L'hebdo *Elle* réfléchit à lui « offrir la couverture » : la directrice de la rédaction, qui l'a croisée dans une soirée, a flashé sur elle.

Avec Johnny, elle a commencé à construire la famille qui leur importait tant : Jade et Joy poussent merveilleusement. Un troisième enfant les rejoindra peut-être, ils ont pensé à adopter un petit garçon. Elle a 33 ans. Leur maison de Saint-Barth est construite, une autre en train d'être édifiée à Los Angeles à partir de plans qu'ils ont dessinés. Quand elle séjourne sur son île des Antilles, l'été, elle s'éclate.

Laeticia, qui ne s'est jamais sentie aussi belle, ose désormais le topless ; elle est moins sage, plus femme. Non, vraiment, Laeticia a fini de s'oublier.

Ses rapports avec Johnny aussi ont changé. Le chanteur continue de lui parler parfois mal, certes, mais les avis de sa femme comptent, désormais. « Au fil des années, on a vu qu'elle arrivait à lui imposer des choses, se rappelle un photographe de nuit parisien. Je me souviens d'une soirée avenue Montaigne où elle lui disait : "Viens faire des photos à l'étage", et lui arrivait. » Même si elle redoute toujours les colères de son mari, il arrive aussi à Laeticia de lui tenir tête, y compris en public. Autour d'eux, on en a déduit que, dorénavant, elle décide de tout. Lorsque Johnny tourne le dos, Laeticia n'hésite pas, y compris devant témoins, à lire

1. « Vie privée, vie publique », émission déjà citée.

ses textos. Beaucoup la soupçonnent de répondre aux SMS et aux mails de la star en se faisant passer pour lui.

Dans *L'Express*, son père explique à quel point sa fille s'est endurcie. Elle est devenue «un loup», précise André Boudou[1]. «Johnny est un immense artiste mais un homme compliqué. À ce niveau de notoriété, il n'y a pas de place pour les tendres. Laeticia s'est adaptée. Il peut lui arriver de rédiger quelques mails pour son mari, mais n'oublions pas l'essentiel : le patron, c'est Johnny, et Laeticia n'aurait jamais pu tenir quinze ans à ses côtés si elle n'était pas amoureuse.»

Amoureuse mais tentée, parfois, de rendre à son macho de mari la monnaie de sa pièce.

A-t-elle eu vent de la soirée que vient d'offrir à Johnny, ce même mois de mai 2008, son ami le styliste français Christian Audigier, alors qu'elle devait rentrer à Paris, laissant le chanteur seul en goguette à LA? «Organisez-moi un truc!» a-t-il demandé au propriétaire de la marque Ed Hardy avec qui il vient de lancer la ligne Smet. Christian Audigier, à l'époque le roi de Los Angeles, ne peut rien refuser à celui qui est son ami et son idole. Il a convié treize filles, toutes plus belles les unes que les autres, dans une suite du somptueux Château Marmont à Hollywood.

La surprise fut grande, ce soir-là, quand les jeunes femmes ont vu arriver un sexa sexy, rasé de près, magnifique dans son costume de flanelle grise.

Peu importe s'il ne s'est finalement rien passé, la jeune femme sur laquelle le chanteur avait jeté son dévolu l'ayant planté là en lui filant une paire de claques.

Laeticia a également eu connaissance d'une autre expédition : une bonne âme lui a balancé la virée de Johnny, Audigier et toute leur bande dans le désert de Santa Fe cette même année. Et le dîner très arrosé au «Coyote Ugly» (quarante-cinq margaritas et autant de vodkas

1. *L'Express*, 19 février 2011.

commandées dès l'arrivée), suivi d'une nuit au Red, un bordel de seconde zone caché derrière une station-service sur la route d'Albuquerque où échouent cow-boys solitaires et routiers fatigués. À l'acteur Yves Rénier et à Daniel Angeli, qui l'accompagnaient cette nuit-là, Johnny a proposé – sans succès – des entraîneuses. Ses copains étaient du genre fidèles. Et les entraîneuses ne correspondaient pas aux canons habituels de la beauté : certaines exhibaient des jambes de bois et des dents en moins !

Peu importe finalement si, là aussi, Johnny n'a pas « bougé une oreille », trop occupé à digérer sa déception de ne pas avoir pu séduire Piu, la superbe assistante mi-Black mi-Thaïlandaise d'Audigier !

À Saint-Barth, ce jour de mai, Johnny ira se « prendre une murge » en attendant d'avoir des nouvelles de Laeticia. Qu'il finira par obtenir le lendemain. Elle lui assurera qu'il ne s'est rien passé. Mais la presse people évoque rapidement l'anniversaire de Lenny Kravitz[1]. Vont-ils se séparer ? La rumeur court la planète show-biz.

À LA, qu'elle rejoint peu après, Laeticia est photographiée visitant le chantier de leur future maison de Pacific Palisades avec son frère Grégory. Johnny a déjà filé en France : il est pris par l'éprouvante – trop éprouvante – tournée du « Tour 66 ». Face à ceux qui la questionnent ouvertement au sujet d'un éventuel divorce, Laeticia minimise. « Longtemps, j'ai accompagné mon mari partout. Aujourd'hui, les choses sont différentes [...]. Non, nous ne divorçons pas », affirme-t-elle tout en reconnaissant qu'« avec Johnny, nos chemins, parfois, nous séparent[2] ». Dans *Paris Match*, Johnny Hallyday tente également de désamorcer :

1. « Tout est parti de ce soir de mai où la jolie blonde s'est rendue à l'anniversaire de Lenny Kravitz, à Paris, alors que Johnny était encore à Saint-Barth. À partir de là, son mari absent, la jeune femme semble avoir pris goût à la vie de noctambule », *Voici*, 31 janvier 2009.

2. *Paris Match*, 29 octobre 2009.

« C'est moi qui ai insisté pour que Laeticia parte à Los Angeles et que ma fille reste à l'école là-bas, confesse-t-il, J'ai mis longtemps à trouver la femme parfaite. Il est hors de question pour moi de la perdre[1]. » La crainte d'une séparation a rendu l'idole complètement « accro » à son épouse.

« Johnny est un mec qui met les gens sous emprise, décrypte Gilles Lhote. À partir du moment où il a cru que Laeticia était sous emprise, amoureuse de lui, il s'est mis à déconner. Mais quand il s'est aperçu que sa femme changeait de look, devenait sexy, faisait des photos sur la plage pour des magazines de mode, que des mecs la branchaient, il est devenu fou de jalousie. C'était comme ça dès que tu lui résistais. En 2008-2009, Johnny avait déjà 66 ans, ce n'était plus la même limonade. Au début de leur vie commune, Laeticia était complètement imperméable à toute séduction, mais désormais, elle plaisait vraiment. Paradoxalement et contrairement à ce qu'on pourrait croire, à ce moment-là, leur couple ne va pas être en danger mais il va au contraire se solidifier. Johnny n'a jamais été aussi amoureux qu'à partir de ce moment-là[2]. »

Il n'y a pas qu'affectivement que le chanteur souffre. Une hernie discale lui gâche la vie depuis des mois. Problème : il a entamé la tournée du « Tour 66 », une « tournée d'adieu », « plus chère que celle que devait faire Michael Jackson », explique fièrement Jean-Claude Camus qui estime à 20 millions d'euros son coût total[3]. Une heure avant un concert à Orléans, il a fallu lui administrer des piqûres de morphine et de corticoïdes pour qu'il puisse se tenir debout sur scène. Conscients que Johnny ne tiendra pas longtemps, son médecin personnel, les experts de sa compagnie

1. Rapporté dans *Voici*, 21 novembre 2009.
2. Entretien avec les auteurs, le 10 juin 2018.
3. *Le Figaro*, le 15 décembre 2009.

d'assurances et son radiologue se réunissent. Un vrai « conseil de guerre ».

L'IRM est sans appel. Johnny souffre d'un blocage complet de la colonne vertébrale et d'un nerf pincé. La décision est prise : il faut opérer tout de suite. Le rocker a quarante jours de libres avant de remonter sur scène mi-janvier. Le *go* est donné. Après deux mois de séparation, Laeticia rentre à Paris. Elle se doit d'être auprès de Johnny. C'est le docteur Stéphane Delajoux qui intervient. Un beau gosse médiatique[1], ex d'Isabelle Adjani, qui a opéré le rocker avec succès l'année précédente.

Dans la soirée du jeudi 25 novembre 2009, Johnny et Laeticia entrent à la clinique du Parc Monceau, à Paris, avec retard. Le chanteur était attendu à 20 heures afin de consulter l'anesthésiste et d'effectuer les examens préopératoires, mais il est minuit passé lorsque les Hallyday franchissent la porte d'entrée de la clinique.

« Il est arrivé complètement alcoolisé avec Laeticia qui, elle, était sobre[2] », se souvient le docteur Delajoux. L'intervention se passe bien. « Je lui décoince son nerf, je lui mets une petite prothèse entre les vertèbres, je lui enlève pas mal d'arthrose. » Le médecin ne pouvait imaginer la suite. « Le lendemain, avant même que je fasse ma visite du matin vers 8/9 heures, Johnny n'était plus là. Il avait quitté la clinique sans avis médical. J'ai su par les journalistes qu'il avait été retrouvé, ivre, à la Maison du Caviar. Il avait un tel besoin d'alcool, il ne pouvait pas ne pas boire. »

Au même moment, Laeticia est à Marnes. Elle répond aux questions d'une journaliste d'*Elle* pour l'interview qui accompagnera la couverture du magazine. La journaliste écrit qu'elle voit arriver Johnny « démarche chaloupée, un

1. En 2003, Stéphane Delajoux a été envoyé par la famille de Marie Trintignant à Vilnius pour tenter une opération de la dernière chance sur la compagne de Bertrand Cantat. Il a également opéré Charlotte Gainsbourg, victime d'un hématome cérébral en septembre 2007.

2. Entretien avec les auteurs, le 1er août 2018.

peu fatiguée. Laeticia s'illumine. Effusions collées serrées dans les bras l'un de l'autre. Puis, cette scène surréaliste. Laeticia : “J'espère que tu n'as pas oublié les Tupperware à la clinique.” Johnny, de sa voix mythique : “Ben oui, j'ai rapporté les Tupperware !” Et la maîtresse de maison d'expliquer : “Je suis rentrée un peu plus tôt que lui aujourd'hui mais je ne l'ai pas quitté pendant ses deux jours d'hospitalisation, sauf pour venir ici lui cuisiner ce qu'il aime, des salades de pommes de terre et des steaks tartare bien relevés. Et je repartais avec mon petit panier. À la clinique justement, nous avons passé des heures à parler, comme on peut le faire quand on est dans une sorte de cocon. Nous n'arrivions pas à nous endormir tellement nous avions de choses à nous dire[1].” »

S'il n'a pas conservé le souvenir de Tupperware, Stéphane Delajoux garde en mémoire, en revanche, le coup de fil de Laeticia en pleine nuit, le lendemain du retour de Johnny à Marnes. « Elle m'annonce qu'à 2 heures du matin, ivre, Johnny est tombé dans l'escalier, raconte-t-il. Il a une plaie ouverte, me dit-elle, je ne peux pas le soulever, il est trop lourd.” Je lui dis de me le ramener à la clinique, Laeticia me répond : “Non, il ne peut pas bouger.” J'entendais Johnny derrière, il hurlait. Je lui dis : “Vous vous démerdez mais demain, à 7 heures, je vous vois.” Il a dit “d'accord”, il n'est pas venu. »

C'est à 16 heures que le médecin voit finalement débouler Johnny, accompagné de son garde du corps : « Il était allé au cinéma avec son copain Jean Reno », soupire le docteur Delajoux, qui l'admet immédiatement à la clinique pour suturer la plaie. « C'était complètement incohérent. Sa plaie s'était ouverte, elle avait macéré douze heures dans sa transpiration. Ce n'était pas l'intervention du siècle mais il fallait que ce soit propre. Il est reparti ensuite à la

1. *Elle*, 11 décembre 2009.

Maison du Caviar. Le problème de Johnny, c'est qu'il était ingérable.»

Avant de partir, Johnny informe Stéphane Delajoux qu'il prend, dès le lendemain, l'avion pour Los Angeles où Jade et Joy attendent leurs parents avec impatience. «Je lui ai dit : "C'est hors de question!" Il m'a répondu : "Je n'ai pas le choix, j'y vais." Nous n'étions pas dans un service médical de psychiatrie fermée. Les patients sont libres. Je n'ai pas pu m'y opposer.»

Le docteur obtient toutefois d'envoyer un médecin biologiste à Marnes le matin du départ pour effectuer un prélèvement complet. Le bilan ne présente aucune anomalie. «Aucun signe d'infection, aucun signe inflammatoire (absence d'augmentation des globules blancs), rien. C'est ce qui m'a sauvé. Sans ce rapport, on m'aurait accusé d'avoir infecté le patient en France et de l'avoir laissé partir.» Johnny, lui, n'a pas attendu les conclusions du rapport.

Ce 1er décembre, il atterrit à l'aéroport international de Los Angeles. Il est épuisé par des douleurs lancinantes ressenties pendant les douze heures de vol. À la sortie de l'avion, une hôtesse l'attend avec un fauteuil roulant, sur lequel il prend place. Lunettes noires, foulard tête de mort autour du cou, Laeticia à ses côtés, casquette vissée sur la tête, c'est le teint blafard qu'il affronte les flashes des photographes : «La vérité, c'est qu'il a fait des conneries, se rappelle Pierre Billon. Il s'est barré de l'hôpital alors qu'on lui avait dit de ne pas le faire. L'opération, elle, était réussie. Ça se serait passé aux États-Unis, il y aurait eu tellement de décharges à signer qu'il ne serait pas sorti. C'est la faute de Johnny et de personne d'autre. Les douze heures de zinc, c'est là où ça s'est déclaré[1].»

Johnny et Laeticia ont prévu de ne plus se quitter au moins jusqu'au 8 janvier, date à laquelle le chanteur reprendra sa tournée par le Zénith d'Amiens.

1. Entretien avec les auteurs, le 15 mai 2018.

À Los Angeles, ils vont consacrer tout leur temps à l'aménagement de leur nouvelle maison. Johnny semble reparti sur des bases plus saines. « Il avait juré à sa femme d'arrêter l'alcool, qu'il ne boirait plus une goutte avant la reprise de la tournée[1], se rappelle Stéphane Delajoux, qui reste en liaison avec le médecin et l'infirmière personnels du chanteur. Le neurochirurgien français a exigé qu'au « minimum » les pansements soient changés quotidiennement. « Au bout d'un jour ou deux, se souvient le docteur Delajoux, son médecin m'a dit qu'il était en sevrage, qu'il tremblait, en sueur du matin au soir. Je lui ai dit : "Je comprends. On a vécu la même chose à Paris." Parallèlement, il s'infectait. La sueur, probablement. Son médecin l'a emmené à l'hosto où a été décelée une infection de la cicatrice : Johnny a été mis sous antibiotiques. Le problème aurait dû être vite réglé. »

Au domicile de Johnny, les médecins se succèdent deux semaines durant, tentant de soulager sa douleur. « Je n'ai plus eu de nouvelles jusqu'à ce coup de fil de Laeticia qui me disait : "On part à l'hôpital" », poursuit Stéphane Delajoux.

À Amanda Sthers[2], Laeticia a raconté ce 7 décembre où Johnny s'est effondré sur le sol, alors qu'il s'apprêtait à déjeuner : « J'ai pris Johnny sous les bras et je l'ai tiré comme un poids mort jusqu'à la voiture. [...] J'ai démarré en trombe, Johnny était inerte. Je suis partie comme un pilote de course, j'ai grillé tous les feux [...]. Direction le Cedars-Sinaï Hospital. Il s'est réveillé juste avant d'arriver devant, il hurlait de douleur. Les infirmiers sont venus le chercher et c'est là que le chemin de croix a commencé [...]. J'ai appelé le docteur Delajoux pour qu'il m'aide et il m'a dit qu'il ne viendrait pas aux États-Unis et que les médecins sur place n'avaient qu'à prendre le relais. Je me suis sentie tellement seule. »

1. Entretien avec les auteurs, le 1er août 2018.
2. Amanda Sthers, avec Johnny Hallyday, *Dans mes yeux*, *op. cit.*

Le Cedars n'est pas l'hôpital américain ou la clinique Monceau. Laeticia n'y a pas ses habitudes. Elle ne connaît pas les deux médecins qui prennent en charge son mari. Elle est seule pour faire des choix, pour signer dans la panique des papiers, des décharges rédigées dans une langue étrangère.

Très vite se répand en France la nouvelle de l'hospitalisation du rocker. Peu après que soit tombé un communiqué évoquant des nouvelles « rassurantes », Johnny doit être réopéré pour soigner une « infection grave » consécutive à l'opération du 26 novembre. À deux reprises, il est placé dans un coma artificiel. Une première tentative de réveil se passe mal. « On m'a dit qu'il allait falloir le plonger dans un coma artificiel pour le soigner, se souvient Laeticia[1]. On m'a expliqué que la douleur semblait trop forte et qu'elle allait le tuer. »

Line Renaud, la « marraine » du chanteur, débarque à Los Angeles pour des visites quotidiennes à la star. Patrick Bruel, de passage à LA, se rend également au Cedars Hospital. Tous les deux livrent des nouvelles à la presse qui squatte l'entrée de l'hôpital. En France, où les déclarations catastrophistes de Jean-Claude Camus n'arrangent guère les choses – il déclare sur RTL que « l'infection était en train d'attaquer la moelle épinière de Johnny » –, on retient son souffle.

Laeticia ne répond plus au téléphone. Seul l'écrivain Philippe Labro, qui a vécu une expérience similaire, converse quotidiennement avec elle.

« Je lui demandais ce que faisait sa femme pendant son coma, a raconté plus tard Laeticia avec emphase[2], s'il fallait que je parle à Johnny, que je continue à le traiter comme un être au pays des vivants. Philippe me donnait confiance,

1. Amanda Sthers, avec Johnny Hallyday, *Dans mes yeux*, *op. cit.*
2. *Ibid.*

il était mon rare lien avec l'extérieur. Je parlais peu pour nous protéger comme une louve creuse un terrier le temps que les siens guérissent à l'abri des tourments du monde. Je racontais à Johnny ce que faisaient les filles, où nous irions après tout cela, la vie, des souvenirs heureux, et je le massais aussi. » De Paris, le docteur Delajoux échange avec le personnel soignant. « Johnny était en sevrage alcoolique, il a fait un delirium tremens sévère. Il était totalement agité donc il a fallu lui faire une anesthésie générale pendant trois, quatre jours. Il s'agissait d'une anesthésie générale destinée à faire un sevrage, tient à préciser Stéphane Delajoux. Pas d'un coma. »

En France, l'inquiétude monte ; sur les réseaux sociaux, des rumeurs le disent déjà en état de mort cérébrale lorsqu'on apprend que la dure-mère[1] aurait été percée accidentellement pendant l'opération parisienne.

Jean-Claude Camus, gagné par l'angoisse, voit se profiler l'annulation du « Tour 66 ». Or les enjeux financiers sont énormes. Il reste vingt et une dates à honorer sur les quatre-vingt – programmées. Et les compagnies d'assurances, qui ont déjà dépêché leurs experts au Cedars, sont à deux doigts de lâcher le chanteur qui a visiblement négligé sa santé.

David, qui se trouve en France, n'a pas tout de suite saisi la gravité de la situation. Sylvie Vartan et un ami insistent : il faut absolument qu'il aille sur place, à Los Angeles ! Le 11 décembre, à peine arrivé à l'aéroport, le fils du chanteur est assailli par les radios et les télés.

Au Cedars, c'est bien pire. La chambre où repose son père inconscient s'est transformée en « *the place to be* ». Laeticia semble dépassée par cet afflux d'amis affichant des têtes d'enterrement.

1. La dure-mère est une membrane fibreuse, dure et rigide, qui entoure le cerveau, la moelle épinière, les racines des nerfs crâniens et spinaux et le filum terminal.

« C'est le cirque ! s'énerve David lorsqu'il décrit la situation à un ami resté en France, c'est la foire d'empoigne, le tapis des oscars. Il m'a dit, se souvient cet ami, qu'il y avait tout le monde, Bruel, Line Renaud, ils étaient devant la chambre, tentaient d'y entrer. »

Le lendemain de son arrivée, David se tient près de Laeticia quand elle rencontre les médecins : « Johnny a un cancer évolutif, on va essayer de juguler mais les tissus de votre père sont nécrosés. Le cancer risque de se développer. »

Laeticia et David sont sous le choc. Les amis de ce dernier le poussent à prendre les choses en main : « Fais preuve d'autorité, lui disent-ils, tu es l'aîné, tu t'appelles Hallyday, tu viens voir ton père, tu fous tous ces gens dehors ! »

David exige – et obtient – de la direction de l'hôpital que son père soit désormais confiné. « Il a réagi comme un fils qui a raté ses rapports avec son père et qui essaie de rattraper le temps perdu », se souvient, amer, un de ses plus proches copains. En vain. Quand Johnny est sorti de l'hôpital, David a été très, très déçu. »

Pour l'heure, David échange avec Nicolas Sarkozy qui, le 11 décembre, prend la parole en marge du sommet européen de Bruxelles pour rassurer les Français et leur dire que Johnny va mieux. En coulisse, l'Élysée réfléchit à des obsèques nationales si les choses devaient mal tourner.

Avec un incroyable sang-froid, Laeticia assiste, au lycée français de Los Angeles, au spectacle de fin d'année de Jade.

À l'église catholique de Beverly Hills où elle va prier chaque jour, la jeune femme respecte le contrat imposé par *Elle* : jusqu'à la parution du magazine, elle doit garder la tête couverte. Sur la couverture, Laeticia pose en effet avec sa nouvelle coupe. Elle a désormais les cheveux courts. Le « coup » d'*Elle* doit être préservé, un deal est un deal, même en cas de force majeure. La surprise du nouveau look de Laeticia ne peut être éventée... Certains s'offusquent de voir que, en ces temps troublés où son homme, paraît-il, tutoie la mort, Laeticia a pensé à préserver l'exclusivité promise au magazine. D'autres s'étonnent de la voir si élégante. Line Renaud la défend maladroitement en affirmant que Laeticia est maquillée et bien habillée « au cas où Johnny se réveillerait ».

Le 13 décembre, David annonce le premier que Johnny est enfin « hors de danger ». Le 14, à 22 h 30, au soir de l'arrivée de Laura et sa mère, Johnny sort de son sommeil artificiel. Ses premiers mots à Laeticia rapportés par Charles Aznavour ? « C'est bon, on s'en va maintenant. »

Pendant cet épisode malheureux, le rocker a perdu la puissance de son organe. Il a une voix de « petite fille ».

Autant dire que l'annulation du « Tour 66 » ne surprend personne. Jean-Claude Camus acte l'arrêt de la tournée le 15 décembre avant de s'en prendre publiquement au docteur Delajoux. Il qualifie l'opération de « massacre[1] ». Il ne s'agit pas d'animosité personnelle mais bien de rejeter l'entière responsabilité sur le praticien, qui pourrait être poursuivi par les compagnies d'assurances, pour les ennuis du rocker. Laeticia tape aussi sur le neurochirurgien, devenu une cible parfaite.

« Nous n'avions pas d'assistance du médecin qui avait opéré Johnny avant que tout se dégrade. Pourtant, ça nous aurait aidés. Il a vraiment péché par orgueil », déplore Laeticia[2]. Ce que l'intéressé dément. Le 17 décembre, les Hallyday font savoir qu'ils engagent une procédure judiciaire civile à l'encontre du docteur Delajoux.

Johnny écrira plus tard dans un courrier destiné à la justice : « Depuis que je suis passé entre ses mains, ma vie a douloureusement basculé. »

L'Express, qui s'est procuré le dossier médical du chanteur, révèle peu de temps après que Johnny a été placé en coma artificiel non par crainte d'une infection nosocomiale

1. Stéphane Delajoux l'a assigné en diffamation et a reçu 30 000 euros de dommages et intérêts.
2. Amanda Sthers, avec Johnny Hallyday, *Dans mes yeux*, *op. cit.*

à la suite de son opération parisienne, mais bien par risque d'un delirium tremens dû au sevrage alcoolique. «Jamais Johnny n'a été en danger de mort, confirme aujourd'hui le docteur Delajoux. Je me suis tu parce que ce n'était pas mon rôle. C'est pour cela que ça nous a fait, entre guillemets, "sourire", toute la communication autour du "phénix qui renaît de ses cendres". Moi je n'ai jamais vu quelqu'un mourir à la suite de l'infection d'une cicatrice. Par contre, le sevrage alcoolique a été le problème majeur[1].»

Le docteur Delajoux gagne le procès en diffamation engagé contre Jean-Claude Camus : «Camus ne voulait pas dévoiler les problèmes médicaux de son chanteur, constate, amer, le médecin. Ses sorties : "Il a été opéré par un boucher, il est en train de crever" ; tout était faux.» Les experts judiciaires confirment que l'opération s'est bien déroulée mais notent un défaut de surveillance postopératoire. «Cela m'était difficile de le surveiller car il était parti», se défend le neurochirurgien.

Pendant toute cette période, Laeticia s'est tue. Elle s'est concentrée sur l'essentiel : son mari et ses filles. Elle ne s'est guère attardée sur le reste, les people, les journaux qui chaque jour ouvraient leurs éditions sur l'état de santé du rocker. «Elle était tellement à la rue, raconte Gilles Lhote, qu'elle n'a pas vu tout ce cirque[2].»

Lors de cette hospitalisation, l'intérêt des médias s'est aussi porté sur un autre personnage de la famille jusqu'ici dans l'ombre : David Hallyday. En expulsant des VIP de l'hôpital, en «reprenant la main», notamment sur Laeticia, accusée d'avoir laissé faire, David, d'habitude plus effacé, s'est attiré bon nombre d'inimitiés. Mais il s'est affirmé aussi. Certains articles le présentent désormais comme «l'héritier».

1. Entretien avec les auteurs, le 1er août 2018.
2. Entretien avec les auteurs, le 3 mai 2018.

« David s'est insurgé contre les vedettes qui débarquaient là-bas, se souvient Camus[1]. Mais qu'est-ce que vous voulez ? C'était Johnny, c'étaient des gens qui l'aimaient beaucoup, on a presque dit qu'ils étaient "convoqués", ça me semble insensé ! On a vite fait de dire des choses. À l'époque, Line Renaud était à Vegas, elle passe à Los Angeles, elle va voir son Johnny et ainsi de suite. Les médias était là quand j'ai débarqué à Los Angeles, une nuée de télés étaient là, il n'y avait pas besoin de Laeticia pour orchestrer les choses, hein ? »

Après avoir « supplié » les médecins de le laisser sortir pour passer chez lui les fêtes de fin d'année[2], Johnny rentre célébrer ce Noël qu'il a bien failli ne pas voir. À Los Angeles début janvier, il est photographié avec un cathéter – une perfusion d'antibiotiques pour éviter une nouvelle infection –, visitant le chantier de sa maison. Les médecins l'ont prévenu : ils prédisent un « décès rapide » s'il continue à boire et à fumer. Comme le souligne Stéphane Delajoux : « Sans médicaments, il ne supporterait pas le sevrage brutal d'alcool et de tabac. »

Lorsqu'il entame sa convalescence, Laeticia lui décrit l'enfer mâtiné de solitude qu'elle a traversé à son chevet. Simple croyance ou profonde vérité, les amis de David en sont persuadés : « Lorsque Johnny a retrouvé ses esprits, Laeticia l'a convaincu que David avait empêché ses amis d'accéder à son lit, confie un ami du fils de Sylvie et de Johnny. Alors que Laeticia leur permettait à tous d'entrer dans cette chambre, David n'a eu qu'un seul tort : celui de se dresser contre elle. »

Pourtant, depuis qu'il a quitté Marnes-la-Coquette en 2002, David ne s'est pas querellé avec Laeticia. Conscient que la carrière de Johnny exige un « nouveau souffle », ils

1. Entretien avec les auteurs, le 22 juin 2018.
2. Amanda Sthers, avec Johnny Hallyday, *Dans mes yeux*, *op. cit.*

ont même évoqué ensemble la possibilité que père et fils travaillent de concert. Ils en ont parlé, lors d'un dîner chez Maxim's à Paris, puis ont de nouveau échangé sur le sujet, lors d'un séjour de David dans la première maison américaine de Johnny et Laeticia, à Beverly Glen.

David, au piano puis à la batterie, avait même participé à un bœuf mémorable avec son père. Mais l'affaire a fait long feu. « En réalité, personne n'avait intérêt à ce que David reprenne un rôle auprès de son père, confie ce même proche. Ni Camus [N.d.A. : avec lequel David sera en crise ouverte un an plus tard] ni Laeticia. Ce qu'ils voulaient tous, c'était l'écarter. »

Pourtant, remis sur pied, Johnny prend le temps d'écouter son fils. À son réveil, il a entendu, lu tant de choses. Il lui téléphone : « Allô David, c'est Johnny, ton père. » Ce sont toujours ces mêmes mots quand il l'appelle. Et David répond invariablement : « Oui c'est David, ton fils. »

Quelques jours après sa sortie du Cedars, Johnny invite son fils à déjeuner dans un restaurant italien de Beverly Hills. David paraît paniqué. Aussi incroyable que cela puisse paraître, à 43 ans, il déjeune pour la première fois en tête à tête avec son père. Bien sûr, Johnny a toujours été là pour lui. Il l'a toujours gâté. « Il n'y a jamais eu de problèmes d'argent entre eux, confie un ami de David. Si David avait eu envie d'un truc et l'avait demandé à son père, il l'aurait eu. » Mais leurs dialogues se limitaient souvent à : « Tiens, tu as vu ma nouvelle moto ? » Le père et le fils n'ont jamais partagé de longues conversations, à l'exception d'un documentaire qu'ils viennent de tourner à Marnes pour la société de production de Cyril Viguier où le fils interviewe le père.

À ce déjeuner, aucune caméra, aucune tierce personne n'assiste à cet entretien. Alors, ne serait-ce pas le moment opportun pour David de raconter ce qu'il s'est passé au Cedars-Sinaï, d'argumenter, de lui expliquer sa conduite face à Laeticia ?

Mais David tient de son père. Aux grandes explications, aux clashs frontaux, il préfère l'esquive, voire la fuite. Là où Johnny peut s'enfermer des jours entiers dans une salle de ciné, David peut consacrer des nuits à jouer à *Call of Duty 3* – dans une vie fictive où il combat dans les rues de Sarajevo, il se fait appeler Jetson et figure parmi les meilleurs joueurs du classement.

Ce déjeuner à Los Angeles aurait pu permettre à ces deux-là d'aborder leurs non-dits, d'évoquer ces fois où ils ont fêté les réveillons de fin d'année, chacun dans leur maison à Gstaad, avec leurs petites familles, sans s'appeler. Lequel d'entre eux aurait dû prévenir l'autre de sa présence ? Le père ? Le fils ? Laeticia qui n'aime pas la si riche Alexandra ? Ou Alexandra qui ne porte pas dans son cœur Laeticia ?

David a-t-il exprimé aussi le sentiment d'injustice qu'il a ressenti au Stade de France le 30 mai 2009 ? Alors qu'il se produisait sur scène avec son père, il n'avait pu obtenir que trois places pour ses invités. Son associé Cyril Viguier en était même venu aux mains dans le carré VIP avec Jean-Claude Camus en jurant à ce dernier que, un jour, David reprendrait le contrôle et ferait, après *Sang pour sang*, d'autres albums pour son père qui amèneraient autant de succès[1]. « Pendant ce temps, se souvient un de ses amis avec rancœur, Laeticia conviait le ban et l'arrière-ban en distribuant des coupes de champagne. » David est persuadé que son père, tout à son spectacle, n'a pu observer tout cela... et il a raison.

À la fin du déjeuner, sur le perron de ce restaurant chic, père et fils s'embrassent. David quitte Johnny avec le sentiment que, cette fois-ci, les choses ont été dites. Il sera pourtant « crucifié » par son père quelques mois après, en

1. Interrogé sur le sujet, Jean-Claude Camus dément en affirmant que David a toujours eu toutes les places qu'il demandait mais que la tribune présidentielle du Stade de France ne peut supporter, pour des raisons de sécurité, qu'un nombre limité d'invités.

octobre 2010, dans une interview-fleuve accordée au *JDD*. David «s'est montré, disons, assez léger avec Laeticia», dira le rocker. Une petite phrase lâchée l'air de rien à son ami l'écrivain Daniel Rondeau.

Johnny reproche à son fils d'avoir chassé ses amis du Cedars-Sinaï et d'avoir voulu lui imposer son entourage professionnel, notamment Cyril Viguier (plus tard, chez Tong Yen, un restaurant du 8e arrondissement de Paris, les deux hommes manqueront d'ailleurs d'en venir aux mains, Cyril Viguier ne pardonnant pas à Johnny sa conduite envers son fils). Il ne l'exprime pas mais il goûte assez peu la nouvelle vie de son fils, trop bling-bling à ses yeux, trop confortable, et risquant d'empêcher David de développer son talent d'artiste.

Les rares alliés de David accusent Laeticia d'avoir «chargé» David, «l'héritier». «C'est la première fois que j'ai perçu une vraie considération de fils aimant et ça lui est revenu dans la gueule avec une force énorme», raconte ce proche.

Mais si l'interview au *JDD* a provoqué une cassure plus importante que toutes les autres, elle n'incite aucunement David à engager un conflit. Sombre, torturé, il encaisse en silence. Il se rendra même, peu après, à l'anniversaire de son père auquel est convié Alain Delon – son idole –, répondant ainsi à l'invitation de Laeticia.

David va devoir s'y faire : Johnny est devenu «affectivement dépendant», comme disent les anti-Laeticia. Autour de lui, le monde se divise désormais en deux parties. Il y a ceux qui déplorent l'importance démesurée que la jeune femme a prise. Et, de l'autre, ceux qui la flattent, lui baisent les pieds pour accéder au cercle restreint. Le bal des courtisans s'organise autour d'elle. «Tout à coup, explique cet ami de Johnny de toujours, elle a compris qu'elle était aussi importante que Johnny. Les gens lui faisaient des courbettes, à elle autant qu'à lui. C'est Johnny qui l'a rendue comme ça.»

De fait, après le Cedars, Johnny ne manque plus une occasion de lui rendre hommage. Il n'ira plus jamais contre sa femme, en public du moins. Laeticia, elle, sait qu'il ne la quittera jamais. Pour lui, Letti a revêtu les habits d'une héroïne à qui il doit la vie. On peut ainsi lire dans *Gala*[1] : «Johnny a retenu qu'il ne serait pas là, droit dans ses boots si, contre son avis, Laeticia n'avait pas précipité son admission au Cedars-Sinaï de LA. Qu'elle n'a jamais quitté son chevet que pour amener leurs filles à l'école, comme si de rien n'était, ou prier dans la chapelle de l'hôpital américain, comme si tout en dépendait.»

La légende Laeticia s'écrit. Les magazines regorgent de détails sur cette femme, épouse, mère et infirmière à la fois. À son réveil, elle lui a servi ses plats préférés (dans des Tupperware, toujours). Laeticia a cassé son image de «femme de», gentille et naïve. On la décrit en femme à poigne, autoritaire, n'ayant pas hésité à demander l'hospitalisation de Johnny contre son gré. À longueur d'interviews, ce dernier répète à l'envi son destin de miraculé et la remercie encore et encore. Jusqu'à l'overdose parfois.

À Los Angeles, Johnny a entamé une convalescence aussi discrète que possible. Interdit d'avion, il ne peut se rendre au chevet de Laura lorsque celle-ci est hospitalisée le 4 janvier 2010 à l'hôpital militaire du Val-de-Grâce à Paris, après avoir été retrouvée inanimée dans l'église de Saint-Germain-des-Prés. Si son agent évoque un «simple malaise», il est établi que la jeune femme a absorbé de fortes doses de médicaments et d'alcool avant de perdre conscience. La veille, Laura, exaspérée par les rumeurs grandissantes relatant un déchirement intérieur, avait publié une lettre ouverte dans le *JDD*[2], expliquant qu'elle n'était pas «écartelée» entre son père et son compagnon

1. *Gala*, 15 décembre 2010.
2. *JDD*, 3 janvier 2010.

de l'époque, Julien Delajoux, le frère de Stéphane, l'homme accusé un temps d'avoir mal opéré Johnny.

À distance, interrogé par *Le Parisien*, ce dernier se déclare « très perturbé[1] ». « Cette relation n'a eu aucune interférence[2] », confirme aujourd'hui le docteur Delajoux.

L'été suivant, Johnny, Laeticia et les filles filent à Saint-Barth. Plusieurs mois durant, Johnny déprime. Sa puissante voix a disparu. L'intubation à l'hôpital Cedars a abîmé ses cordes vocales, « un souffle et un filet de voix de gonzesse, rien[3] », dira-t-il plus tard. Il se mure dans le silence, se demande s'il pourra de nouveau chanter. « À cette époque-là, se souvient Gilles Lhote, il se reconstruit. Paris, il déteste, il ne veut plus. Il dit : mes fans ont l'impression que je leur appartiens. Il est dans un autre trip, un trip patriarche, alors il se réinvente complètement. Normalement, il est mort en 2009, alors il se réinvente. Ce coma au Cedars-Sinaï, au lieu de le diminuer et l'affaiblir, va le rendre encore plus percutant. »

Cet été-là, personne ne sait où se trouve Johnny. Les habitués de Saint-Barth sont incapables de dire s'il séjourne sur l'île. En fait, il s'enferme dans la salle de ciné de la villa Jade, là où la température ne dépasse pas quinze degrés, emmitouflé dans un plaid en cashmere – ses préférés. Il va peu à la mer. Il tourne en boucle le film du Cedars, se repasse tout ce que Laeticia lui a dit : « Il y a quand même eu des commentaires sur les fringues qu'elle portait pour venir me voir à l'hôpital[4]. »

Sa femme le laisse seul, elle organise des fêtes autour de la piscine avec ses copines et retrouve Saint-Barth comme elle l'a laissé l'été précédent : un lieu délicieux où s'évader des après-midi entiers à la plage, à converser sur ce sable si

1. *Le Parisien*, 6 janvier 2010.
2. Entretien avec les auteurs, le 1er août 2018.
3. Amanda Sthers, avec Johnny Hallyday, *Dans mes yeux*, *op. cit.*
4. *Ibid.*

fin qu'il ressemble à de la farine. Plus assurée, elle pose nue et sexy pour *Pure*, le magazine hype des riches de Saint-Barth. De son côté, installée chez les Hallyday, Mamie Rock prépare quotidiennement les inhalations de Johnny qui l'aideront, c'est sûr, à retrouver sa voix.

Laeticia a gardé ses cheveux courts, et tant pis si Johnny la préfère avec les cheveux longs. Elle est là, à veiller sur les filles au bord de la piscine et à réfléchir à son propre storytelling. Elle a accepté une batterie d'interviews à la rentrée. Elle croule sous les demandes depuis qu'elle s'est mise à nu. L'entretien donné à *Paris Match*, dont elle faisait la couverture, le 29 octobre 2009, puis celui accordé à *Elle*, au moment du drame du Cedars-Sinaï, ont aiguisé la curiosité autour d'elle. *Match* titrait : « L'interview vérité d'une femme libre », et c'est vrai que Laeticia y disait beaucoup de choses. Elle prenait la parole pour la première fois, après que le magazine *Télé Star* eut publié une interview de Johnny où il évoquait son « petit cancer ». Laeticia aurait bien aimé en parler elle-même à la presse, mais Johnny lui a « grillé » la priorité.

Elle y racontait les infidélités de Johnny et avait cette phrase qui ferait bondir la moins féministe des lectrices : « L'infidélité de mon mari a presque été une chance. J'ai cherché où était ma part de responsabilité. Je me suis remise en question[1]. — Il vous a trompée et c'est vous la coupable ? interrogeait à son tour le magazine *Elle*. — Oui, parce que je lui avais imposé beaucoup. À ma demande, mon arrière-grand-mère est venue terminer ses jours chez nous, et je la soignais sans aide à domicile. [...] J'ai également proposé à mon mari que sa mère nous rejoigne quand elle est devenue veuve [...]. Cette existence d'un autre temps, avec plusieurs générations sous notre toit, n'était sans doute pas idéale pour notre couple.

1. *Paris Match*, 29 octobre 2009.

Il y avait aussi mon combat très douloureux, pesant, obsessionnel contre la stérilité. »

Dans cet entretien, Laeticia vante aussi la « belle relation » construite avec Sylvie Vartan à Los Angeles, qui veille de loin sur ses filles lorsqu'elles sont seules là-bas, avec leur nounou. «Je ne peux pas m'empêcher de constituer des tribus[1] », souriait Laeticia. À partir de ce moment, il n'y aura plus une interview où Laeticia n'évoquera son anorexie, son combat contre la stérilité, l'infidélité de Johnny, ses « démons », la façon mutuelle dont elle et Johnny se sont « réparés », elle la « déglinguée de la vie »[2].

La jeune Mme Hallyday s'est attelée à changer son image mais aussi celle de son couple. Elle relooke Johnny, qui se met à porter, tel un Justin Timberlake ou un David Beckham, des baskets à lacets et des sweats à capuche. Si le rocker s'est révélé affectivement dépendant, Laeticia est devenue « médiatiquement dépendante ». *Gala* et surtout *Match* deviennent son Graal. « Si elle ne faisait pas une couv de *Match* chaque mois, elle se roulait par terre », exagère à peine cet ami de la première heure. Pour l'heure, Daniel Angeli, le fidèle, signe les reportages. Mais Laeticia a besoin de redorer la légende de Johnny. Et de continuer à écrire la sienne en profondeur. Pour cela, elle s'est mise en quête de trouver de nouveaux talents...

1. *Elle*, 11 décembre 2009.
2. *Paris Match*, 29 octobre 2018.

12

Le grand ménage de la taulière

Elle avait prévenu. Dès 1995, l'année de son arrivée dans la vie de Johnny : « Beaucoup de gens profitent de Johnny, d'autres l'aiment vraiment [...]. Je suis gentille avec tous, mais je sais faire la différence entre ceux qui sont bien et ceux qui ne le sont pas. »

Pour ceux qui n'ont pas prêté attention à cette interview accordée à *Paris Match* le 23 novembre 1995 – quatre mois avant son mariage – ou pour ceux qui n'y ont pas cru, les années qui suivent l'épisode du Cedars-Sinaï vont ressembler à un véritable passage à la sulfateuse. Laeticia est partie pour faire le grand ménage. Cette fois, elle a les pleins pouvoirs – ou presque.

Bien sûr, avant 2009, des signes avant-coureurs se sont manifestés, des évictions témoignaient de son influence grandissante auprès du rocker. Celle de Marc Francelet, tout particulièrement. L'ancien journaliste, ami de toujours, s'était pourtant attiré la reconnaissance éternelle de Johnny en le « sortant » de l'épineuse affaire de viol. Pourtant, quelques semaines à peine après les effusions devant le barman de l'hôtel Raphaël, Johnny a coupé les ponts. La raison ? Un autre article du *Point*. Le journal, auquel Francelet avait donné des informations de première main sur le dossier et sur le procureur Montgolfier, a publié un papier qui a fortement déplu au couple Hallyday. Les journalistes de l'hebdo se sont en effet intéressés aux montages financiers opérés par Johnny et son beau-père, André Boudou, autour de l'Amnesia. Francelet n'a rien à voir avec cet article. Et, malgré son entregent, n'a pu empêcher la parution de cette enquête. «Laeticia a persuadé Johnny que cet article était le fait de Francelet. Jojo lui a envoyé un mot *illico* en lui disant : "Je vois que c'est toi. Va au diable!"», nous indique un ami de l'époque de Francelet.

«Va au diable!» Francelet a lu et relu ces trois mots. Avec colère. Ses états de service auprès du rocker parlent pour lui. Comment Johnny peut-il douter de lui, lui qui connaît tout de sa vie? Lui qui a vu naître David, lui qui a arrangé l'achat d'un appartement pour Laura, lui qui débarquait, de jour comme de nuit, à Marnes, dès que Johnny avait besoin de se sortir d'une embrouille. En réponse à ce «Va au diable», Francelet va à la poste!

Il envoie une lettre simple à Johnny dans laquelle il exprime son courroux, puis, se méfiant de Laeticia, qui aurait pu la subtiliser, doublonne par un recommandé avec accusé de réception. Un procédé administratif là où, entre les deux hommes, il n'en exista jamais. En vain.

En 2003, quarante-quatre ans d'une amitié sans faille sont balayés. Les deux hommes ne se sont jamais revus. «Johnny était tellement dingue de Laeticia que Francelet n'a rien pu faire», soutient cet ami de l'époque. Faut-il que Laeticia soit si sûre d'elle pour écarter le gardien de tant de secrets? À l'épouse de Francelet, croisée un jour par hasard, elle dira : «Oh, nos maris, ils sont aussi orgueilleux l'un que l'autre.» Ils sont surtout meurtris. Le nom de Marc Francelet figure en première place de la liste des déçus – les «cocus» disent certains – de Johnny. Un exemple qui montre à tous que les amis du rocker, même les plus intimes, ne doivent jamais se sentir tout à fait installés dans leur relation avec celui-ci. Certains en ont tiré une morale, tel ce très proche, qui l'exprime crûment : «J'ai été comme tout le monde, fasciné, mais ces gens-là finissent par te chier dans les bottes. À partir du moment où tu fais partie de leur entourage, il y a la phrase qui tue, celle qui te remet à ta place. »

Qui sera le prochain sur la liste des évincés ? En réclamant que Joël Devouges, jugé trop mauvais gestionnaire des affaires de Johnny, soit écarté, André Boudou avait déjà commencé le sale travail. Sa fille le continue. Jacqueline la cuisinière, que Laura et David mettront un point d'honneur à inviter à la cérémonie des obsèques à la Madeleine, l'attachée de presse Anne-Marie Allemand, Cyril Laffitau. « Du jour au lendemain, il y a eu une cassure. Qu'est-ce qui avait été dit sur moi ? » s'interroge encore ce dernier, traité avec légèreté après avoir été invité puis « désinvité » à un anniversaire[1]. « J'ai croisé Johnny des années plus tard au restaurant Le Murat, Laeticia n'était pas avec lui. Il m'a invité à venir fumer une clope. Il m'a dit : "Tu sais que j'ai eu deux filles ?" J'ai répondu : "Oui, j'ai vu les journaux. — Tu sais que je suis pas le père." Ça, c'était tout Johnny ! raconte-t-il en riant. Une semaine plus tard, j'étais à un spectacle de Chantal Goya avec mes filles. Il était là avec Laeticia, Jade et Joy, il est passé devant moi sans dire bonjour. »

L'ex-publicitaire n'en demeure pas marri pour autant : « Ce qui est sûr, c'est que Johnny était quelqu'un de faible. Il ne voulait pas d'emmerdes, il payait pour plein de gens. Alors oui, Laeticia a fait le ménage, mais il y avait tout un tas de pique-assiettes autour de lui[2]. » Les uns après les autres, les « ringues » – ou tout au moins les témoins de la vie d'avant – disparaissent, tel Patrice Gaulupeau, qui a filmé le rocker pendant dix ans. Les choses se font doucement sans que personne n'élève vraiment la voix, un poison lent, une mort douce : « Il n'y a jamais de guerre ouverte avec Laeticia, explique Gilles Lhote, qui a, lui, été sorti à

1. Entretien avec les auteurs, le 30 avril 2018.
2. Entretien avec les auteurs, le 20 avril 2018.

grand renfort de "ankulé" par André Boudou, un soir de concert au Stade de France[1]. Soit c'est une fin de non-recevoir, soit tu n'as plus de nouvelles[2]. »

Il y a ceux que Johnny croise et qu'il invite à des soirées mais, bizarrement, les invitations n'arrivent jamais. Ceux qui, du jour au lendemain, ne reçoivent plus aucune nouvelle jusqu'à ce qu'ils rencontrent Johnny et que ce dernier leur assure avec surprise que « Non, ils ne sont pas fâchés ! ».

D'autres qu'on traite soudainement avec moins d'égards, ou qu'on néglige totalement. Certains acceptent, fatalistes, que leur cote d'amour ressemble à des montagnes russes, tel Jean-Jacques Debout. « Laeticia n'aimait pas les amis de la première heure, tempère-t-il. Je ne lui en ai pas voulu. J'avais compris qu'elle avait fait de Johnny sa chose, elle en avait fait son homme, elle ne voulait pas partager le passé[3]. »

Des fidèles se résignent, trouvant même légitime que Laeticia, comme les précédentes compagnes de Johnny, veuille imprimer sa marque. «Je n'ai jamais changé mon mode de fonctionnement avec Laeticia, explique Pierre Billon[4]. J'ai beaucoup plus composé quand Johnny était avec Nathalie. Nathalie Baye m'avait écarté. Elle avait d'ailleurs tout à fait raison. Parce que je n'avais plus rien à apporter à Johnny. »

À partir du moment où ce dernier a sacrifié Francelet, il peut laisser partir n'importe qui. Sa cousine Desta Hallyday, qu'il considère comme une sœur, s'en émeut, pleine de sous-entendus, dans *Gala* en 2003 : « Ta nouvelle famille profite de toi et te tient par je ne sais quel mystère [...]. Tous mes malheurs viennent de Laeticia Hallyday. » Laeticia lui répond dans le même magazine : « Elle n'a sans doute pas supporté que Johnny se rapproche de sa mère, ni qu'il ait voulu rattraper les années en l'invitant à s'installer

1. Voir chapitre 10.
2. Entretien avec les auteurs, le 3 mai 2018.
3. Entretien avec les auteurs, le 22 avril 2018.
4. Entretien avec les auteurs, le 15 mai 2018.

chez lui. Desta, qui n'avait pas cherché à les réconcilier, s'est peut-être sentie trahie. »

Desta n'est pas la seule à s'émouvoir avec fracas de son sort. Jean-Claude Camus accusera lui aussi haut et fort Laeticia quand sonnera l'heure de son éviction. Il faut dire qu'il n'aura rien vu venir.

Après l'épisode du Cedars-Sinaï et l'annulation de la tournée « Tour 66 », Jean-Claude Camus en est convaincu : Laeticia ne lui tient pas rigueur de ses déclarations sur le docteur Delajoux. Johnny et lui forment déjà plein de projets. Il n'est pas né celui qui leur interdira de lancer d'autres tournées. Oui, mais voilà. En juillet 2010, Camus est en vacances quand l'un de ses amis, qui se trouve non loin de Jean-Claude Darmon[1] dans un restaurant de plage à Saint-Tropez, l'appelle. « Je viens d'entendre une conversation téléphonique, rapporte-t-il au producteur, qui a des oreilles partout. Darmon vient d'appeler Gilbert Coullier[2] et il lui a dit : "Si tu as 12 millions, Johnny est à toi." ».

« J'avais déjeuné avec Johnny un mois auparavant à la Grande Cascade du bois de Boulogne, se souvient Jean-Claude Camus. On avait des projets de spectacle, on parlait avenir. Cela faisait tellement de fois qu'on disait qu'il allait me quitter que, sur le moment, je n'y ai pas accordé trop d'importance. Et puis, les bruits sont devenus persistants. J'ai fini par lui envoyer un premier message début septembre, puis deux. Pas de réponse. Au troisième message, je lui ai écrit : "s'il te reste un semblant d'amitié pour moi, il y a des bruits qui courent, dis-moi." Dix minutes après, il m'appelait et me disait : "T'as pas 12 millions ? Bon ben, Coullier les a, lui." Et il est parti comme ça[3]. »

1. Joint le 16 avril 2018, Jean-Claude Darmon n'a pas souhaité répondre à nos questions.

2. Joint le 3 mai 2018, Gilbert Coullier n'a pas souhaité nous répondre.

3. Entretien avec les auteurs, le 22 juin 2018.

Pour Camus, qui a vendu sa maison afin d'éponger les dettes de Johnny, qui a même été placé en détention provisoire pour de sombres accusations de double billetterie dont il a été blanchi, pour celui qui a connu avec l'artiste le temps des palaces et celui des Formule 1, la pilule est amère.

Camus a la défaite bruyante. Il connaît celle qu'il pense être sa tueuse, elle s'appelle Laeticia : « C'est une évidence, madame manage tout, déclare-t-il alors dans *Gala* [...]. L'amour rend aveugle [...] Tous ceux qui avaient la confiance de Johnny ont sauté. Moi, je dis : "Johnny, réveille-toi !" » Il l'allume une nouvelle fois dans *Le Monde*[1], où il affirme s'être exprimé en public dans le passé sous la dictée de Laeticia, « y compris la charge exagérée que j'ai proférée contre le docteur Delajoux ». Johnny Hallyday, poursuit le producteur, demeure « la plus grande star française, mais il a totalement démissionné ».

Des propos sur lesquels Jean-Claude Camus revient sans embarras aujourd'hui. Il s'est réconcilié avec le couple, après qu'il avait pris publiquement la défense de Johnny lorsque son ex-femme Adeline Blondieau l'accusait de viol en 2015. « Dans son livre avec Amanda Sthers, Johnny disait : Camus est devenu tellement jaloux de ma femme et de mon fils qu'il leur interdisait la porte de ma loge, sourit aujourd'hui Camus. Bon... il fallait bien qu'il habille ça... Je ne vais pas mettre Laeticia sur un piédestal – elle a son caractère –, mais je ne peux pas dire qu'avec moi, ça a été la guerre. Alors peut-être, si on va au fond des choses... Johnny, c'est mon bébé. Pendant toutes ces années, c'est vraiment moi qui en ai eu la responsabilité, de jour comme de nuit. Laeticia prenait, c'est vrai, tout doucement de plus en plus d'importance. Et c'est peut-être pour ça, au moment du divorce, qu'inconsciemment j'ai pensé : je suis chez moi, tu viens manger dans mon jardin. À un certain

1. *Le Monde*, 19 janvier 2011.

moment, c'est vrai qu'au lieu de décider tout seul avec lui, on s'est mis à décider à trois, voilà. Comme dans tout divorce, les uns et les autres, on a eu des paroles rudes, il nous fallait justifier nos positions. Mon Dieu, on en a reparlé à Los Angeles, et tout le monde regrettait évidemment tout ce qui s'était dit... Au final, elle ne lui a pas fait faire de si mauvais choix, que je sache. »

Mais Laeticia a imposé à son mari le deuil de beaucoup d'amis. Francelet zappé, Camus évincé, la purge touche aussi, cette année-là, les Angeli. Des « amis intimes », disait Johnny.

Il y a plusieurs mois que Daniel Angeli n'est plus en cour. Lorsqu'elle trie les photos de Daniel, l'épouse du chanteur a soudainement des choses à dire sur la qualité de son travail. Et confie désormais les gros shootings à des photographes de renom – depuis 2008, tous les « close-up » des Hallyday sont en effet signés par l'agence H&K, une société haut de gamme, sollicitée par les plus grandes stars françaises.

Au sein de son agence, Daniel Angeli évoque de plus en plus sa peur de « perdre Johnny ». « Johnny faisait travailler de grands noms de la photo parce que c'était bon pour sa carrière, explique Gilles Lhote, mais Angeli le prenait très, très mal. Et les deux couples, Hallyday et Angeli, ont commencé à se déchirer à coups de ragots de merde... »

Le photographe le sait : il sera le prochain « cocu » de Johnny. Mais pour évincer Angeli le fidèle, il faut trouver un prétexte. L'occasion arrive lors du premier été que Johnny passe à Saint-Barth après son séjour au Cedars-Sinaï. Il s'est laissé convaincre d'aller faire du jet-ski. Les images du rocker revenant aux plaisirs de la vie après l'hospitalisation qui a fait trembler la France sont très attendues. Les paparazzis qui font la saison sont prêts à shooter. La suite, c'est Johnny qui la racontera, trois ans plus tard[1] :

1. Amanda Sthers, avec Johnny Hallyday, *Dans mes yeux*, *op. cit.*

«J'ai proposé à Daniel de venir avec nous mais, il a décliné, il s'est dit fatigué. Une de mes amies avec lesquelles nous étions en mer m'a avoué qu'elle l'avait vu en planque dans un arbre. Je n'ai pas voulu y croire mais, quelques jours après, j'ai été en photo dans les journaux à scandale. Toujours dans le doute, mais assez énervé et suspicieux, j'ai laissé filer...» L'image de Daniel Angeli, 68 ans, perché dans un arbre pour «shooter» son meilleur ami provoque un léger sourire chez ceux qui le connaissent. Mais ce n'est pas la seule charge de Johnny à son encontre : le rocker explique en effet qu'il lui est arrivé de trouver dans la presse des photos qu'il n'avait pas validées et qui avaient été envoyées «par erreur» aux rédactions.

Johnny affirmait avoir «passé l'éponge» car Daniel Angeli avait «besoin de cet argent» lui permettant de faire à côté «les photos plus artistiques dont il avait toujours rêvé».

Excédée par les déclarations du rocker, Cécile Angeli prend la parole pour remettre les choses en place : elle précise que les photos parues «dans les journaux à scandale» ne sont que des images publiées sur dix pages et une couverture pour *Paris Match*. Un sujet réalisé «en accord», comme à l'accoutumée. «Elles n'ont absolument pas été faites par mon mari mais par des paparazzis travaillant à Saint-Barth auprès de qui Daniel a récupéré les clichés. Nous avons fait choisir ces photos une à une à Laeticia, puis elles ont été retouchées. *Paris Match* sortant le 19 août 2010, j'ai envoyé le PDF à Laeticia deux jours avant pour validation définitive ! Le reportage était également constitué de photos "officielles" faites par Daniel et, une fois de plus, validées par Laeticia.»

Cécile Angeli en profite pour préciser avec ironie que son mari n'est pas monté dans un arbre depuis «au moins quarante-cinq ans». En réalité, Laeticia regrette la parution de photos récentes d'elle se baignant nue à Saint-Barth, photos « choisies ensemble », insiste Daniel Angeli[1]. Et l'histoire des clichés en jet-ski prises à l'insu de Johnny cache un autre incident, rapporté là aussi plus tard – et à sa manière – par le rocker. Un SMS d'une animatrice télé – avec qui elle s'est, depuis, réconciliée – lu opportunément par Laeticia sur le portable d'une amie. Un message où il est écrit en substance qu'il faut se « farcir » les Hallyday. « Pour Laeticia qui croit que ces deux filles sont ses amies, poursuit Johnny, qui les couvre de cadeaux, les invite en permanence, les traite comme des sœurs, c'est une vraie déchirure. Ça a été l'événement de trop. Ça m'a dévasté de la voir comme ça. Ma femme peut être naïve par bonté. Elle ne prête pas de mauvaises intentions aux êtres. »

Le message est clair : on ne touche pas à Laeticia. On ne doute pas, jamais, de Mme Hallyday. Si aucun scandale n'éclate à Saint-Barth, une rumeur court dans le petit cercle des courtisans : les Angeli sont grillés ! Rentrée à Paris, Cécile Angeli appelle sa copine Laeticia pour l'interroger sur ces on-dit. La jeune femme lui a juré, dit-elle, « sur ses enfants » que tout allait bien et qu'il ne fallait pas écouter « les racontars de gens méchants et jaloux », mais Cécile n'aura plus de nouvelles de Laeticia les semaines suivantes. « Laeticia sourit tout le temps, raconte un proche de la première heure, mais elle te poignarde dans le dos. C'est Johnny qui lui a appris ça. » La bande de Saint-Barth explose aussi. *Exit* Yves Rénier, son épouse, mais aussi Mathilde Seigner... place à une bande plus « hype ». Daniel Angeli reste encore dix jours avec Johnny avant que le rocker coupe les ponts. De façon radicale, comme à son habitude. Aux tapes sur l'épaule, aux embrassades, succédera un silence absolu. Sans aucune explication directe.

Le photographe ne s'en remettra jamais. Il divorce, ferme son agence, connaît des soucis de santé. Après avoir accusé Laeticia « d'avoir eu la peau de tout le monde – aussi

1. *Le Monde*, 19 janvier 2011.

loin que je me souvienne, elle a toujours fait des crises pour faire virer les gens[1] », il tempère ses propos suite à la mort de Johnny. «Je pense que c'est le jeu. C'est un système qui vous emmène très haut et puis, tout à coup, tout s'effondre[2]. » Entre-temps, Daniel Angeli aura poursuivi Johnny en diffamation et gagné, obtenant 1 euro de dommages et intérêts.

«Avec Daniel, Johnny s'est très mal conduit, poursuit l'un des amis du chanteur resté fidèle au photographe. Il savait bien que toute l'opération avait été montée par Laeticia. Pas une photo ne paraissait sans qu'elle ait été vue par elle puis retouchée. » «Angeli a beaucoup souffert de tout cela, confirme André Boudou. Un AVC, sa boîte en faillite. C'est un mec bien[3]. »

Pour remonter la cote de Johnny, malmené à l'époque par les Guignols de Canal Plus, moqué par Laurent Gerra, abîmé par son exil en Suisse, il ne faut pas avoir d'état d'âme. Les «ringues», les témoins de la vie d'avant disparus, Laeticia souhaite travailler sur une nouvelle image du couple. Elle a rencontré les époux Rosalie Miller et Hamilton Mann, de l'agence Mann et Miller, spécialistes du conseil en image. Ces communicants lui ont promis les couvertures de *Vogue* et de *Vanity Fair*. Une sacrée reconnaissance pour celle qui fait faire son blond californien au très couru Neil Gorge, à Los Angeles : «Un salon où je peux croiser Scarlett Johansson, Charlize Theron, Michelle Pfeiffer, Cameron Diaz[4] », s'extasie-t-elle. Ce glam hollywoodien qui la fascine, elle l'a découvert aux 50 ans de Christian Audigier au Petersen Museum de LA, en mai 2008, où elle a posé aux côtés de Michael Jackson qu'elle a invité à venir déguster à Marnes ses célèbres quenelles de brochet. Elle a goûté au glam aussi à Cannes, en mai 2009, lors de la montée des

1. *Le Figaro*, 26 décembre 2017.
2. *Le Figaro*, 26 décembre 2017.
3. Entretien avec les auteurs, le 29 juillet 2018.
4. *Gala*, 20 avril 2009.

marches avec Johnny, venu défendre le fim *Vengeance*, de Johnnie To. Ce jour-là, elle a signé presque autant d'autographes que son mari. Aussi star que lui !

Pourtant, les mois suivants, lors d'un Noël au Plaza Athénée avec Joy, Laeticia fuit le micro de l'émission de TF1 « 50' inside ». À la soirée des Frimousses des Créateurs, dont elle est la marraine, elle se montre soudainement inaccessible. Les nouveaux « directeurs de l'image de M. et Mme Hallyday » ont décidé que sa parole serait rare. Et elle s'exécute. Pour solliciter une interview du couple, les médias doivent désormais impérativement passer par Mann et Miller.

Personne n'y échappe, y compris la marque Optic 2000, dont les Hallyday sont les égéries. « Auparavant, nous avions un accès direct, mais là, le couple a changé de méthode, il nous fallait passer par Mann et Miller », se souvient Yves Guénin, le secrétaire général de la marque.

Entre la marque d'optique et le couple Hallyday, tout va bien fonctionner jusqu'en 2011 et l'arrivée des nouveaux communicants dont s'est entichée Laeticia. Cette année-là, après que Johnny eut tourné quatorze films, Mann et Miller imposent leurs conditions. Laeticia et Johnny seront désormais shootés par Terry Richardson, un photographe spécialisé dans le porno chic. « Ils voulaient nous imposer Terry Richardson comme directeur de production, se rappelle Yves Guénin. Certainement un très bon photographe mais pas forcément l'image d'Optic 2000 et pas la plus compréhensible. Nous avons essayé de convaincre le couple qu'Optic 2000 était à 90 % un réseau français, mais le contact direct s'était perdu. » Le sulfureux Terry Richardson est retoqué par le lunetier. « Nous avons toujours choisi le réalisateur de nos campagnes publicitaires, poursuit Yves Guénin. Nous sommes une marque grand public, moi, j'ai besoin qu'on soit dans *Match*, dans *VSD*, dans *Gala*, et pas forcément dans *Vogue International*. Parler de "rupture" avec

Johnny et Laeticia est un peu fort mais on a bien senti qu'il y avait des volontés artistiques ou de support qui étaient différentes, et nous sommes convenus d'arrêter. »

Dans le deal de sortie, tenu secret, le rocker autorise la marque à continuer à utiliser le jingle qu'il a lui-même composé – « Au troisième film, il m'a dit "Ton jingle est nul, est-ce que tu m'autorises à le changer ?" » se rappelle, amusé, Yves Guénin. Au siège d'Optic 2000, à Clamart, on a rangé aux archives ces vidéos des soirées au bivouac où Johnny chantait sous les tentes, en combinaison rouge de pilote de rallye : « Optiiiiiiic 2000 ». Sans regrets. « C'était une autre époque », sourit le secrétaire général du lunetier. « Laeticia est revenue plus tard au Burkina avec un tee-shirt Unicef, c'était bien. »

L'arrivée de Mann et Miller provoque d'autres évictions. Notamment celle de 96b, l'agence de relations presse du rocker, dirigée par Catherine Battner et Vincence Stark. Vincence Stark n'est autre que la fille de Johnny Stark, l'imprésario des débuts du rocker de 1960 à 1966. La très discrète Vincence Stark n'est montée qu'une seule fois au créneau pour défendre la mémoire de son père, traité d'« escroc » par Johnny[1], mais depuis elle observe un silence assourdissant. Lorsqu'on lui demande d'évoquer la séparation avec Johnny, son associée Catherine Battner décline par SMS[2]. Élégant et sans ambiguïté : « Je n'ai plus envie de parler ni de Johnny ni de sa femme qui ne valent pas que je perde mon temps pour eux. »

1. Après que son père a été traité d'« escroc malin » par Johnny dans la biographie que lui a consacrée Amanda Sthers, Vincence Stark affirmait à l'AFP : « Je trouve bien facile de salir la réputation de Johnny Stark, mort depuis vingt-quatre ans, qui par la force des choses ne peut se défendre. Il est aisé de refaire l'histoire [...]. Il faut croire que le supposé préjudice n'était pas si important puisqu'à l'été 1973, près de vingt ans après les faits, M. Johnny Hallyday avait fait le pied de grue afin que Johnny Stark s'occupe de nouveau de lui. »

2. Réponse du 18 avril 2018.

«Johnny et sa femme.» Désormais, ils sont indissociables. Laeticia est belle, forte, courtisée. Sa zone d'influence s'est considérablement élargie. En gardienne du temple, elle réorganise l'empire Hallyday. En retour, Johnny monte au front dès qu'on la critique. On lui dit quelque chose sous le sceau de la confidence ? Il lui rapporte aussitôt. Personne n'ose s'offusquer, on l'a dit, lorsque, au cours d'un repas, le rocker s'absente et que Laeticia prend son téléphone pour lire les messages reçus. Elle est comme ça avec tous ses proches : intrusive au point de regarder du coin de l'œil leurs portables afin d'essayer de lire les SMS qui s'affichent.

Toujours en première ligne, souriante mais implacable. Elle sait se montrer tellement plus dure que lui. Il la regarde agir, volonté de fer exprimée avec une voix de velours. «Johnny a tout appris à Laeticia, raconte son père. Il voulait faire d'elle une star, ce qui est dommageable. Il voulait la façonner à son image. Il y a eu des dégâts collatéraux[1].» «Elle a dépassé le maître et est devenue d'une habileté redoutable[2]», confirme Gilles Lhote.

Réorganiser l'empire Hallyday consiste aussi à assainir ses finances. Laeticia a beau être très dépensière, les affaires d'argent l'ennuient. Mais là, il y a urgence et il faut agir rapidement. Car en décembre 2010, les bureaux de Pierric Carbonneaux Le Perdriel, le fondé de pouvoir du rocker, et ceux de Renaud Belnet, son avocat fiscaliste, sont perquisitionnés. Le fisc reproche à Johnny, exilé suisse à l'époque, d'avoir dissimulé certains revenus imposables en France.

En 2007, le chanteur avait transféré la propriété de deux de ses sociétés françaises – Artistes et Promotions SAS (gestion des revenus de certaines tournées) et Pimiento Music

1. Entretien avec les auteurs, le 29 juillet 2018.
2. Entretien avec les auteurs, le 10 juin 2018.

SAS (gestion des droits de quatre-vingt-treize chansons)[1] – vers une société luxembourgeoise[2] elle-même détenue... par une société libérienne[3]. La Direction nationale des enquêtes fiscales (DNEF) flaire un montage exotique et illégal. Depuis, Bercy réclame au chanteur quelques millions[4] d'euros et des pénalités pour le non-paiement de ces sommes.

Johnny et son comptable Pierric Carbonneaux Le Perdriel se sont séparés, fâchés. Renaud Belnet, administrateur de la holding luxembourgeoise, est lui aussi sorti du jeu. Elyette Boudou s'est donc retrouvée présidente de ces deux sociétés où elle n'a jamais mis les pieds. «Johnny m'avait demandé si je pouvais être gérante de ces sociétés, explique Mamie Rock. Je lui ai dit oui bien sûr, à condition de ne pas payer d'impôt. De toute façon, c'étaient des coquilles vides, donc moi je ne risquais rien. Moi je l'ai fait pour lui rendre service. Je n'ai jamais touché 20 sous, moi[5].»

Pour remettre de l'ordre dans ce maquis financier, Johnny et Laeticia décident de changer de conseil. Laeticia accompagne son mari lorsqu'il rencontre pour la première fois, avenue Montaigne, son nouvel avocat, Ardavan Amir-Aslani. Un avocat d'affaires redoutable et élégant, pur produit de la méritocratie, habitué à gérer de gros contrats internationaux pour des entreprises du CAC 40 et à défendre les intérêts de différents États.

Johnny s'est rendu chez lui pour la première fois en 2011. «C'était après l'opération de Delajoux et les problèmes de santé qu'il avait rencontrés, se souvient maître Aslani. Johnny avait décidé de réorganiser sa vie professionnelle correctement. Il voulait avoir une vision précise de son

1. Artistes et Promotion lui a versé 8 millions de dividendes entre 2003 et 2008, et Pimiento Music lui a versé 682 640 euros entre 2006 et 2010 (source BFM Business).

2. La société Nerthus Invest SA, basée au Luxembourg.

3. Gedar SA est immatriculée au Liberia, autre paradis fiscal.

4. En avril 2010, *Le Canard enchaîné* avait révélé que Johnny devait 9 millions d'euros au fisc.

5. Entretien avec les auteurs, le 31 mai 2018.

patrimoine, de ses contrats. Il a souhaité avoir un avocat qui ne soit pas un avocat du show-biz mais un avocat d'affaires qui analyse les choses à froid et ne soit pas là en tant que groupie[1]. » Ardavan Amir-Aslani commence par un audit des comptes et des contrats du chanteur. Le boulot est colossal. « Il avait un contentieux avec les assureurs au titre de sa tournée annulée[2], raconte l'avocat. Il avait des contrôles fiscaux dans tous les sens. »

« C'est moi qui ai négocié avec les sociétés d'assurance, continue-t-il. Moi qui ai négocié la fin du contrat Optic 2000, la suite des contrôles fiscaux. J'ai suivi les changements de producteur et de maison de disques. J'ai négocié les contrats, j'ai rédigé les documents, mais je ne suis pas intervenu dans les choix de l'artiste. » Johnny et son avocat prennent l'habitude de se voir régulièrement, la plupart du temps seul à seul. « Pendant ce temps, Laeticia faisait les boutiques ou elle allait à d'autres rendez-vous », ajoute l'homme de droit. Dans le grand bureau blanc qui donne sur l'ultra-chic avenue Montaigne, défilent un à un devant Johnny les spécialistes du cabinet qui viennent présenter la situation. Spécialiste en droit social, spécialiste en droit pénal, en droit fiscal, en droit de la propriété intellectuelle, ils font chacun un point sur la situation du rocker. « Johnny s'asseyait là, sur ce bout de canapé, explique l'homme de loi. Il était tranché, il voulait comprendre. Et moi, je me faisais un devoir de lui expliquer. Je ne me suis jamais contenté d'annoncer, j'insistais, je répétais, je clarifiais, j'expliquais trois, quatre fois si besoin – ce n'était pas un juriste et déjà, même pour moi, c'était compliqué ! – pour qu'il comprenne totalement afin de pouvoir prendre sa décision. Il avait des yeux brillants, puissants, je vous assure que ça me marquait. Il n'y avait aucune démarche passive de sa part, aucune ! »

Il est arrivé que les deux hommes soient en désaccord au

1. Entretien avec les auteurs, le 24 avril 2018.
2. La tournée « Tour 66 » (2009-2010).

sujet de futures acquisitions : «Je lui disais ce n'est pas raisonnable, je ne vous le conseille pas, confie maître Aslani. Il disait : "Je fais ce que je veux, c'est mon argent, je travaille, c'est ma décision." Le seul argument qu'il écoutait dans ces moments-là, c'est quand vous lui disiez : "Pensez à Jade et Joy."»

À Johnny, les rendez-vous pas très fun, à Laeticia le rôle de tête chercheuse. Dans tous les domaines. Elle s'est muée en «directrice de l'image et du stylisme» de Johnny. Elle choisit ses tenues de scène pour les besoins de «Flashback Tour» en 2006. Elle avait déjà demandé au créateur de haute couture Franck Sorbier d'imaginer pour Johnny un look entre Versailles Grand Siècle, corrida et glitter rockabilly. Cette fois, pour les costumes de scène de 2012, elle engage Sarah Burton, styliste d'Alexander McQueen, qui a dessiné la robe de mariée de Kate Middleton pour son mariage avec le prince William.

Laeticia est celle qui relance les marques. Elle est passée maître dans l'art de s'imposer partout, reconnaissent même ceux qui la détestent.

Tant que la jeune femme se contentait de choisir les tenues de scène de Johnny, cela allait, mais elle se met désormais à donner son avis sur le répertoire. Quelle légitimité a-t-elle, elle qui ne possède aucun talent d'artiste? s'indignent ses détracteurs. «Laeticia n'est pas une musicienne, la défend Isabelle Balkany, mais elle avait une espèce de feeling, de ce qui est bien. Elle l'a beaucoup aidé à un moment difficile de sa carrière. Il a eu un sursaut artistique indéniable[1].»

Face au feu des critiques, Johnny laisse dire. Il continue de cloisonner. De s'échapper sans l'avertir vers des déjeuners avec les personnes qu'elle n'aime pas et qu'elle pensait rayées de sa vie. Ses mondes secrets que personne ne connaît, à part lui. Les Boudou, surtout le père, ont pris

1. Entretien avec les auteurs, le 16 avril 2018.

beaucoup de place dans sa vie. Il laisse parler ceux qui affirment qu'il est devenu la marionnette de Laeticia et de sa belle-famille. « De guerre lasse, tous ces gens se sont imposés, confie cet ancien ami, laissé sur le bord de la route, esquissant le portrait d'un homme épuisé qui ne voulait rien d'autre que la paix. Il ne voulait pas d'embrouilles, il disait oui à tout. »

« C'est toujours la même histoire, s'énerve Isabelle Balkany. Il y avait des sangsues, des profiteurs. Johnny n'aimait pas les conflits. Elle n'a pas évacué certaines personnes contre la volonté de Johnny. C'est dégueulasse de tout lui mettre sur le dos[1] ! Personne ne pouvait décider pour lui, continue la première adjointe à la mairie de Levallois, qui considère plutôt Laeticia comme son bras armé. Johnny ne se laisse pas manipuler. C'était pas Teilhard de Chardin mais il avait une intelligence carrée, solide[2]. »

Pendant que les évincés raillent ses envies de paillettes, son addiction à la presse people, sa façon de toujours mettre en avant Jade et Joy, Laeticia doute parfois. Les jours sans, il lui arrive de correspondre avec l'écrivain François Garagnon, qui vit loin de Paris : « Je lui envoyais quelques petites "pensées revigorantes" par texto ou par mail quand elle n'allait pas très bien, quand elle se posait des questions existentielles, quand Johnny révélait sa face sombre[3] », explique l'écrivain, évoquant une « relation d'adoration/détestation » entre la jeune femme et son mari.

Très liée à sa famille, Laeticia peut aussi compter sur Mamie Rock. Veuve depuis 2010, sa grand-mère paternelle vit désormais avec eux. Une grand-mère dont Johnny dit qu'elle peut passer du temps sur son Facebook, enfermée dans sa chambre comme une ado[4]. Une vieille dame qu'il

1. Entretien avec les auteurs, le 16 avril 2018.
2. *Id.*
3. Entretien avec les auteurs, le 30 avril 2018.
4. Amanda Sthers, avec Johnny Hallyday, *Dans mes yeux*, *op. cit.*

aime beaucoup, même si elle le «bassine» parfois avec Sylvie Vartan. «À l'époque, raconte Mamie Rock, j'étais plutôt fan de Sylvie que de Johnny. Alors Johnny me disait : «Toi, avec ta Sylvie Vartan"[1].»

Johnny a pensé mourir en 2009, alors il veut la paix. Rien d'autre. Se coucher vers 2 ou 3 heures du matin, profiter de ses siestes l'après-midi jusqu'à 17 heures, fumer, picoler, être tranquille, «foutre la merde» entre les uns et les autres parce que rien ne le fait plus rire, accompagner Laeticia dans les soirées parisiennes. Il s'habille désormais sobrement, des vêtements signés des plus grandes marques. «Elle lui a permis de s'intégrer à la vie parisienne, aux gens qui commençaient à être dans la mouvance, explique Gilles Lhote. À le sortir de cette période Harley tatouages un peu ringarde[2].» Devant sa coiffeuse, à l'heure de la première pulvérisation *L'Heure bleue*, (son parfum depuis ses 14 ans), Laeticia y pense et repense. Elle veut que Johnny redevienne branché. Cela en devient une obsession. Celle de Johnny, à bientôt 70 ans, est de revenir au rock pur et dur. Ces deux envies peuvent se combiner, se marier.

Alors, elle cherche, écoute, demande conseil. Elle déniche une nouvelle bande, celle de Matthieu Chedid, dit M. Le fils du chanteur Louis Chedid séjourne deux semaines à Saint-Barth, cet été 2010 où Johnny s'emploie à sortir de sa déprime. M. Maxim Nucci et le parolier Hocine Merabet, lui concoctent l'album *Jamais seul*, sorti le 28 mars 2011. Johnny passe ses après-midi enfermé dans la salle de ciné à regarder film d'horreur sur film d'horreur, l'air conditionné poussé au max – des films si violents que lui seul est capable de les visionner. Mais souhaite surtout enregistrer un album de blues. À Saint Barth, une nuit d'ouragan, dans la maison confinée, il a testé sur Gilles

1. Entretien avec les auteurs, le 31 mai 2018.
2. Entretien avec les auteurs, le 3 mai 2018.

Lhote l'interview qu'il s'apprête à donner à Daniel Rondeau pour le *JDD* : «Il m'a raconté comment il s'était frité avec David, qu'il avait pris le parti de sa femme, que Laeticia était là tout le temps au Cedars, comment elle avait pris tous les feux rouges pour le sauver. Johnny disait : "J'étais dans le fameux tunnel avec la lumière au bout. J'avais tous mes potes, Carlos, Gill Paquet qui me disaient : viens nous rejoindre; mon père arrivait aussi et la voix de Laeticia me retenait : 'Viens du côté de la lumière, pars pas dans l'ombre.'"» L'interview confession accordée à Daniel Rondeau a été gérée par Laeticia, qui a rapidement mis fin à sa collaboration avec Mann et Miller. «Elle commençait à prendre les rênes de la communication», décrypte Gilles Lhote.

La maladie, les jours mauvais sont derrière le rocker. Ceux qui ont failli, qui ont eu de mauvais mots envers Laeticia à l'époque du Cedars-Sinaï, seront bannis. «C'est ce qu'ils ont fait à Laeticia qui l'a fait réagir et il a réagi dans le bon sens. Cette période, Johnny ne veut plus en entendre parler, et quand il ne veut plus entendre parler de quelque chose, c'est comme quand il ne veut plus entendre parler d'une gonzesse. Il se met minable avant de reprendre complètement pied[1]», décrypte Gilles Lhote.

La nouvelle bande de musiciens n'est pas pour rien dans la renaissance du rocker. «Des mecs bien qui l'ont remis en selle, même si l'album n'a pas marché[2]», explique Gilles Lhote[3]. Les ventes de *Jamais seul* se sont effectivement tassées au bout de trois semaines. «On a fait cet album comme une résurrection, explique Johnny[4]. Ces mecs-là, ils m'ont mis des pansements. J'y croyais plus. L'enthousiasme de leur jeunesse et leur envie m'ont porté. [...] Ces jeunes mecs m'ont sauvé en partie. Au-delà de ce qu'ils peuvent imaginer.»

1. Entretien avec les auteurs, le 3 mai 2018.
2. Entre 130 000 et 170 000 exemplaires vendus selon les sources.
3. Entretien avec les auteurs, le 3 mai 2018.
4. Amanda Sthers, avec Johnny Hallyday, *Dans mes yeux*, *op. cit.*

Son fils David regarde avec amertume ces musiciens qui ont presque son âge. « C'est la seule chose qu'il ait vraiment mal vécue, se souvient un ami. Il n'était pas jaloux de Maxim Nucci avec lequel Johnny avait un rapport quasi filial, mais il estimait que des gens qui étaient moins compétents que lui dans son domaine – la musique – entouraient son père. David trouvait complètement dingue que son père se soit laissé empapaouter par cette nouvelle bande qui, en plus, commercialement, ne lui a rien apporté. David n'avait pu amener absolument personne à son père. Ce n'était même pas un sujet, c'était bloqué. Après l'avoir observé, Laeticia avait considéré que David n'était pas fiable. »

En 2012, Johnny est fin prêt à remonter sur scène. Il répète au CenterStaging Rehearsal studio de Burbank (Californie). Comme à chaque moment important de sa carrière, il a rendez-vous avec un écrivain chargé de réaliser un entretien pour un grand média. Cette fois-ci, c'est Marc Levy qui se prête à l'exercice pour le compte de *Paris Match*. Françoise Doux, la nouvelle attachée de presse du chanteur, a fait le voyage. À sa vieille garde où figurent Jacques Rouveyrollis, l'homme qui éclaire les scènes mieux que personne, et le guitariste Robin Le Mesurier, s'est jointe la nouvelle génération : Yarol Poupaud, ex-guitariste de FFF rencontré au cours de la promo de l'album *Jamais seul*. En 2012, Yarol Poupaud a fait venir Sébastien Farran, l'ex-manager de JoeyStarr, à Los Angeles pour lui présenter Johnny. « J'ai pris l'avion et, d'une certaine façon, je ne suis jamais reparti », a confessé Farran[1]. Les deux hommes se sont bien entendus et Johnny, qui n'a jamais travaillé avec un manager, l'a engagé. Avec l'arrivée de Sébastien Farran, qui applique sa volonté de revenir au « rock'n roll », le chanteur sait qu'il va y avoir de la casse.

1. *JDD*, 25 mars 2018.

Il assume son infidélité professionnelle – elle est pour lui la garante de son exceptionnelle longévité[1] –, mais quand il faut dire les choses, parfois, il flanche. Gilles Lhote raconte ainsi comment Françoise Doux, une relations publiques respectée sur la place de Paris, a dû céder sa place à une nouvelle attachée de presse après qu'elle eut questionné Johnny sur son éventuel licenciement et que ce dernier l'eut rassurée ! À peine arrivée à Burbank, Françoise Doux interroge en effet la star : « Johnny, je ne veux pas t'ennuyer avec ça, surtout en ce moment, tu as d'autres soucis. Voilà, j'ai voyagé avec Sébastien et j'ai cru comprendre qu'il voulait me remplacer par une autre attachée de presse, Anne-Sophie Aparis. — Ah bon, tu sais, tout ça, c'est encore des ragots de merde, des bruits de chiotte parisiens. Règle ça avec Farran, c'est lui qui s'occupe de tout[2]. » Et, de fait, Farran s'occupera de remplacer Françoise Doux.

À l'Orpheum Theatre, le 24 avril 2012, devant deux mille spectateurs, Johnny entame le « Jamais seul Tour ». Peu importe si, ce même jour, le *Canard enchaîné* annonce que le chanteur, « aux portes du pénitencier fiscal », doit 9 millions d'euros au fisc, à titre de redressement. Les Boudou sont là, au milieu des people (on peut voir Nadia Farès, Hélène Ségara, Mathieu Kassovitz et même Vanessa Paradis venue en voisine), les médecins du Cedars-Sinaï sont aux premières loges. Johnny a pris un vrai coup de jeune, comme un rappel de ses « tendres années ». Aux premiers rangs du public, Laeticia frappe le sol de ses Louboutin au rythme des chansons de son mari. Son homme a retrouvé sa voix. L'envie d'avoir envie. Une certaine joie.

1. « On me reproche d'être parfois infidèle professionnellement, mais on ne construit pas une carrière de plus de cinquante ans avec les mêmes personnes. » Cité par Gilles Lhote, *Johnny, le rock dans le sang*, *op. cit.*

2. Gilles Lhote, *Johnny, le rock dans le sang*, *op. cit.*

Le triomphe de l'Orpheum Theatre lui donne raison sur toute la ligne. Tant pis si, sous l'impulsion de Farran, Laeticia doit freiner un peu sur ces interviews qu'elle aime tant et où elle raconte sa vie, leur vie. Sébastien Farran et la nouvelle attachée de presse Anne-Sophie Aparis[1] ont pris le parti de « verrouiller » la com. Ils ont pour ambition de parler de l'artiste Johnny et pas du people. Désormais, la parole de Jojo sera rare et maîtrisée. De toute façon, Johnny ne rugit plus que sur Insta, dans ces poses qu'il prend, sauvage, avec cette jeune bande qui lui fait tant de bien.

Certes, il a parfois encore des phrases qui peuvent humilier son épouse. Comme cette fois où il déclare à Yarol Poupaud qu'« aucun mec ne peut baiser que sa femme » et que « tout homme a le devoir absolu de tromper de temps en temps[2] ». Mais, à l'approche de ses 40 ans, Laeticia sait désormais que ces sorties sont destinées à alimenter la légende. La fureur et la destroyerie ne se déchaînent plus que sur scène.

Elle était sa femme, elle est devenue sa moitié, son indispensable. Laeticia pense-t-elle encore à cette jolie rouquine dont le « oui » tremblant était à peine audible le jour de son mariage à la mairie de Neuilly en 1996 ? Aujourd'hui sa voix est ferme. Et elle compte plus que toute autre dans les choix de son mari.

1. Anne-Sophie Aparis est notamment l'attachée de presse de Gad Elmaleh, d'Ary Abittan et de Lenny Kravitz.

2. « Tout homme a le devoir absolu de tromper de temps en temps sa femme, ne serait-ce que pour lui prouver qu'il l'aime tellement qu'il revient vers elle, balance-t-il. Et puis aucun mec ne peut baiser que sa femme... Médite ça, Yarol ! » Cité dans Johnny Hallyday, avec Philippe Manœuvre, *La Terre promise*, Fayard, 2015.

13

Prise de pouvoir

Cette fois-ci, elle a dû prendre des décisions et agir sans son mari. Elle n'avait pas le choix. Au final, elle a remarquablement bien géré cet épisode. Retenu à merveille les leçons du Cedars-Sinaï, preuve d'une nouvelle maturité.

Ce 26 août 2012 est un jour merveilleux pour une sortie en mer sur les eaux turquoise des Caraïbes. Johnny se laisse glisser avec délice hors du bateau. Mais, très vite, la baignade au large se révèle hasardeuse. Son cœur bat la chamade. Ses mouvements sont empruntés, son souffle saccadé. Lorsqu'il lui faut remonter, il ressent de vives douleurs au niveau de la poitrine.

Les fantômes de l'hôpital Cedars resurgissent. Comme en 2009, la fatigue s'est accumulée. Après une dernière date de sa tournée à Colmar, Johnny s'était envolé à Saint-Barth afin d'achever son nouvel album, *L'Attente*, prévu pour novembre prochain. Il devait poser sa voix et écouter quelques instrumentaux dans le studio Rockstar de l'hôtel Eden Rock avant ce nouveau pépin de santé.

Laeticia prend les choses en main. La leçon a été retenue, il ne faut pas attendre. Après un bref passage à l'hôpital de Saint-Barthélemy, Johnny, 69 ans, est transféré en hélicoptère au CHU de Pointe-à-Pitre – Les Abymes (Guadeloupe) – dans la nuit du 26 août 2012 après une crise de tachycardie[1]. L'appareil ne disposant que d'un nombre de places restreint, Laeticia s'envole dans un jet privé pour rejoindre Pointe-à-Pitre. Le plus grand flou règne sur cette hospitalisation tandis qu'en métropole de folles rumeurs circulent déjà sur son état.

La garde rapprochée du chanteur tente d'éteindre le feu. « Il souffre de l'aggravation d'une bronchite avec insuffisance respiratoire », précise le manager Sébastien Farran auprès de la presse. « Nous tenons à rassurer le public et les fans de Johnny. Son état de santé est tout à fait rassurant », appuie Gilbert Coullier, le producteur de la tournée 2012.

Mais quelques minutes plus tard, un communiqué laconique du CHU de Pointe-à-Pitre apporte un éclairage différent et donne un ton alarmiste à l'hospitalisation. Il n'incite guère à l'optimisme les assureurs de la tournée de Johnny, déjà douchés par l'épisode du Cedars-Sinaï. Après cette parenthèse à Saint-Barth, Johnny devait reprendre les spectacles le 4 octobre à Montréal – vingt-deux dates jusqu'au concert final à Marseille. Rien ne dit qu'il est en capacité de monter sur scène.

Gilbert Coullier et Laeticia ont parfaitement senti le danger de ce communiqué. Au-delà des assureurs, la santé du chanteur a toujours été érigée en affaires d'État. Depuis l'épisode de la hernie discale, chacun de ses éternuements provoque une inquiétude générale dans tout le pays. Dans un nouveau communiqué, le producteur désamorce cette situation explosive : « La bronchite l'empêche effectivement de respirer, mais le mot réanimation est inapproprié [...]. Je viens de parler avec Laeticia qui m'a donné des nouvelles rassurantes. Nous tenons formellement à démentir toutes les informations faisant état de problèmes cardiaques. » Voilà qui est dit. Échaudé par les prises de parole mal

1. Accélération du rythme cardiaque supérieure à 100 battements par minute (la normale étant de 60 à 90). Elle intervient dans des situations de stress ou en cas de consommation de grandes quantités de boissons alcoolisées ou caféinées ou de psychotropes, et aussi dans diverses pathologies cardiaques.

contrôlées à Los Angeles, souhaitant ne pas être mis de côté dans la communication sur son père, David se manifeste également sur les réseaux sociaux. «Merci beaucoup pour vos messages, ça me touche beaucoup... Les nouvelles sont très bonnes [...]. Bises à vous tous, xo.»

Mais il ne faut pas se tromper. Laeticia gère la communication en direct, prend au téléphone politiques et vedettes qui viennent aux nouvelles. Si Gilbert Coullier, Sébastien Farran distillent au compte-gouttes des informations sur l'état de santé de Johnny, c'est parce qu'elle les y a autorisés.

Au CHU, on apprécie avec modération ce diagnostic porté par les proches de l'artiste. Son directeur général, Daniel Riam, recadre en remettant à l'AFP le 30 août un nouveau communiqué qui jongle entre secret médical et vérité scientifique : «Johnny est une star planétaire et c'est tant mieux pour lui, mais c'est aussi un être humain en détresse que l'on prend en charge [...]. Il est entré au CHU le lundi après-midi à 14 h 40 dans un état qu'il appartient, à lui ou à sa famille, de révéler.»

Le chanteur est ensuite transféré au CHU de Fort-de-France (Martinique) pour des examens supplémentaires en cardiologie, à la demande de son entourage.

La tension baisse, tout va mieux. «L'état de santé de M. Smet ne nécessite plus d'hospitalisation», assure l'hôpital. Laeticia s'occupe de clore cette séquence par son outil favori : les réseaux sociaux. On la voit ainsi entrer dans le centre hospitalier avec du matériel de coiffure. Elle publie dans la foulée un message sur son compte Twitter. «Merci pour tout l'amour, votre soutien précieux et vos marques d'affection. Notre gratitude est immense.» Ces mots sont accompagnés par une photo de Johnny, assis devant son lit d'hôpital, regard d'azur, bras tatoué, mèches blondes sagement coiffées, barbe de trois jours travaillée. Sur ce cliché très «arty», Johnny ne semble pas avoir souffert d'une grave insuffisance respiratoire. Avec un peu de malice, le patient français ajoute dans un autre message : «La vue de ma chambre jusqu'à demain. Merci pour votre soutien. Je vous aime. Johnny. »

À son chevet, Laeticia peaufine sa propre image de *Mater dolorosa*. Un jour, elle sort de l'hôpital tenant sous son bras un livre d'Angèle Lieby, *Une larme m'a sauvée*[1]. L'histoire vraie d'une femme plongée dans un coma, considérée comme morte, prisonnière de son corps mais totalement consciente sans que personne ne s'en aperçoive. Ce détail n'a pas échappé aux photographes. Et n'a pas dissipé les craintes sur la santé de Johnny.

Après cinq jours d'hospitalisation aux Antilles, Johnny quitte le CHU de Fort-de-France par une porte dérobée et s'engouffre dans un 4 × 4. Direction Los Angeles à bord d'un avion privé. Dans la Cité des Anges, il est hospitalisé une semaine au Cedars-Sinaï pour de nouvelles analyses et un check-up complet. Le 7 septembre, Laeticia, jusque-là invisible, va le chercher, au vu et au su des photographes. Johnny ressort avec une casquette estampillée « Fuck » sur la tête. À bon entendeur...

Lors de cette séquence mouvementée, Laeticia n'a pu empêcher une communication brouillonne mais, en véritable tour de contrôle, elle a choisi ses relais et fermé la porte de la chambre d'hôpital à tous « les faux amis » de son mari. Le scénario du premier séjour au Cedars ne s'est pas répété.

Johnny a fait un nouveau pied de nez à la mort. Il reprend ses enregistrements et sa tournée avec la fougue d'un jeune premier. Mais pour combien de temps encore ? Le rocker vieillit. Ces jours de fête en famille, avec les amis, sont comptés. « La taulière » ne l'ignore pas, elle qui surveille son hygiène de vie, comme une infirmière un vieux patient.

Depuis trois ans maintenant, à Saint-Barth, à Los Angeles, à Marnes, Laeticia tient « la boutique Johnny ». Plus rien ne lui échappe. Plus aucune décision majeure n'est exécutée

1. Agnès Lieby, Hervé de Chalendar, *Une larme m'a sauvée*, Les Arènes, 2012.

sans son aval. Que ce soit dans la gestion de la carrière de son mari, sur sa santé, dans les relations avec la famille et les amis. Quitte à prendre des décisions radicales. Et le premier à payer n'est autre que son idole de jeunesse, son mentor, son propre père.

La rupture entre le couple Hallyday et André Boudou n'a pas éclaté du jour au lendemain. Elle est née de conflits larvés en coups de gueule fracassants liés aux choix financiers et fiscaux de Johnny. Le départ du chanteur d'Universal pour Warner avait déjà suscité des dissensions entre Dédou et son gendre. L'installation, en 2006, de la famille Hallyday dans un chalet suisse à Gstaad, ville réputée pour son microclimat fiscal[1], avait creusé ce fossé d'incompréhension. «J'étais contre la Suisse et l'achat du chalet à Gstaad, je lui avais expliqué que cela ne marcherait pas[2], s'énerve André Boudou[3]. Johnny devait être naturalisé belge pour aller ensuite s'installer à Monaco : on avait vu ça avec le prince. Fiscalement, c'était le meilleur truc : il signait à Monaco des contrats de franchise plutôt que des contrats d'artiste. La Suisse a été une erreur totale, il s'est pris 9 millions d'euros de redressement fiscal.»

Plus tard, Johnny a dû abandonner ses 320 mètres carrés sur trois étages, ses neuf pièces et six chambres. Les médias suisses[4] ont révélé que Johnny ne respectait pas la règle qui oblige un résident fiscal à habiter «au moins la moitié de l'année» dans le pays.

L'évadé fiscal a déjà filé à Los Angeles[5], où le taux d'imposition y est de 13,3 % pour les revenus supérieurs à

1. Le forfait suisse permettait de ne payer que 300 000 euros d'impôts par an, soit bien en dessous des 4 à 5 millions que Johnny aurait dû régler en France.

2. La jurisprudence du Conseil d'État dite «Latécoère», du nom du constructeur aéronautique, stipule qu'il faut exercer l'essentiel de son activité professionnelle dans la confédération pour obtenir le statut de résident fiscal.

3. Entretien avec les auteurs, le 15 juillet 2018.

4. En janvier 2014, la chaîne suisse RTS a révélé, en suivant l'activité des Hallyday sur les réseaux sociaux, que le couple avait passé une quinzaine de jours en Suisse en 2012 et 2013 et non six mois et un jour comme la loi helvète l'impose.

5. Johnny deviendra résident américain à partir de 2013.

1,7 million d'euros, y compris pour ceux perçus en France[1]. Il y a bien longtemps que Johnny n'écoute plus Dédou quand «il faut parler fric».

Trop fier, André n'a guère tenté de se réconcilier pendant toutes ces années. Johnny a bien tenté de le secouer par un SMS en décembre 2004 : «Je t'ai envoyé un message de Noël. Pas de réponse. Le problème pour toi c'est que tu finiras seul.» Boudou n'a pas bougé, désireux de prouver qu'il n'était pas le vassal de son gendre, qu'il avait construit son histoire avant leur rencontre.

Mais une autre affaire plus privée, plus insidieuse, a altéré les relations Boudou-Hallyday. Un secret de famille qui a empoisonné les relations entre Johnny et André pendant de long mois.

«Laeticia avait dit à Johnny que son père l'avait battue avec une cravache, avoue Mamie Rock. Ce n'est pas vrai! Comme Johnny avait eu une jeunesse malheureuse, elle voulait montrer qu'elle aussi avait été malheureuse. Des bêtises[2]!» Lorsqu'il entend les allégations de sa fille, André Boudou s'empourpre, blessé par ce faux procès. Grande gueule, oui, sanguin, oui, mais certainement pas violent avec ses enfants : «Même avec une fleur, ma fille, je ne l'ai jamais battue! Je n'ai jamais battu personne! Moi, j'en ai pris des claques et des fessées, mais pas elle. Ce sont des inventions! Quand il entend ça, son frère Grégory se marre, croyez-moi! Tout cela, c'est du mimétisme. C'est faux, comme lorsque Johnny raconte qu'il a été abandonné par son père, sa mère, qu'il est né dans la rue. C'est faux, sa mère était une femme formidable. Je ne sais pas ce qui s'est passé avec Laeticia. Peut-être que ma personnalité l'écrasait. Ce n'est pas facile d'être père. Elle a voulu couper le cordon, je pense qu'elle n'a pas suivi la bonne méthode[3].»

1. Source *Nouvel Obs*, le 7 décembre 2017.
2. Entretien avec les auteurs, le 31 mai 2018.
3. Entretien avec les auteurs, le 15 juillet 2018.

Mais le sort d'André s'est scellé sur un nouveau contentieux financier. Le dernier acte s'est joué indirectement sur les planches du théâtre Edouard VII. Son directeur, Bernard Murat, convainc Johnny, son ami de Saint-Tropez, de jouer dans une pièce de Tennessee Williams *Le Paradis sur Terre*, pendant deux mois durant la rentrée 2011-2012. Depuis toutes ces années, les deux hommes s'étaient promis de travailler ensemble. Johnny aurait aimé jouer dans *Qui a peur de Virginia Woolf ?*[1].

« En 2008-2009, je lui ai suggéré de jouer une pièce qui n'avait jamais été jouée en France de Tennessee Williams et qui lui collerait bien : *Le Paradis sur Terre*[2] », raconte l'homme de théâtre. Murat envoie les textes. Trois jours plus tard, Johnny lui dit *banco*. Il donnera la réplique à Audrey Dana et Julien Cottereau. Mais son entourage juge ce pari fou et impossible. Jouer sans filet un texte de l'auteur d'*Un tramway nommé désir*, juste avant une grosse tournée, relève de l'inconscience pour plusieurs proches. Un jour, le chanteur arrive d'ailleurs tétanisé avant le début des répétitions. « Je me suis dit : il ne va pas le faire », continue Bernard Murat. Le metteur en scène lui démystifie le travail d'acteur, explique à la star le chemin à suivre. La première lecture intervient avec les deux autres acteurs, Audrey Dana et Julien Cottereau. « On avait tous un peu le tract, se rappelle Murat, et quand on est arrivé, Johnny était déjà là dans la salle de répétition avec son texte, sa gomme, son petit plumier. »

La lecture débute par une première scène jouée par Julien Cottereau et Audrey Dana. « Johnny s'est mis à lire. J'ai regardé les deux autres acteurs. Ils étaient en larmes, bouleversés », poursuit Bernard Murat. Celui qui avait pris

1. Pièce d'Edward Albee présentée pour la première fois le 13 octobre 1962 à Broadway.
2. Entretien avec les auteurs, le 28 août 2018.

des cours rue Blanche s'est intégré à la famille du théâtre. Il salue chaque soir les techniciens, vérifie ses accessoires.

Quelques semaines plus tard, le 6 septembre, les pires cauchemars s'évanouissent une fois le rideau tombé. *Standing ovation* dans la salle. Johnny dans le rôle de « Chicken », cheveux et visage teints, métis solitaire, rejeté dans le vieux Sud raciste américain, a relevé le défi. Globalement, la presse applaudit la prestation de ce néophyte. « Ce qui était très touchant dans le spectacle, c'est que le chanteur immense était très humble, très sobre [...], très émouvant. Bref, une réussite », s'extasie *Le Figaro*. À chaque représentation, Laeticia se tient aux premiers rangs, extatique. Elle a toujours cru en ce projet. « C'était une vraie supportrice, adorable. Elle venait tous les jours avec ses gâteaux », rapporte Bernard Murat. À 68 ans, Johnny a encore su étonner son public en l'emmenant sur d'autres territoires. Mais cette joie est ternie par un événement qui le rappelle à son ancien ami et beau-père : André Boudou.

En effet, à la même époque, les impôts ponctionnent 198 000 euros sur ses comptes suite à un redressement fiscal exigé à l'encontre d'André Boudou. « J'avais effectué par le passé l'acte d'un bon père de famille, raconte ce dernier. J'avais légué une somme à mes deux enfants moitié-moitié [soit 200 000 euros chacun] dans le cadre d'une SCI[1], mais, seulement, j'ai cédé cet argent après le mariage de Laeticia. C'est donc devenu un foyer fiscal pour ma fille, qui était imposable. Mais j'ai remboursé tout de suite et Johnny n'a pas payé un centime[2]. »

La société civile immobilière Agathe n'est autre, pour la famille Boudou, que le sparadrap du capitaine Haddock. Créée en 1988, elle faisait de Laeticia et de son frère les

1. La société immobilière Agathe a été immatriculée le 22 juin 1988 avec un capital de 487 836,86 euros.

2. Entretien avec les auteurs, le 22 août 2018.

propriétaires des murs de l'Amnesia. Las, le fisc a notifié un redressement fiscal portant sur les années 2001 et 2003. Après un contrôle dans la boîte de nuit en 1998, Bercy constate «des omissions de recettes importantes et fréquentes», «un manque de rigueur dans la tenue de comptabilité», une «insuffisance chronique des déclarations de TVA» et «une volonté de minorer les revenus». Le père de Laeticia est condamné, au pénal[1], à de la prison avec sursis. Il a toujours contesté la légitimité de ces poursuites et a lancé des recours à l'encontre des différents redressements qui lui étaient imposés : «J'ai eu ces emmerdes uniquement parce que j'étais le beau-père de Johnny.»

La saisie de l'argent sur ses comptes, pendant qu'il joue sur scène, a mis Johnny dans une colère noire. Le rocker fait parvenir à son beau-père un message brutal : «Tu as brisé ma carrière.» Boudou, furieux, rappelle sa fille. «Passe-moi ton connard de mari! hurle-t-il, gagné par un sentiment d'injustice. Après tout ce que j'ai fait pour toi. Considère que je suis mort, je ne te parlerai plus», éructe Dédou à son interlocuteur avant de raccrocher pour de bon. Cette fois-ci, c'est fini. Les deux hommes ne se parleront plus. Laeticia a choisi son mari. Elle a tué «le père».

Si la fille du Cap-d'Agde s'est éloignée de son premier modèle, elle s'est rapprochée d'une partie de sa belle-famille : Nathalie Baye et sa fille. Les événements l'y ont contrainte d'une certaine façon. Face à un mari en retrait, diminué par la maladie, pratiquant par moments la politique de la chaise vide, elle s'est imposée lors d'épisodes douloureux.

À l'été 2011, peu avant les 68 ans de Johnny, Laura a passé trois semaines à Los Angeles chez ce dernier. Elle a suivi comme tout le monde le régime Dukan préconisé par

1. André Boudou est condamné en 2011 par la cour d'appel de Toulouse à deux ans de prison avec sursis et 30 000 euros d'amende pour «abus de biens sociaux, fraude fiscale et falsification de comptes» après un contrôle du fisc en 1998. Il doit payer une amende de 232 331,98 euros.

Laeticia, a bu chaque matin le jus de citron pressé conseillé par son père, est allée chercher Jade et Joy à l'école, a fait du shopping avec sa belle-mère sur Santa Monica. Au retour de ce séjour, Laura a ces mots que Johnny et Laeticia n'attendaient plus : « Quand je vois aujourd'hui qu'on peut tous bien s'entendre, je n'ai plus d'amertume. Jade et Joy, j'apprends à les connaître [...]. Aujourd'hui, ce sont mes petites sœurs. Laeticia aussi a sa part de gentillesse. Et puis, il faut l'admettre, mon père est vraiment bien avec Laeticia. C'est aussi une très bonne maman, avec des principes d'éducation[1]. »

En novembre 2011, ils sont tous allés – Nathalie Baye, Laeticia, Mamie Rock, Jade et Joy – dans la tranquille station balnéaire de Quiberon, en Bretagne, pour s'y reposer. Les images prises à l'époque montrent une famille recomposée en promenade le long des plages de l'Atlantique, unie autour de Laura. La fille aînée de l'artiste porte la même veste en laine, chocolat et écru, que sa belle-mère... Laura semble aller mieux, jusqu'à ce qu'un contrecoup survienne.

Le 27 janvier 2012, la jeune femme, alors âgée de 28 ans, est interpellée dans une rue du 6e arrondissement de Paris, en état d'ébriété et en partie dévêtue. Des riverains, témoins de la scène, ont alerté la police. La comédienne avait, dans la soirée, participé au dîner de la mode contre le sida, organisé par le Sidaction au pavillon d'Armenonville à Paris, avant de se rendre dans une discothèque et un bar. Sous l'emprise de produits stupéfiants, l'actrice est brièvement placée en garde à vue[2] au commissariat du 6e arrondissement. À la demande de ses parents, elle est internée à l'hôpital psychiatrique de Sainte-Anne. Elle ne va pas bien. Nathalie Baye apparaît désemparée face au retour des démons de sa fille. Un téléphone rouge est mis en place avec

1. Entretien dans *Paris Match*, 12 juin 2012.

2. Interrogée à l'époque, Laura a démenti avoir été retrouvée en partie nue, imputant son comportement à l'absorption de GHB, la drogue dite « du violeur », mis à son insu dans son verre lors d'une soirée.

Laeticia. « Elle est d'une grande dureté [...]. J'aime ma fille mais elle me semble vraiment remontée contre nous, elle oublie un peu trop les gens qui l'aiment pour des bonnes raisons et depuis toujours. À tout à l'heure au tel. Je vous embrasse. Nathalie », avoue l'actrice française dans un mail que nous avons pu consulter, adressé à Laeticia et daté du 21 mars 2012. Avant d'ajouter trois minutes plus tard : « En réalité, elle ne supporte pas la transparence qu'il y a entre nous. »

Johnny n'a jamais aimé les hôpitaux, il en a trop visité. Laeticia insiste pour qu'il rende visite au moins une fois à Laura. Elle-même ira le reste du temps seule à Sainte-Anne, emportant un petit panier de victuailles, des gâteaux et du thé. Elle partage ce repas avec Laura pour s'assurer que celle-ci mange, esquisse un dialogue. « Elle y a passé de nombreux après-midi », assure un proche de la famille[1]. Il arrive que Letti donne un peu d'argent à sa belle-fille sans en avertir Johnny.

La mère et la belle-mère de Laura échangent sur un sujet récurrent, l'argent. Johnny verse 5 000 euros par mois à sa fille aînée depuis 2004 pour rembourser une partie d'un crédit immobilier et pour ses frais quotidiens. Mais la situation difficile traversée exige un nouvel apport de trésorerie. Le 21 mars 2012, Nathalie demande à Laeticia et Johnny de combler les 3 000 euros de découvert de Laura. Les deux femmes réfléchissent à une gestion plus saine de son argent dans l'attente de jours meilleurs. « Il faut que vous, la patronne, verrouilliez bien l'affaire », insiste Nathalie auprès de Laeticia dans l'un de ses courriels.

De son côté, on l'a vu plus haut, Johnny met en place un filet de sécurité, à son domicile et dans les boîtes qu'elle

1. Des proches de Laura, sous le sceau de l'anonymat, ont démenti dans le magazine *Gala* du 19 avril 2018 que Laeticia Hallyday se soit rendue « tous les jours » auprès de Laura lorsqu'elle était à Sainte-Anne.

fréquente habituellement, afin que Laura ne s'échappe pas la nuit.

Un soir, la bonne nouvelle arrive : elle peut quitter Sainte-Anne. Nathalie Baye n'est pas joignable, Johnny et Laeticia sont à Los Angeles où ils ont effectué un aller-retour express. Or il faut au moins la permission de l'un ou l'autre des parents pour autoriser la jeune femme à sortir de l'hôpital. De LA, le couple active toutes ses relations afin que Laura puisse rentrer chez elle le soir même. Après cette dernière sortie, la décision est prise de l'éloigner de Paris.

Ce sera d'abord la tranquille station balnéaire de Quiberon. Mais il faut éloigner Laura plus durablement… Alors Johnny et Laeticia l'emmènent à Los Angeles. Laura y séjourne pendant trois mois. Ils vont tous ensemble à Disneyland, la jeune femme retrouve des forces au bord de la piscine pendant que Jade et Joy sont à l'école.

Cet épisode surmonté – Laura a repris à Paris le cours normal de sa vie –, Nathalie Baye et Laeticia poursuivent leur correspondance sur un ton complice et amical. Des liens d'amitié sont nés dans l'adversité. On se donne des nouvelles. On s'enquiert des petits tracas de l'une ou de l'autre. « Laeticia, j'ai appris que vous étiez souffrante. Johnny m'a dit que votre tension était basse […]. Dormez un max, buvez des litres d'eau. Les décoctions d'aubier de tilleul nettoient le corps génialement bien » (Nathalie Baye, le 18 décembre 2012). Ou encore : « J'ai eu Mamy [Rock] hier au téléphone, une vraie mamy, une vraie gamine et surtout un vrai plaisir. Embrassez notre rocker, embrassez Jade et Joy, embrassez Mamy et embrassez-vous de ma part » (Nathalie Baye, le 28 mars 2013).

L'actrice se montre prévenante lorsque le couple Hallyday est attaqué dans la presse : « Mamy m'a appelée il y a environ une semaine et m'a dit que vous aviez été contrariés par les articles et autres stupidités qui sont passés dans la presse. Il y a tellement d'infos en permanence […] que personne n'a relevé. En plus notre illustre président a fait en sorte d'accaparer les unes avec ses pantalonnades de président "normal" » (Nathalie Baye, le 27 janvier 2014).

Les mois ont passé et l'amitié – du moins la courtoisie – ne s'est pas altérée entre les correspondantes de Los Angeles et Paris. « Ça nous ferait tellement plaisir de vous voir avec Laura pour partager un moment autour d'un déjeuner, un thé, un dîner » (Laeticia, 3 novembre 2014). « Je ne vous ai pas dit que vous me manquiez beaucoup. Vous, Johnny, Mamy, tous, les filles que je n'ai pas vues depuis si longtemps. Nos petits dîners précieux » (Nathalie, le 27 janvier 2014).

Laeticia sursautera donc à la lecture des déclarations de « son amie » publiées trois mois après la mort de son époux. Elle les ressent comme une trahison, comme un coup de poignard dans le dos. « Johnny aimait ses enfants, les aînés David et Laura ainsi que Jade et Joy. Malheureusement, les aînés étaient les bêtes noires de leur belle-mère. Johnny en a beaucoup souffert », fustige ainsi l'actrice[1], remontée par les dispositions testamentaires prises par l'homme qui a partagé quatre ans de sa vie.

« Bêtes noires. » L'expression a du mal à passer pour Laeticia. Elle a le sentiment d'avoir beaucoup donné pour l'enfant terrible de la famille Hallyday et de ne pas avoir été récompensée en retour. « La belle-mère » répond froidement à Nathalie Baye, non pas dans un mail mais dans une interview : « J'avais un rapport très intime, complice avec elle [Laura]. Elle a fait des bêtises, insinué des choses. Il y a eu plusieurs fois des tentatives de nous monter les uns contre les autres. Nathalie m'écrivait dans le dos de sa fille. Ça a été très dur à vivre pour mon mari. Il en pleurait parfois[2]. »

Ces insinuations, Johnny les a très mal supportées. Ces propos sur son prétendu mauvais comportement qui ont

1. Déclarations faites dans un communiqué diffusé par *Le Figaro* le 5 mars 2018.
2. Entretien dans *Le Point* le 12 avril 2018.

circulé ici et là dans Paris et à Saint-Barth l'ont meurtri. Des amis, dans la confidence, se sont éloignés de lui un moment. «Il en a beaucoup souffert c'est vrai, Laeticia également. On a toujours évité de parler de ce sujet», confirme Jean-Claude Camus. Mais Johnny sait sa fille vulnérable, malade. Il a compris que ces mots résonnaient comme l'appel à l'aide à un père qu'elle aurait aimé voir plus souvent, qui oubliait de répondre à ses textos parfois.

«Laura a fait quelques mensonges qui ont beaucoup ébranlé la famille, mais elle a fini par rétablir la vérité. Souvent, elle nous a montés les uns contre les autres mais quand, enfin, elle a été confrontée à notre demande commune de rétablir les choses, nous avons pu nous en sortir et l'aider aussi. Je pense qu'elle mentait à cause d'un mal-être. Je suis très reconnaissant à ma femme d'avoir supporté ces disputes montées artificiellement par Laura alors que ce n'était pas son enfant», reconnaissait Johnny[1].

Daniel Angeli, André Boudou, Laura, Nathalie, David. La question revient avec insistance : Laeticia a-t-elle divisé, fragmenté la galaxie Johnny, ou a-t-elle tenté de réconcilier des personnes qui n'avaient plus grand-chose à se dire? «Elle a été plutôt une rassembleuse que quelqu'un qui divise», assure Gilles Lhote. Elle a tenté en tous les cas de reconstituer une famille autour d'un Johnny qui se rêvait en patriarche. Son épouse l'a rapproché de personnes oubliées ou écartées par le chanteur. À commencer par la mère de la star, Huguette Clerc, épouse de Léon Smet, un homme qui l'a rapidement quittée.

La légende veut qu'elle avait laissé son fils, le petit Jean-Philippe, à sa belle-sœur, Hélène Mar. La réalité, plus complexe, révèle que tante Hélène décida d'aller vivre à Londres avec le petit Jean-Philippe Smet qu'elle adorait[2] et

1. Amanda Sthers, avec Johnny Hallyday, *Dans mes yeux*, *op. cit.*
2. Longuement évoqué dans Eddy Przybylski, *Hallyday, les derniers secrets*, *op. cit.*

ne souhaita pas remettre l'enfant à Huguette. Sur les conseils de Paul Éluard[1], Huguette commença alors une carrière de mannequin. « Elle m'a dit qu'elle n'avait pas abandonné l'enfant mais qu'on le lui avait volé[2] », confirme Elyette Boudou.

La mère de Johnny se remariera avec un publicitaire en 1955. Devenue veuve, Huguette – que Nathalie Baye avait déjà tenté de rapprocher de son fils – fut accueillie par Laeticia et Johnny à Marnes. Elle eut le temps de connaître Jade, de s'entretenir avec l'arrière-grand-mère de Laeticia – « elles jouaient au domino toutes les deux », relate Mamie Rock –, mais, surtout, de rattraper ces années perdues avec son fils.

En 2006, sa santé déclina et Johnny fut contraint de la placer dans une institution spécialisée en Seine-et-Marne. Huguette s'est éteinte à 87 ans, le 29 août 2007. Johnny, rentré de Saint-Barth, assista à son enterrement le 7 septembre à Viviers, en Ardèche. Le photographe et ami Jean-Marie Périer, Laeticia, sa mère, accompagnent le fils endeuillé. Jean-Claude Darmon, également présent, prête son jet pour effectuer le voyage. « Je voulais accompagner Johnny. J'avais su qu'il était allé seul à l'enterrement de son père. Je me devais d'être là », indique de son côté Jean-Marie Périer[3]. Au cimetière de Viviers, la mère du chanteur repose auprès de son second mari.

Même Desta[4], la cousine de Johnny, a reçu un accueil chaleureux malgré ses propos peu amènes à l'égard de la

1. « Vous avez beaucoup de classe, vous devriez devenir mannequin », dit le poète à Huguette. Jean-Dominique Brierre, Mathieu Fantoni, *Johnny Hallyday. Histoire d'une vie*, Fayard, 1990 et 2009. Évoqué par Eddy Przybylski, *Hallyday les derniers secrets*, *op. cit.*

2. Entretien avec les auteurs, le 28 août 2018.

3. *Ibid.*

4. Desta Hallyday fut l'épouse du chanteur et comédien Lee Lemoine Ketcham. Ensemble ils formèrent le duo des « Halliday's ». Johnny reprit le nom Hallyday avec un y.

famille Boudou. En 2003, à l'âge de 80 ans, celle qui avait donné le goût du spectacle à son cousin avait critiqué avec virulence la dernière femme de ce dernier[1]. Mais les rancœurs ont été remisées au placard alors que la maladie d'Alzheimer affaiblissait Desta.

En cachette de Laeticia, Johnny a payé sa maison de retraite jusqu'à la mort. « Une fois il m'a appelée, se souvient Elyette Boudou, et il m'a dit : "Surtout ne dis pas que je paye. J'ai grandi avec Desta, je sais qu'elle a mauvais caractère mais je ne peux pas l'abandonner." Je lui ai dit : "Tu as raison[2]." » La vieille dame s'est éteinte le 21 juillet 2011.

Huguette, Desta, Odette, l'arrière-grand-mère, Henri, le grand-père, tous ont pris un moment la caravane de Laeticia. Elyette, la grand-mère, a suivi le couple de la Savannah à Saint-Barth en passant par Los Angeles. « Ils m'ont emmenée partout », se réjouit-elle. Mamie Rock, elle, a langé les petites, préparé le café à Johnny chaque matin – avec sa sucrette – et tricoté cent vingt écharpes pour les amis de Laeticia... dont une destinée à Brigitte Macron.

Laeticia a l'instinct grégaire et une définition extensive de la famille. Beaucoup de ses amis sont venus s'agréger dans sa tribu. Ce qui ne déplaisait pas au patriarche, effrayé par la solitude et rajeuni par ces hipsters. Sébastien Farran et sa compagne, l'influente Nadège Winter, ancienne directrice de communication du Palais de Tokyo et du très hype concept store parisien Colette, ainsi que Yarol Poupaud et Caroline de Maigret jouent un rôle important. Cette dernière, petite-fille de l'ancien ministre Michel Poniatowski, mannequin « shooté » par Steven Meisel, Peter Lindbergh, Karl Lagerfeld ou Terry Richardson, productrice de musique, égérie Lancôme et ambassadrice Chanel, sera la caution mode. Tout comme Marie Poniatowski, sœur aînée

1. Lire chapitre 12.
2. Entretien avec les auteurs, le 31 mai 2108.

de la décoratrice Sarah Lavoine Poniatowski, créatrice des bijoux Stone, dont le site Internet raconte que son enfance fut « marquée par un père directeur de *Vogue France* qu'elle accompagne sur les séances photos de Guy Bourdin ou Helmut Newton et dans les défilés de New York, Milan », et que Grace Kelly fut une « amie de la famille » inspirante. Dimitri Coste, photographe de mode, le producteur Frédéric Imbert (frère de Marie Poniatowski), Liliane Jossua, la patronne du concept store Montaigne Market, Mathieu César, qui ne travaille qu'au Leica et qui est surnommé par les *Inrocks* « le prince noir de la photographie de mode », complètent le tableau.

À Saint-Barth, à la Savannah, toutes ces personnes sont merveilleusement accueillies. Mais attention aux faux pas, aux petits écarts. Laeticia réagit en patronne, tranche dans le vif. Plusieurs convives d'un repas à Saint-Barth de l'été 2015 se souviennent avec effroi – ou gourmandise – de l'un de ses recadrages publics. Ce jour-là, les plats se succèdent devant la belle tablée composée notamment d'Isabelle Funaro, la compagne de Michaël Youn, de Marie Poniatowski, de son mari le producteur et réalisateur Pierre Rambaldi, d'Éric Zaguri, propriétaire d'une boutique de luxe à Saint-Barth, du coach sportif de Johnny et de la famille Hallyday.

La pizza aux truffes – à 85 euros tout de même – remporte un franc succès. Mamie Rock en commande une. « Tu vas voir, elle va demander aussi une langouste grillée », sourit avec malice Johnny à l'un de ses voisins. « Une langouste grillée pour madame », lance le serveur. Fous rires.

Voilà que Jade et Joy décident de prendre aussi la fameuse pizza aux truffes. Toujours goguenard, Johnny annonce la suite : « Tu vas voir, elles vont les faire tomber dans le sable. » La prophétie se réalise.

« Attention à vos pizzas ! » s'inquiète l'un des convives. Les deux filles se retournent vers l'adulte tandis que leur repas s'échappe de leurs mains, virevolte dans les airs et vient s'écraser comme deux crêpes sur la plage. 170 euros se retrouvent enfouis dans le sable.

Mamie Rock, décidément en appétit, commande une autre pizza aux truffes. Sur la table trônent des bouteilles de vin vides. Au fur et à mesure que s'allonge la note, l'un des convives qui a prévu d'inviter tout le monde se décompose : «Je ne peux pas payer tout cela.» Laeticia, qui a remarqué son inquiétude, intervient auprès de l'hôte : «Ne t'inquiète pas, tu auras une bonne surprise à la fin du repas.»

Les agapes s'achèvent entre rires, bâillements et derniers verres. Chacun baisse pudiquement les yeux au moment où «la douloureuse» atterrit sur la table. L'invité qui s'était promis de payer la note, quelques gouttes de sueur perlant sur son front, sort sa carte bleue, livide. Laeticia lui bloque la main. Johnny lui donne un coup de pied : «Bouge pas!»

D'une voix de miel et de fiel, Laeticia lance devant l'assemblée à l'une de ses amies pourtant en cour : «Celle, au fond de la table, qui n'a pas dépensé un centime depuis un mois qu'elle est avec nous, je crois qu'elle a envie de nous inviter aujourd'hui.» Silence gêné dans la salle. Johnny, qui adore semer la zizanie, rit sous cape. La sommation est partie comme une gifle, cinglante, en direction de la victime du jour. Les vingt personnes attablées ont compris, ce jour-là, qui était la patronne. Johnny n'a pas bougé le petit doigt pour calmer «son amour».

Comme Johnny, Letti sait flatter ses courtisans, froisser leur ego, en reléguer certains, en promouvoir d'autres. Elle a pris le meilleur et le pire de son mari. «Elle a même dépassé son maître», murmurent ceux qui la craignent. Comme «Brangelina» – le couple formé par Brad Pitt et Angelina Jolie –, elle a formé son «power couple»[1] à la

1. *Power couple* (super couple). Une expression anglo-saxonne qui exprime la popularité ou la richesse d'un couple qui passionne le public d'une manière intense et parfois obsessionnelle (source Wikipédia).

française. Grâce à sa nouvelle autorité, aux réseaux sociaux, elle maîtrise tous les aspects de la vie de Johnny : sa carrière, ses finances, ses amis.

Plus personne ne lui conteste ce pouvoir, même pas David qui a abandonné tout espoir de collaborer de nouveau avec son père. Un fils avec lequel Laeticia n'a pas réussi, depuis le Cedars-Sinaï, à retisser des liens. Il n'est ainsi pas rare que David se rende à Los Angeles sans rendre visite à Johnny.

« Cela lui faisait mal [au chanteur] quand il apprenait sur les réseaux sociaux que son fils était passé à Los Angeles ou, à la toute fin, à Paris, sans nous prévenir, a déclaré Laeticia au *Point* lors de sa première interview après la mort de son mari[1]. Là, il exprimait sa colère, très brute. On était loin de la poésie : "Tu vois, ils n'en ont rien à foutre de moi." » « C'est vrai, reconnaît un ami de David. Mais il ne faut pas oublier que lorsque David allait à LA, il logeait chez sa mère. Et depuis cette histoire d'avion avec Tony Scotti, sa mère était fâchée avec Johnny. »

L'histoire de l'avion n'explique pas totalement la distance prise entre père et fils. S'il est aujourd'hui marié à Alexandra Pastor[2], David est longtemps resté meurtri par son divorce avec Estelle. Une déclaration de l'animateur de télévision Arthur, qui fut le second mari de cette dernière, lui reste en travers la gorge.

Invité de l'émission « Touche pas à mes directs », présentée par Cyril Hanouna en novembre 2013, Arthur est interrogé sur ses plus gros moments de pression à la télé. Et évoque la présentation d'un concert en direct avec Johnny où il laisse entendre qu'il aurait débuté sa relation avec Estelle Lefébure à ce moment-là, alors qu'elle était encore mariée avec David Hallyday. « C'était une époque où j'étais avec la femme de son fils donc c'était un peu compliqué

1. *Le Point*, 12 avril 2018.
2. Il a épousé Alexandra Pastor le 5 juin 2004.

comme ambiance», lâche l'animateur avant de connaître un léger moment de flottement, sûrement conscient de sa gaffe. David sait donc que Johnny a invité à dîner Arthur et Estelle à Marnes-la-Coquette. Et prend cette déclaration comme une humiliation. «Aux yeux de David, c'était un peu comme si son père devenait complice de la tromperie», décrypte l'un de ses amis. D'autant que les reprises sur le Net ne font pas dans la dentelle. «Arthur en couple avec Estelle Lefébure avant son divorce avec David Hallyday : quand l'animateur gaffait en direct», titre ainsi *Gala*. «David Hallyday, mari trompé ? La langue d'Arthur a fourché», écrit le site belge 7 sur 7...

Laeticia tentera de désamorcer cette petite bombe. En affirmant dans une interview que Johnny et elle ont accueilli Estelle et son nouveau mari à Marnes «avec l'accord de David». Mais le mal était fait.

Une fois encore, il n'y a pas eu de coups de gueule ni de sourires de façade, seulement d'énormes frustrations, glissées sous un tapis.

Laeticia, qui lit tant de livres consacrés à la résilience, sait qu'elle et son mari devront aplanir ces contentieux avec David et Laura un jour ou l'autre. Mais soupçonne-t-elle qu'il lui faudra livrer cette grande explication seule ?

14

#FuckTheCancer

« C'était Noël. C'était à Los Angeles. Il m'a dit : "Assieds-toi mamie, il faut que je te parle[1]...", se souvient Elyette Boudou, un an et demi après cette fin d'année 2016.

"Qu'est-ce que tu as, Johnny ?", je lui ai demandé.

"C'est mon dernier Noël, mamie."

Il pleurait...

"Ah ne me dis pas ça, je lui ai dit. Tu sais bien que tu es un phénix, tu vas renaître de tes cendres, tu t'en sortiras encore..."

"Et que vont devenir les petites", il m'a répété. »

Noël 2016. Le dernier. Les médecins lui ont annoncé peu de temps auparavant, en novembre, qu'il est atteint d'un cancer. Lors d'examens de routine que Laeticia lui a imposés, le rocker a appris que, en plus des poumons, des métastases ont envahi son foie et son estomac. Un protocole entamé au Samuel-Oschin, le centre de cancérologie de l'hôpital Cedars-Sinaï, a été immédiatement établi. Depuis, une infirmière vient à domicile chaque jour. « Au début, on ne lui donnait que trois mois à vivre[2] », a raconté Laeticia.

Il a donc fallu prévenir Mamie Rock, ne rien cacher aux filles, Jade et Joy, la fierté de Johnny. Des gamines à la sco-

1. Entretien avec les auteurs, le 31 mai 2018.
2. Laeticia Hallyday, *Le Point*, 12 avril 2018.

larité impeccable, «polies, disciplinées, bien élevées», dit Pierre Billon, qui en a rencontré des enfants de stars[1]. Il a fallu revoir l'agenda, laisser planer le doute avec Claude Lelouch qui l'attend à Paris pour l'avant-première du film *Chacun sa vie,* auquel le chanteur a participé; l'équipe du cinéaste commence en effet à s'interroger sur les raisons de l'éventuelle absence du rocker.

Laeticia veut se battre. Lui aussi. Ils se préparent à une vraie «année de guerre[2]». Quand il ira mieux, elle l'emmènera à Saint-Barth se requinquer et ils passeront à Paris, avant de revenir ici, à Los Angeles.

«Il n'y avait pratiquement que nous deux dans ce combat», a dit Laeticia après la mort de son mari, une fois déclarées les hostilités avec David et Laura. «Après qu'ils ont appris que leur père était malade, David a attendu six mois pour venir et Laura, quatre.» Puis elle a ajouté : «Mais je ne veux pas les juger vous savez, ils avaient sans doute leurs raisons. Peut-être même qu'ils avaient peur[3].»

Laura Smet arrive avec Nathalie Baye le 26 février 2017. Mère et fille restent une semaine entière dans la maison d'Amalfi Drive, et sortent peu. Le 4 mars, Johnny emmène Laura, Jade et Joy, ses trois filles, se balader à Los Angeles. Des moments rares. Laura reprend l'avion deux jours après.

C'est le moment que choisit Jean-Claude Camus pour passer, lui aussi, voir son Johnny. «J'étais à Vegas, se rappelle Camus. J'appelle Laeticia, je lui dis : "Je passerais bien vous embrasser." Elle me répond : "Oui, Johnny va être tellement content mais il faut que je te dise..." Elle m'a annoncé le cancer de Johnny.»

1. Entretien avec les auteurs, le 15 mai 2018.
2. Cité par Laeticia Hallyday, *Le Point*, 12 avril 2018.
3. *Id.*

Camus arrive en fin de matinée. Il voit arriver un «Johnny en pleine forme, comme d'hab, qui l'emmène déjeuner. «On ne m'aurait pas dit qu'il était malade, je ne l'aurais pas deviné. L'après-midi, c'est vrai, il est allé se reposer. Je suis resté avec Laeticia, on a évoqué les mauvaises choses qui s'étaient dites ou passées. C'était super parce qu'on n'est pas restés sur un non-dit, on a évacué le problème et, entre autres choses, Laeticia m'a dit : "Mais qu'est-ce que tu crois, mon coco? Il vient de rassembler ses grands moments dans une vidéo qu'il fait pour les US, il n'y a que des choses à toi, il n'y a que toi qui es là avec lui, il ne t'a jamais quitté[1]." »

Laura rentre à Paris. Quelques heures après son atterrissage, son compte Facebook affiche un étrange message : «Il y a quatre mois, mon père a appris qu'on lui avait diagnostiqué un cancer des poumons. Récemment, des métastases ont atteint son foie, son estomac, et malheureusement son pancréas. Il est donc condamné.» Le compte a été piraté. Alors qu'elle tente de démentir, le hacker – qui sera rapidement identifié – supprime les messages d'indignation de l'actrice. Laura porte plainte contre cet homme qui a pénétré son intimité tandis que, du côté de Los Angeles, on s'interroge... A-t-elle pu poster une telle chose? Qu'on puisse douter d'elle bouleverse profondément la fille aînée de Johnny. «Les soupçons dont elle était l'objet étaient ravageurs, explique peu après son avocat, Hervé Temime. Laura était paniquée, même s'il était évident qu'elle n'était pas à l'origine du message.»

Quatre jours plus tard, le vendredi 10 mars, sort le magazine *Closer*. La veille, comme à l'accoutumée, le site Internet de l'hebdomadaire dévoile sa une : «Johnny souffre d'un cancer du poumon», titre l'hebdo, qui précise que le rocker est «dans un état très préoccupant». Sébastien Farran n'a

1. Entretien avec les auteurs, le 22 juin 2018.

plus d'autre choix que de communiquer. Et vite. Avant même la sortie en kiosque. Ce soir-là, comme d'habitude, la com du rocker se passe d'attaché de presse. La confirmation arrive par Johnny sur son compte Instagram, au soir du 9 mars. « On m'a effectivement dépisté, il y a quelques mois, des cellules cancéreuses pour lesquelles je suis actuellement traité. Je suis suivi par d'excellents professeurs en qui j'ai une confiance totale. Mes jours, aujourd'hui, ne sont pas en danger. C'est un combat que je mène fièrement avec ma femme Laeticia et mes proches. J'irai au bout pour ceux qui m'aiment. À bientôt sur scène. »

Johnny se veut rassurant. Il s'affiche dès le lendemain au volant d'une superbe AC Cobra bleue ornée d'un 7, son chiffre porte-bonheur, en compagnie de Maxim Nucci, pour un déjeuner à Malibu. Laeticia, de son côté, assure sur son compte que son homme a « un moral de battant, de vainqueur qui continuera à défier les lois de la nature ». Et elle termine son post sur ce hashtag #FuckTheCancer, qui va désormais rythmer toute leur communication.

C'est sur l'Insta de Laeticia – et dans une moindre mesure sur celui de Johnny – que l'on suit désormais, mois après mois, son combat. Disséquer le moindre de ses posts, interpréter ses retweets, zoomer sur ses images : dès que Laeticia poste une vieille photo de Johnny, la planète réseaux sociaux s'inquiète... Ce « #FuckTheCancer » qui signe toutes ses publications, liké à l'infini ou presque, ponctue ces mois de lutte acharnée.

Par un malheureux hasard du calendrier, Laeticia effectue un aller-retour express à Paris le 14 mars pour recevoir de la maison Clarins le titre de femme de l'année, qui récompense son engagement humanitaire. « Je veux dédier ce prix à mon mari, source d'inspiration quotidienne par la détermination et la force dans les combats qu'il a menés », déclare-t-elle, souriante mais tendue, dans les salons de l'hôtel Salomon de

Rothschild à Paris. Autour d'elle, ses amies Hélène Darroze et Caroline de Maigret font barrage. Laeticia a exigé et obtenu qu'on ne la questionne pas sur Johnny.

Son quotidien n'est plus à ces mondanités, sa vie se concentre à LA où, le 20 avril, Johnny et elle ont rendez-vous avec les médecins au Cedars-Sinaï. Les nouvelles ne sont pas bonnes. Le deuxième protocole du traitement contre le cancer n'a pas fonctionné. À la sortie de l'hôpital, elle l'entraîne pour une balade à pied. Humer l'air de Los Angeles, cette ville où il l'a emmenée vivre parce qu'il s'y sentait en liberté. La ville de tous les possibles, celle qui a fait la fortune de son pote Christian Audigier, mort deux ans plus tôt. Celle où ils s'installent elle et lui aux terrasses pour observer les passants et imaginer leur vie sans que personne le reconnaisse et lui dise : « Johnny, s'il vous plaît, un selfie. » Celle où il file parfois boire un verre de chablis avec Serge, le patron français du Heroes Motors, pour examiner les croquis d'une moto vintage customisée qu'il a commandée en cachette de sa femme.

Rester vivant, encore longtemps. Laeticia et Johnny passent un long moment assis sur un banc. Puis il leur faut rentrer à la villa, masquant leur inquiétude : Jade et Joy les attendent. Dans cette villa qu'il aime au point de rêver en construire une identique sur une plage de Tahiti, les questions se bousculent sur son avenir proche. Et l'une d'entre elles nécessite une réponse rapide : faut-il maintenir ou pas sa participation à la tournée des Vieilles Canailles, ce spectacle qu'il a déjà assuré avec succès en 2014 ? Très vite, Johnny aborde le sujet avec Laeticia. Le premier concert est prévu le 10 juin 2017, à Lille ; l'idée de refaire les Vieilles Canailles avec Jacques (Dutronc) et Eddy (Mitchell) vient de lui. Laeticia a peur, elle n'y est pas favorable. Comment pourra-t-il tenir, s'inquiète-t-elle. Quatre semaines à assurer un concert quasiment chaque soir à travers la France, tout en suivant une chimiothérapie à Paris ? « Il m'a dit : "Si tu t'opposes à ce que je fasse cette tournée, c'est que je lâche, c'est que je meurs[1]."» Et puis, il a déjà touché l'avance de 1 million d'euros... Laeticia, les filles, Johnny... tous s'envolent tous pour Paris le 31 mai. Laeticia a engagé un précepteur.

Le rocker est censé rester six semaines en France. Dès son arrivée dans la capitale, il se rend à l'hôpital américain où le professeur David Khayat, ainsi que le docteur Alain Toledano, ont prévu de suivre son dossier, en liaison avec les spécialistes du Cedars-Sinaï. Les jours de relâche, il fera ses chimios.

Johnny ne donne qu'une conférence de presse, le 6 juin avec Jacques et Eddy. Puis, le JT de TF1, préenregistré – il ne souhaite pas se retrouver à devoir évoquer sa santé... Les trois sont heureux de se retrouver pour ce spectacle inspiré du fameux Rat Pack des années 50[2] de Sinatra, Sammy Davis Jr. et Dean Martin, où les rôles sont bien distribués : «Le patron, évidemment, c'était Jojo, se souvient Éric Mula, trompettiste de renom, présent sur les deux tournées des Vieilles Canailles. Eddy, c'est le grand pro, et Jacques, c'est le grand déconneur[3].» Chacun des trois vient avec ses musiciens attitrés. Jacques Dutronc a demandé Fred Chapelier à la guitare et Johnny a voulu Yarol Poupaud et Greg Zlap à l'harmonica.

Eddy a pris pour chef d'orchestre le fidèle Michel Gaucher. Ancien saxophoniste des Chaussettes noires, le groupe des débuts d'Eddy, celui-ci est chargé de former le big band qui se produit sur scène derrière les trois chanteurs : «Trois trombones, quatre trompettes, cinq saxos, un vrai big band avec un trombone en moins, précise Éric Mula. Je ne sais pas si c'est par superstition : on était douze et pas treize.»

1. Entretien de Laeticia Hallyday dans *Le Point*, le 12 avril 2018.
2. Le producteur Valéry Zeitoun est à l'initiative des retrouvailles entre ces trois légendes de la chanson française.
3. Entretien avec les auteurs, le 20 juin 2018.

Jusqu'au début des répétitions, la petite bande de «zicos» – une famille – s'est demandé si la deuxième édition des Vieilles Canailles aurait lieu. «Finalement on a répété trois jours début juin à La Seine musicale se souvient le musicien. Le premier sans eux, le deuxième avec. Là, Johnny s'est mis dans le canapé, il n'était pas très bien. On était inquiets, on a fait tourner les morceaux... Eddy et Jacques ont chanté au début, Johnny n'est venu qu'à la fin.»

Les trois Vieilles Canailles se sont mises d'accord avant de débuter la tournée. Johnny et Eddy veulent dormir à Paris, ils arriveront chaque jour vers 17 heures et rentreront chez eux tous les soirs en jet privé. Jacques Dutronc testera, quant à lui, les Relais & Châteaux. Surtout, tout est mis en place pour garantir un confort maximum à la star malade. Jacques et Eddy ont ainsi décidé de chanter assis sur des tabourets. Par égard pour Johnny, qui s'essouffle. «C'était la seule différence avec la tournée de 2014, se souvient Éric Mula. En 2014, Johnny avait fait tous les concerts debout. Cette fois, si vocalement il était toujours là, physiquement il était rincé. Dès qu'il finissait de chanter, il sortait de scène et allait se reposer.»

Dans sa loge, Laeticia l'attend chaque soir, tremblante. Parfois avec les filles, à qui il arrive d'assister aux répétitions. Johnny a besoin de se faire masser avant chaque spectacle. Puis il doit s'absenter ponctuellement pendant le show pour venir prendre de l'oxygène. Un médecin est là, en permanence, pour l'aider.

Laeticia poste sur Insta une photo où l'on voit une bouteille d'oxygène, posée à côté du canapé, dans la loge. Sur la table, devant Johnny, des médicaments, une tasse de café vide, un verre de vin blanc... #FuckTheCancer... Les musiciens n'ont pas accès à la loge sur laquelle veille un service d'ordre. Hormis Laeticia et bien sûr le médecin, seule Mina, la maquilleuse de l'artiste, et Mathieu, son coiffeur, ont le droit d'entrer. Les musiciens qui connaissent bien le rocker n'ont, de toute façon, pas envie d'aller voir ce qui se passe hors scène. Ils préfèrent garder l'image du Johnny au « charisme incroyable », qui chaque jour vient les saluer – « Ça va les gars ? » – et les féliciter – « il n'était pas obligé » –, qui plaisante avec ses grands potes, les deux « papys chanteurs » : « Ils se vannaient tous les trois car Jacques était toujours un peu à la ramasse. Ils rentraient en même temps sur scène. Jacques commençait à chanter, Eddy reprenait derrière et Jojo suivait. Quand la voix de Johnny résonnait, là, c'était un tonnerre. Sur scène, ce mec était un fauve. »

Les « zicos » touchent entre 500 et 800 euros par représentation là où leur cachet devrait se situer entre 2 000 et 2 500 euros. « La prod n'a pas gagné beaucoup d'argent, assurent-ils. On l'a tous fait pour dire : voilà, j'étais là. »

Comme premier concert, les Vieilles Canailles se produisent à Lille, sur la scène du stade Pierre-Mauroy. Eddy Mitchell et Jacques Dutronc – qui ont peu répété – ne quittent pas de l'œil Johnny et se rodent au rythme de ses départs discrets en loge. « Je faisais attention à Johnny, a confié Eddy Mitchell[1]. Parfois, il sortait de scène pour prendre de l'oxygène. La journée, avant de chanter, il allait se faire changer le sang. Alors forcément, j'étais un peu inquiet. Les concerts de 2015 étaient forcément bien meilleurs. »

Chaque soir, la salle vibre. Elle « bouge » bien lorsque Dutronc ouvre le spectacle avec son « piège à filles ». Mais c'est au son de « Tennessee » et de « Toute la musique que j'aime » qu'elle s'envole. Sur « Gabrielle », Johnny écoute chaque soir, admiratif, Greg envoyer un solo d'harmonica qui met « la salle à l'envers ».

Et puis il y a les moments de bienveillance, ces petits signes de compassion autour du rocker que tout le monde sait si faible. Comme ce 11 juin à Bruxelles où une cinquantaine de bikers, pour la plupart en Harley, l'escortent jusqu'à la salle de concert. Johnny ne dit rien, mais il est ému.

1. *Paris Match*, 8 au 15 décembre 2017.

Laeticia filme, emmagasine toutes ces preuves d'amour. Le soir, elle écrit des SMS à ses proches, à David aussi. Comme ce texto, envoyé le 23 juin, après la prestation de Johnny à Nîmes : « Ton père a mis le feu aux arènes, c'était de la folie hier soir, comme un animal dans l'arène, je te jure, c'était carrément dingue [...]. Il est en superforme, c'est fabuleux, je voulais le partager avec toi, ça m'émeut toujours[1]. » Cette ultime tournée, si éprouvante, personne ne voudrait qu'elle s'arrête : « À aucun moment, ils n'ont parlé d'écourter, se souvient Éric Mula. S'ils avaient pu prolonger, ils l'auraient fait. »

La pression monte d'un cran pour les concerts parisiens des Vieilles Canailles des 24 et 25 juin. Le premier est retransmis sur TF1. Lors du second, Line Renaud et le couple Macron saluent le rocker en loge. Ils sont plus nombreux que d'habitude, cet été-là, à venir voir Johnny, « la bête blessée » toujours impeccable dans son tour de chant.

Patrick Balkany qui, depuis que la maladie s'est déclarée communiquait avec son ami par mail ou SMS, a hésité puis finalement s'y est rendu. « Il est revenu bouleversé[2] », raconte son épouse Isabelle. Pour les évincés comme Yves Rénier, l'occasion semblait toute trouvée de se réconcilier. Mais non. Son épouse Karine ira seule applaudir Johnny à Metz.

Les concerts se passent bien... jusqu'au 3 juillet à Dijon, seul « accroc » dans la tournée. « Tous les soirs j'allais faire un solo dans "Pas de boogie woogie", se rappelle le saxophoniste Michel Gaucher qui dirige l'orchestre. J'allais devant Johnny. Il était sur son tabouret. Et puis tous les soirs il me regardait, il me faisait des sourires, on faisait le boulot, quoi. Et ce jour-là, à Dijon, j'ai vu qu'il n'était pas très bien. Je ressors. Et le mot d'ordre a été donné d'arrêter. Ça n'allait pas du tout[3]. »

1. *L'Express*, 18 février 2018.
2. Entretien avec les auteurs, le 16 avril 2018.
3. Entretien avec les auteurs, le 29 juin 2018.

« Il y a eu panique à bord, poursuit Éric Mula. Johnny était vraiment malade. On est allé jusqu'à "Gabrielle". Il a chanté puis il a quitté la scène. Il ne revenait pas... On s'est demandé : Mais comment on finit ? On a terminé par un instru. Yarol a présenté les musiciens, le concert a duré une heure quinze au lieu de une heure cinquante... Il n'y a pas eu d'annonce mais je pense que les gens ont compris. Même si ça a un peu grincé des dents car les places étaient à 300 balles... » Cette date-là correspondait à l'anniversaire d'Eddy. Johnny a improvisé un « joyeux anniversaire » sur scène... Mitchell a 76 ans, dont soixante ans d'amitié avec Jojo, née au square de La Trinité, sur la glace de la patinoire Saint-Didier et sur la piste du Golf-Drouot.

Le 5 juillet, à l'issue du dernier concert, qui se tient au théâtre antique de Carcassonne, Johnny invite Jade et Joy à monter sur scène durant l'ultime chanson. Intimidées, vêtues de sweats identiques, ornés de palmiers de Californie, les deux sœurs tapent des mains sur « Toute la musique que j'aime ». Dans le public, entourée de Mamie Rock et d'une bonne partie de sa famille, Laeticia fond en larmes. Johnny dédie le show « À ma femme Laeticia et à mes filles Jade et Joy. » « C'était le dernier coup, se remémore avec émotion Michel Gaucher. On ne l'a plus jamais revu sur scène après. »

Johnny est allé au bout des Vieilles Canailles. Vaillant, courageux. Il y est arrivé. Laeticia se reprend à espérer. Et répète en coulisses comme pour conjurer le sort : « J'y crois à cette guérison, je la veux, c'est la seule issue[1]. »

Une mise au repos au Sofitel de Quiberon – Johnny a ses habitudes au centre de remise en forme – et elle l'emmènera à Saint-Barth, comme elle le lui a promis. Mais les médecins rechignent à le voir partir si loin.

1. *Paris Match*, 29 juin au 5 juillet 2017.

Mi-juillet, la star passe une quinzaine de jours à l'hôpital américain de Neuilly pour une immunothérapie[1] avant, qu'enfin, il obtienne le feu vert. Le 28 juillet, le couple s'envole enfin pour son paradis dans un jet affrété par Jean-Claude Darmon. À peine le pied posé à Saint-Barth, Letti poste des vidéos de leur arrivée. Faire comme avant. Ne rien changer. Comme si ce voyage n'était pas le dernier... Elle sait à quel point cette île est importante à son mari. Elle sait que, sitôt arrivé, il va s'allonger au bord de la piscine où ils ont organisé tant de fêtes, dans cette villa où Jade et Joy ont fêté tous leurs anniversaires. « Les petites, elles ont changé ma vie, tu sais, avait-il confié à Gilles Lhote, un soir de fiesta à la villa Jade. C'est tellement fort l'amour que j'ai pour elle que je ne peux pas y croire[2]. » Ce soir-là, Johnny avait sacrément embarrassé Laeticia en racontant que leurs deux filles dormaient avec eux. « Jade se met au milieu de nous et Joy arrive au milieu de la nuit avec son matelas. D'ailleurs, c'est un petit peu emmerdant parce que quand on veut faire un câlin, on est obligé de le faire au milieu de l'après-midi, hein Laeticia ? »

Ses proches de l'île ont gardé cette dernière image de lui, celle de la soirée au Ti St Barth, en août. « Il était magnifique, très en forme, vraiment beau. C'est ça qui est incroyable, il est tombé d'un coup. » Le 7 août, tout à la joie de ce séjour sur place, Johnny a surpris tout le monde et même Farran, en postant sur son Insta : « 2018 soon the new rock tour ». Laeticia avait envie d'y croire, elle aussi.

Le lendemain du retour de Saint-Barth, elle l'a accompagné, le 1er septembre, pour ce qui sera sa dernière sortie publique, les obsèques de Mireille Darc, en l'église Saint-Sulpice. Elle l'a vu saluer Jean-Jacques Debout. « Il s'est

1. L'immunothérapie est un traitement qui consiste à stimuler les défenses immunitaires de l'organisme afin de lutter contre différentes maladies.

2. Entretien avec les auteurs, le 3 mai 2018.

levé en se tenant un peu à la chaise et on s'est embrassés, se souvient le compositeur. Il m'a dit : J'espère que c'est pas la dernière fois que l'on s'embrasse. Ça avait l'air de dire : j'arrive à la fin, je l'ai pris comme cela. Il est allé ensuite embrasser Alain Delon, en larmes[1]. » Johnny avait une bouteille d'eau avec lui, Laeticia lui tenait le bras, Jean-Claude Darmon se tenait là, tout à côté.

Quand il a fallu hospitaliser son mari, elle l'a conduit à la clinique Bizet. Il ne voulait pas d'ambulance.

Lorsque les médecins lui ont dit que « c'était fini », qu'il ne fallait plus rien espérer, elle a envoyé un SMS aux enfants en leur demandant de venir le lendemain et elle est revenue, aussi calme que possible, dans la chambre, au septième étage.

Johnny Hallyday ne pensait pas mourir. Un dernier Noël. Faire mentir les toubibs. Donner raison à Mamie Rock quand elle évoquait le « phénix ». Pour les fêtes, cette dernière lui avait déjà acheté « une valise Vuitton, un sac Gérard Séné, une montre, une belle ceinture et une chemise bleue faite à la main, qu'il n'a même pas étrennée[2] ». Y a-t-il eu des Noëls où elle l'a autant gâté ?

À Bizet, les proches ont défilé. Laura et David se sont rebellés quand les médecins leur ont dit que toutes ces visites faisaient flipper leur père – à leur place, n'importe qui aurait eu la même réaction. Johnny s'est angoissé. Tous ces proches qui se manifestent subitement. Tous ces amis qui se précipitent à son chevet. Et cette façon qu'ils ont de se pencher sur lui, au-dessus de son lit, comme pour un mourant dont on cherche à imprimer la dernière expression. Il était agacé. Épuisé. Terrifié.

Le 17 novembre, Sylvie Vartan est arrivée. Elle est venue très tôt le matin, imaginant peut-être ne pas croiser

1. Entretien avec les auteurs, le 22 avril 2018.
2. Entretien avec les auteurs, le 31 mai 2018.

Laeticia. Mais Laeticia n'a pas quitté Bizet. Elle lui a dit bonjour, Sylvie ne lui aurait pas répondu.

La première épouse de Johnny s'est déplacée avec David. Laura et Nathalie Baye les ont rejoints peu après, toutes deux ont embrassé Laeticia. Quand il a vu arriver Sylvie Vartan, dont il a compris qu'elle avait effectué le voyage spécialement des États-Unis, Johnny s'est vu mourir. Et ils sont nombreux ceux auxquels il a dit cette phrase : « Si elle est là, c'est que je suis déjà mort. »

« Vous savez, je me mets un peu dans la tête de Johnny, explique Jean-Claude Camus. Sylvie Vartan, ça faisait cinq ou six ans qu'il ne l'avait pas croisée. D'un seul coup, il a vu débarquer des gens qu'il ne voyait pas d'habitude. Ça lui a fait peur. Il fallait le rassurer. Je comprends la position de ses enfants qui avaient envie de venir à son chevet, qui réalisaient que, peut-être, on allait le perdre, mais, même ses enfants, il ne les avait pas beaucoup vus avant. Il a été opéré trois fois au mois de septembre, de la hanche, on lui a fait une cimentoplastie, il n'a pas reçu de visites et là, d'un seul coup, il a beaucoup, beaucoup de monde. Pour son moral, ce n'était pas bon[1]. »

Les exclus, les évincés ont envoyé des SMS, restés sans réponse. Johnny avait d'autres chats à fouetter. Il voulait rentrer.

À Bizet, Laeticia a-t-elle évoqué avec lui l'après ? A-t-il réalisé à quel point tous allaient se déchirer ? Sa famille, ses amis, la France entière ? A-t-il imaginé que, même des très proches, ne comprendraient pas ses dispositions testamentaires ? « Je ne comprends pas que l'on puisse déshériter ses enfants », a dit Eddy[2]. « Ça ne se fait pas », a embrayé Dutronc[3]. Une situation qui désole aussi Mamie Rock :

1. Entretien avec les auteurs, le 22 juin 2018.
2. Déclaration transmise à l'AFP le 16 février 2018.
3. *Le Parisien*, 25 février 2018.

«Johnny savait que ça se passerait mal après sa mort. Il avait dit que c'étaient des diables et que Laeticia allait en baver. Il le disait souvent, assure la vieille dame[1]. Lui, il a été un peu lâche. Ça c'est Jojo, je le connais. Ce qu'il aurait dû faire avant de partir, c'était de réunir ses enfants et leur dire autour d'une table : "J'ai fait cela parce que je vous ai donné votre part et maintenant, il faut que les filles grandissent", mais il ne l'a pas dit. Il n'aimait pas les conflits.»

Jusqu'à la fin de leurs jours, David et Laura suspecteront Laeticia d'avoir répondu à la place de leur père aux SMS qu'ils lui ont envoyés. Jusqu'à la fin de leur vie, ils nourriront du ressentiment contre la bande de potes qui a entouré Johnny au crépuscule de sa vie et dont ils ne faisaient pas partie. Jusqu'au bout, tous souffriront des non-dits qu'a laissé s'installer le chanteur, tout au long de son existence.

«Dans le dernier album de Johnny, décrypte Camus, il y a des réponses au bordel d'aujourd'hui. "Mon pays c'est l'amour", c'est la réponse à la polémique, déjà... "J'irai parler au diable", c'est incroyable. Et "Pardonne-moi" je crois savoir que c'est pour Laeticia[2]...»

1. Entretien avec les auteurs, le 31 mai 2018.
2. Entretien avec les auteurs, le 22 juin 2018.

Épilogue

La tradition a été respectée jusqu'au moindre détail en ce début août 2018. Le goûter a été préparé le vendredi pour des dizaines d'invités, des amis proches de la famille, des figures et des notables de l'île. Puis Jade a soufflé ses quatorze bougies sous une pluie d'encouragements et un tonnerre d'applaudissements. Joy, dont l'anniversaire tombe le 27 juillet, a aussi célébré ses dix printemps.

Jusqu'au dernier moment, Laeticia a hésité : fallait-il organiser ou non la soirée déguisée du dimanche soir ? Jade lui a répondu sans tergiverser : « Papa aurait adoré qu'on s'amuse, vas-y. » *Banco*. Une grande fête annonçant un double thème a donc été préparée : « le Camping » de Franck Dubosc, ou les « Tuches ». Le second était-il un clin d'œil au surnom des Boudou, dont de mauvaises langues les affublent ?

Le samedi soir dans la villa Jade, une petite centaine d'amis ont débarqué, grimés, déguisés, joyeux : Yannick Noah en peignoir panthère, sa compagne Isabelle Camus en Bunny sexy, Pierre Rambaldi en Astérix, accompagné de sa femme Marie Poniatowski transformée en Wonder Woman, Alessandra Sublet en campeuse chic.

Hoda Roche, qui a consolé son amie de toujours au moment du gâteau d'anniversaire, Sarah Lavoine, la sœur de Marie Poniatowski, sont présentes également. Les rires et les chants résonnent dans la maison. Tout le monde a fini dans la piscine et s'est embrassé vers 3 heures du matin «en se disant à demain». C'était «la soirée de la renaissance», ont conclu les visiteurs sur le pas de la porte. Personne n'a oublié que, l'année précédente, le même jour, la même nuit, sous les mêmes étoiles, il était là.

À la tombée du soleil, chaque soir de cet été si particulier, vers 19 heures, Laeticia, Jade et Joy ainsi que leurs invités sont venus dans une procession silencieuse se recueillir sur sa tombe. Des fans ont déposé devant ce «mausolée» des chapelets, des fleurs, des guitares. Rien n'a été dérobé.

Tous allument des bougies disposées en forme de cœur par Jean-Pierre Millot, l'ami de Johnny, le «gardien» de sa sépulture» sur l'île. «Je m'occupe de sa tombe avec bonheur, confie-t-il, Laeticia a respecté sa volonté d'être enterré ici face à la mer. Elle a été exceptionnelle[1].» Une fois le cœur embrasé, la cérémonie de recueillement débute sous le roulement des vagues. Des chansons choisies par les invités s'évadent une heure durant du cimetière marin de Lorient vers la mer des Caraïbes : «Love me tender» du King, ou un standard de Janis Joplin, ce rock américain des sixties cher à Johnny. Des haut-parleurs ont été installés sur la pierre tombale. Il aurait adoré.

Le lundi suivant son anniversaire, Jade a choisi un titre de son père : «Je te promets[2]» et le christique «Hallelujah[3]» interprété par Jeff Buckley. Les larmes ont coulé. «Il n'y a de salut que dans l'amour», a coutume de dire l'épouse de Johnny, qui souhaite elle aussi, quand le moment sera venu, être enterrée ici avec ses filles...

Pour l'heure, devant la sépulture, Jade, Joy et leur mère, main dans la main, se reconstruisent lentement dans la

1. Entretien avec les auteurs, le 3 juillet 2018.
2. Chanson sur l'album *Gang* en 1986 écrit et réalisé par Jean-Jacques Goldman.
3. Chanson composée par Leonard Cohen en 1989.

touffeur de l'été. Quelle agréable parenthèse, quelle trêve libératrice, ce séjour à Saint-Barth, entourées des leurs, protégées par un océan des rumeurs de la métropole.

Mais ces doux jours d'été ne rendront pas l'automne plus clément. Le temps risque de passer à l'orage.

Laura, David et Laeticia se déchirent toujours sur le testament. Une prochaine audience se tiendra le 22 novembre 2018, la médiation entre les parties n'ayant pas abouti. Dans les deux cas, la procédure s'annonce longue, laborieuse et coûteuse, ponctuée de requêtes des avocats de part et d'autre. Une stratégie de pourrissement qui ne profiterait à aucun protagoniste de l'affaire tant d'un point de vue financier que pour leur image.

Laura paraît la plus pressée. Elle n'a aucun intérêt à ce que des débats judiciaires s'éternisent. Sa belle-mère a interrompu le versement des 5 000 euros mensuels accordés par Johnny, une sacrée coupe dans son budget. Cet été, comme elle l'a annoncé sur son Instagram, la fille de Johnny a déménagé. Elle a réalisé cette année un court métrage remarqué, *Thomas*, dans lequel joue sa mère. Mais sans en tirer de grands profits. Épaulée par Nathalie Baye et par son parrain Dominique Besnehard, elle travaille sur l'écriture d'un projet de long métrage comme réalisatrice. Il faudra du temps avant de signer avec une production.

Ses avocats, d'après nos informations, ont établi durant l'été des contacts avec ceux de Laeticia pour « voir ce qui était négociable ». Les conseils de cette dernière n'ont, dans un premier temps, pas donné suite à cette médiation, jugeant « Laura trop gourmande », mais ont repris langue depuis.

La situation de David se révèle plus confortable mais plus compliquée sur d'autres aspects. Son « beau » mariage avec Alexandra Pastor, héritière milliardaire du groupe immobilier éponyme, le préserve de déconvenues financières même s'il s'agit de la fortune de sa femme. Il ne s'implique pas, ou seulement de loin, dans cette affaire de testament. Depuis le début de la polémique, il ne lit rien de ce qui s'écrit sur cet héritage. Il aurait, de plus, mal vécu la prise de parole médiatique de sa mère en début d'année, estimant qu'à 53 ans il peut se défendre tout seul.

«Sylvie Vartan n'a aucune influence sur lui. Il lui suffit même qu'elle dise quelque chose pour qu'il fasse le contraire», remarque l'un de ses proches. En vérité, son combat se situe ailleurs. Le fils de Johnny veut (se) prouver qu'il peut prétendre à ce statut d'artiste français reconnu, maintenant que la figure imposante du père s'est effacée. Sa tournée débutée en mars n'a pas rempli les salles, le prix des places a été bradé, les critiques réservées. Le dernier concert de la tournée d'été à Hesdin (Pas-de-Calais) a viré au cauchemar. Météo capricieuse ou problème technique – la raison exacte n'est pas connue –, David a dû écourter son concert de moitié, provoquant la colère du maire. Peu importe l'accueil mitigé, il souhaite reprendre «le talent qu'on lui a volé» et son travail d'artiste. Pour le reste, David n'a que des coups à prendre dans un dossier auquel il se sent étranger.

«Au fond, il a plus d'intérêts en commun avec Laeticia qu'avec Laura, assure l'un de ses amis proches; ce qui l'intéresse, ce sont uniquement les questions morales. Avoir un mot sur ce qui pourrait se faire dans l'avenir. Son intérêt d'artiste en même temps que sa légitimité de fils, c'est d'avoir une influence sur ce qui va être produit sous la marque Hallyday. Par exemple une comédie musicale.»

Dans cette partie d'échecs, Laeticia et ses conseils observent avec attention l'évolution du «jeu» des deux enfants aînés. Au fond, «l'héritière» n'a pas à porter le premier coup. Elle a conservé une position dominante dans les négociations. Plus personne ne conteste que le testament a bien été rédigé et voulu par Johnny. Il n'y aura pas d'affaire Liliane Bettencourt bis.

Même si le droit français s'applique, la veuve garderait une belle part du patrimoine. « Le conjoint survivant a toutes les cartes en main, même en droit français[1] », explique Nathalie Couzigou-Suhas, notaire, spécialiste des successions[2]. Chaque enfant hérite de 18,75 % de l'héritage. Comme Laeticia est mariée, Johnny pouvait lui léguer le quart de son patrimoine mais aussi l'usufruit[3] de la part de réserve des enfants. C'est d'ailleurs le sens du trust. » En d'autres termes, Laeticia pourrait vivre dans les murs de la Savannah même si l'un des enfants héritait de la demeure.

Est-ce à dire que la partie est déjà gagnée ? Certainement pas. Moins asphyxiée financièrement que Laura, sa belle-mère ne peut cependant se satisfaire d'un tel *statu quo*. Le gel d'une partie de son patrimoine ordonné par la justice la contraint en effet à surveiller ses dépenses. Désormais, Mme Hallyday voyage en ligne commerciale, achète moins de vêtements de marque et a réduit son personnel.

« Cela ne l'embête pas, finalement », avoue une de ses proches. Car si les rentrées d'argent se sont réduites comme peau de chagrin, le montant des dépenses, lui, n'a pas changé.

Laeticia doit payer le personnel employé sur les résidences de Pacific Palisades, de Saint-Barth et de Marnes-la-Coquette, s'acquitter des frais de scolarité de Jade et Joy au lycée français de Los Angeles, mais aussi régler les honoraires d'avocats pour la procédure judiciaire et les autres dossiers afférents à la carrière de Johnny. Par le biais de la société Born Rocker Music Inc[4], dont elle est la présidente,

1. L'article 1094-1 du code civil stipule que l'époux ou l'épouse du défunt pourra disposer soit de la propriété du défunt, soit d'un quart de ses biens en propriété et de ses trois autres quarts en usufruit, soit encore de la totalité de ses biens en usufruit seulement.

2. Coauteur avec Laurence de Percin de *L'Héritage pour les Nuls*, *op. cit.*

3. L'usufruit est le droit d'utiliser un bien dont une autre personne est propriétaire et d'en percevoir les revenus. L'usufruitier a des droits et obligations. Le droit à l'usufruit est temporaire.

4. La société a été immatriculée le 27 octobre 2014. Elle est domiciliée à Pacific Palisades, au domicile de Laeticia.

elle facture aussi les services de Sébastien Farran pour la production du prochain album.

À cela, il faut ajouter un certain nombre de créances jamais recouvrées dont Laeticia hérite. Le fisc réclame ainsi 11 millions d'euros à l'épouse de Johnny. Ardavan Amir-Aslani, son avocat, négocie avec Bercy un échelonnement raisonnable de ce remboursement. D'autres sommes importantes pourraient lui être exigées si la justice et/ou le fisc considéraient que le montage du trust aurait servi à pratiquer l'évasion fiscale.

Que restera-t-il du patrimoine de Laeticia, évalué à une trentaine de millions d'euros, une fois que les impôts auront passé leur grand coup de rabot ?

Certes, l'album posthume de Johnny promet de produire de généreux – voire historiques – bénéfices. Laeticia touchera toujours les 800 000 euros de droits d'interprète annuels. Mais certaines chansons vont tomber dans le domaine public, cinquante ans après leur premier enregistrement, et ne plus rapporter de royalties à l'ayant droit.

Tous ces éléments militent pour que la propriétaire de la Savannah négocie dans des délais raisonnables. « Le meilleur procès est celui que l'on ne fait pas », ont coutume de dire les pénalistes, conscients qu'un grand déballage en public des problèmes de famille amène davantage de discorde que d'unité.

D'autant que cet « après-Johnny » a durablement abîmé l'image de Laeticia. Les efforts de son cabinet de conseil pour « rétablir la vérité », les interviews données par ses proches mais aussi la sienne au *Point* n'ont pas effacé auprès des fans l'impression d'une Agrippine, d'une intrigante, mue par l'appât du gain. Pire, la déflagration du décès de Johnny a ébranlé son cercle plus intime.

Son père s'est éloigné un peu plus d'elle – même si la rupture avait déjà été actée. Fille et père ne se parlent plus depuis des mois malgré les médiations de Mamie Rock.

André Boudou, 66 ans, a été victime d'un infarctus le 15 avril 2018 aux Antilles. Lui qui ne fume pas et n'a jamais bu une goutte d'alcool a été consumé par ces événements, « trop de stress », dit-il. Après son accident cardiaque, il a attendu un coup de fil de Laeticia. En vain. Il en a été meurtri.

Adine, sa compagne, a écrit avec courage et franchise cet été à sa copine d'enfance pour qu'elle « retrouve son discernement » et « certaines valeurs » (le sens de la famille) auxquelles elle a toujours été attachée. Une main tendue pour une réponse qui se fait attendre. Laeticia a perdu son mari, pas encore son père.

Sa deuxième famille, ses amis, ses copines, l'épaulent par une présence ou un soutien public. D'anciens évincés, de retour en grâce, ont investi les plateaux télé pour plaider sa cause. D'autres, comme Jean-Claude Darmon, Yarol Poupaud, se sont tenus à l'écart des médias par respect. Par pudeur parfois. Pierre Billon ne s'est pas posé cette question : « Je n'allais pas faire comme toute la bande. Attendre de voir de quel côté souffle le vent, explique-il. Des gens m'ont dit : "Tu ne devrais pas faire cela, tu vas te faire griller." Qu'est-ce que j'en ai à faire, j'ai vu cette femme se comporter formidablement bien jusqu'à la fin[1]. »

Laeticia n'a rien manqué des silences et des prises de parole des uns et des autres. Le bal des prétendants a commencé autour de la « taulière », la dépositaire de l'œuvre de son mari. Les prochains projets sur Johnny vaudront chers. Personne ne veut rater la marche du train. Mais pour cela il faut régler une ultime question : s'asseoir autour d'une table avec ceux qui représentent la chair de la chair de Johnny, Laura et David. Tenter de restaurer des relations convenables entre héritiers.

Laeticia a-t-elle d'autres choix ? Cette affaire a déjà écorné l'image de son mari, à qui il sera toujours reproché

1. Entretien avec les auteurs, le 15 mai 2018.

de ne pas avoir réuni toute sa famille de son vivant pour expliquer de vive voix ses dispositions testamentaires. Elle-même a entamé son maigre capital sympathie même si le droit lui donne raison. Johnny lui avait promis qu'après sa mort « des tombereaux d'emmerdes lui tomberaient dessus » ? Jean-Claude Camus avait prédit qu'elle compterait ses amis « sur les doigts de la main » ? Nous y sommes. Même si Laeticia sait qu'ils sont nombreux à contester sa légitimité – elle n'a jamais été artiste –, elle a décidé d'assurer la promo de *Mon pays c'est l'amour*, l'album post mortem de Johnny. Elle ira la peur au ventre. Et après, pour Mme Hallyday, la vie pourra (re)commencer.

Bibliographie

Amanda Sthers, avec Johnny Hallyday, *Dans mes yeux*, Plon, 2013.

Gilles Lhote, *Johnny, le rock dans le sang*, Cherche-Midi, coll. « Documents », 2012.

Johnny Hallyday, avec Philippe Manœuvre, *La Terre promise*, Fayard, 2015.

Gilles Lhote, *Johnny interdit*, Le Cherche-Midi, 2016.

Laeticia Hallyday, *Mes îles, mes rêves*, Michel Lafon, 1998.

Cyril Laffitau, *Dans l'intimité de Johnny*, Boutchou, 2018.

Gilles-Jean Portejoie et Joseph Vebret, *Les Nuits blanches d'une robe noire*, Éditions De Borée, 2017 (éditions du Moment, 2015).

Johnny Hallyday, *Destroy* (autobiographie), avec la collaboration de Gilles Lhote, Michel Lafon, 2018 (nouvelle édition).

Eddy Przybylski, *Hallyday, les derniers secrets*, Les Éditions de l'Arbre, 2010.

Remerciements

Merci à Thierry Billard pour nous avoir accordé tout de suite sa confiance dans ce projet, pour son ouverture d'esprit et sa curiosité intellectuelle.

Merci à Laurent Léger, pour ses conseils toujours pertinents, pour sa fine relecture, pour sa disponibilité de chaque instant et pour la qualité de nos échanges.

Merci à tous ceux qui nous ont répondu toujours avec franchise et passion, sincérité et lucidité.

Merci à nos familles, à nos proches pour leur infinie patience, qui nous ont laissés travailler pendant ces soirées, ces week-ends et ces vacances dans la solitude d'un bureau.

Merci à la team du 129 et à celle de Tukoy.

Table

Imprimé en France par CPI
en octobre 2018

pour le compte des Éditions Plon
12, Avenue d'Italie 75013 Paris

N° d’impression : 150037
P26822E/05